김상무님의 비즈니스 영작문 E-mail 이메일 훔쳐보기 Vol.2

이론부터 실무까지 완벽한
비즈니스 영작문 커닝 바이블

e메일 훔쳐보기

김종회 저

저자 소개

김종회 (金宗會)

- 경북 안동 출신, 안동중학교, 계성고등학교, 고려대학교 정경대학 통계학과, 한국외대 경영대학원 경영학 석사
- 1982년 한화그룹의 골든벨상사(현 (주)한화/무역)에 입사하여 수출 업무에 종사.
- 1989년부터 5년 반 동안 뉴욕지사에서 근무하며, 한국산 제품을 수입하여 미국에서 현지 판매.
- 1995년 귀국 이후 (주)한화/무역에서 석유화학팀, 제지사업팀 등을 담당.
  2006년부터 영남사업부장(상무보)으로 부산에서 근무.
- 현재 한국외대 대학원 박사과정. 동 대학 학부 강의 및 "주간 무역"에 "비즈니스 영어" 연재 중.

이론부터 실무까지 완벽한
비즈니스 영작문 커닝 바이블

| 만든 사람들 |
기획 실용기획부 | **진행** 한윤지 | **집필** 김종회 | **편집 디자인** 디자인 숲 • 이기숙 | **표지 디자인** 김진

| 책 내용 문의 |
도서 내용에 대해 궁금한 사항이 있으시면
저자의 홈페이지나 아이생각(디지털북스) 홈페이지의 게시판을 통해서 해결하실 수 있습니다.
아이생각(디지털북스) 홈페이지 www.digitalbooks.co.kr
아이생각(디지털북스) 페이스북 www.facebook.com/ithinkbook
아이생각(디지털북스) 카페 cafe.naver.com/digitalbooks1999
아이생각(디지털북스) 이메일 digital@digitalbooks.co.kr
저자 홈페이지 blog.naver.com/chris_kim
저자 이메일 chriskim2@gmail.com

| 각종 문의 |
영업관련 hi@digitalbooks.co.kr
기획관련 digital@digitalbooks.co.kr 또는 dgbookplan@digitalbooks.co.kr
전화번호 (02) 447-3157~8

※ 잘못된 책은 구입하신 서점에서 교환해 드립니다.
※ 이 책의 일부 혹은 전체 내용에 대한 무단 복사, 복제, 전재는 저작권법에 저촉됩니다.

이론부터 실무까지 완벽한
비즈니스 영작문 커닝 바이블

e메일 훔쳐보기

김종회 저

머리말 (개정 증보판을 내면서)

"E-Mail 훔쳐보기(김상무님의 비즈니스 영작문)"가 2007년 7월에 출간된 이래 수 차례 인쇄를 거듭하였으며 다수 독자들로부터 감사 메일을 접하여, 필자로서 큰 보람을 느끼는 한편 업계에 유사한 문장을 구사하는 분들이 생겨나고 있음을 자랑스럽게 생각하여 왔다. 또한 동시에, 짜깁기용 "컨닝 페이퍼"를 자임하면서 연습 문제를 통하여 독자 자신의 것으로 체화(體化)하는 과정이 포함되어 있지 않은 점, 비즈니스 E-Mail 과 무역 일반에 대한 기초적인 사항들을 설명하지 않은 점 등에 대하여 불만스럽게 생각해 왔다. 초판 머리말에서 "완벽한 것은 없다, 하나하나 더하여 그리로 나아갈 따름"이라는 초심(初心)을 잊지 않고, 앞으로 하나하나 고치고 더해 나감으로써 더 나은 책자가 되도록 노력하리라 다짐한다고 하였었는데, 이제 그 첫 번째 시도를 하려고 한다.

금번 개정 증보판을 내면서 이와 같은 불만스러운 부분들을 보완하려고 노력했다. 달라진 점을 열거해 보면 다음과 같다. ① **앞부분에서 E-Mail 에 대한 기본 사항들을 설명하였다.** 대부분의 내용들은 과거 필자가 직장 생활 초기에 주로 사용하던 영문 Letter(혹은 팩스)와 관련된 내용들을 준용하였다. 전달 매체(혹은 수단)가 종이에서 전자식으로 바뀌었다고 하여 형식을 무시하거나 당연히 갖추어야 할 것을 누락시켜도 괜찮다는 것은 아니기 때문이다. 특히 작성법과 에티켓은 실무자들이 유념할 필요가 있다고 생각한다. ② **무역 거래의 기본적인 흐름에 대하여 약간의 설명을 하였다.** 물론 상세한 사항은 무역 실무 전문 서적을 참고하여야 하겠지만, 이 책자의 구성과 배치를 이해하는 데 필요한 수준의 기초적인 내용은 포함하려고 노력하였다. 통신, 교통과 운송 수단이 변화하고 다양화되어 거래 관행도 많이 변화하고 있지만 국제 거래의 큰 틀은 달라지지 않는다고 본다. ③ **거래의 단계마다 활용할만한 문장으로 연습 문제를 두어서 스스로 짜깁기와 흉내내기를 시도하는 과정에서 자기 것으로 만들 수 있도록 도와 주고자 하였다.** 물론 문제 뒷면에 정답을 제공함으로써 궁극적으로는 연습 문제들도 짜깁기와 흉내내기의 좋은 예문의 창고 역할을 할 수 있도록 구성하였다. ④ 지금은 과거만큼 사용되고 있지는 않지만 그래도 여전히 중요한 상거래 통신 수단의 하나인 **비즈니스 Letter에 대해서도 기본적인 사항들을 간략히 추가하여 두었다.** 격식을 갖추어야 할 경우에는 여전히 Letter의 형태를 갖추어 전달되고 있기 때문이다. ⑤ 더하여, **몇몇 중요한 무역 관련 양식들과 부서명이나 직급, 직위 등과 관련된 용어들을 따로 모아 필요 시에 참고할 수 있도록 뒷부분에 실어 두기로 하였다.** 필자의 의욕대로 하자면 출장과 여행, 사교문의 내용까지 두루 아우르는 방대한 책자로 키워야 하겠지만, 앞으로 충분한 시간을 두고 순차적으로 그 순방향(順方向)으로 나아가고자 한다. 부족한대로 이번의 개정을 통하여 강호의 독자들이 필자의 영작문 스타일을 따라 하고 흉내내는 가운데 자신만의 스타일을 개발해 나가는데 조금이라도 도움이 되기를 희망한다.

30년 가까이 근무하던 회사를 퇴직하였다. Spencer Johnson의 "Peaks and Valleys"라는 책에 "인생의 절정은 내가 가진 것을 소중하게 생각하는 순간이고, 인생의 나락은 내가 잃어버린 것을 그리워하는 순간이다"라는 말이 나온다. 앞의 파도가 바닷가에 가서 부서질 것을 두려워하자, 뒤따르던 파도가 자신은 두렵지 않다고, 왜냐하면 원래부터 바다의 일부였으니까, 라고 말했다는 우화(寓話)를 남은 이들에게 들려주고, 표표(飄飄)히 서울행 열차에 몸을 실은 순간부터, 지금 가지고 있는 소중한 것들만 생각하리라 작정하였다. 인생 2모작을 학교에서 시작하기로 하고, 신입사원 시절에 한 학기를 마치고 접어 두었던 한국외대 경영대학원에 재입학(再入學)하였다. 실무를 하면서 알게 되었던 지식의 단편들을 일목요연(一目瞭然)하게 짜맞출 수 있는 계기가 되었고, 젊은이들과 어울려 책을 가까이하면서 심신의 건강과 의욕을 회복할 수 있었으며, 그간 생업에 종사하느라 눌려 있었던 학문에의 욕심을 확인할 수도 있었다. 또, 재직(在職)하였던 회사를 사례로 삼아 석사학위 논문을 쓰면서 인생의 중요한 한 부분이자 치열하게 살았던 한 시기를 정리할 기회를 가졌고, 경영학석사(MBA)가 되었다. 그리고, 내쳐 박사학위에 도전하고 있는 중이다. 회사를 떠난 후, 너무도 많은 분들께서 먼저 연락을 주시고, 응원을 해 주셨다. 이 지면을 빌어 그 모든 분들에게 감사한다는 말씀을 올린다. 돌이켜 보면 모두가 감사할 일들이고, 감사해야 할 분들이 너무도 많다. 특히, 존경하는 공태근 님, 윤석두 님, 디지털북스의 이종석 편집장님, 2005년 처음으로 만난 이래 지금껏 변함없이 그때의 연(緣)을 이어 주신 양종엽 님, 그리고 한윤지 님께 감사하다는 말씀을 드린다.

가족이라는 경이로운 선물을 주시고 또 이 모든 것을 허락해 주신 하느님께 감사하오며, 자랑스러운 두 딸 예원(藝媛), 정원(正媛), 그리고 언제나 변함없는 친구이자 동반자 한현숙(韓賢淑)에게 사랑을 보낸다. 이제 또 다시 물처럼 살며, 기다릴 줄 알며, 그리고 무엇이 되지 못했음을 한(恨)하지 않고 무엇이 되었을 때 준비(準備) 없음을 경계(警戒)하고자 한다.

2014년 3월 20일

김 종 회

머리말

오래 전부터, 과거 뉴욕지사에서 근무하며 얻은 다양한 현지 판매 경험과, 그간 수출입 업무를 수행하면서 직접 사용하던 영어 표현들을 한데 묶어 한 권의 책으로 만들어 보면 어떨까 하는 생각을 해 왔는데, 현업(現業)에 떠밀려 시작할 엄두를 내지 못하고 있었다.

어느 날, 디지털북스로부터 제의를 받고 나서는 구체적으로 고민을 하게 되었고, 혼자서 기획안과 목차를 만들어 보며 몇 번이나 포기하였다가 다시 시작하기를 반복하던 중, 한 번 해보자는 오기(傲氣)로 내쳐 써내려 가기로 마음 먹었다.

그러나, 내용이 쌓여 갈수록 자신이 없어지고 두려움이 밀려와, 도중 하차하고 싶다는 유혹도 많았지만, 혹여 무역업계 종사자 한 명에게라도 도움을 줄 수 있다면 의미가 있는 일이라는 생각으로 여기까지 오게 되었다.

여기 제시하는 문형(文型)들은 필자가 평소 자주 사용하는 것들이다. 거래의 단계별로 많이 쓰이는 문형을 제시한 후, 그 문형에 대하여 예문을 들고, 동일한 혹은 비슷한 의미의 문형으로 바꾸어서 또 다른 예문을 들어, 같은 표현을 피할 수 있는 다양한 방법을 제시함과 동시에, 짜깁기와 흉내내기의 소재를 풍부히 제공하고자 노력하였다.

뒤에 있는 응용 서한들도 거래의 단계별로 다양한 상황을 상정(想定)하여, 앞에 제시한 문형들을 활용한 예문을 제시한 바, 상당히 괜찮은 "컨닝 페이퍼"가 될 수 있을 것으로 생각한다.

이제 다 쓰고 보니, 결과적으로는 필자의 스타일을 열거하고, 필자의 스타일을 권하는 내용이 되고 말았는데, 본서의 기획 의도가 검정 시험이나 자격 시험 준비용이 아니라 실전(實戰)에서의 짜깁기와 흉내내기인 만큼, 이를 통하여 독자들도 자신만의 스타일을 만들어 갈 수도 있는 거라는 생각도 든다.

실무에서 얻은 지식인지라 미숙한 점도 많고 오류도 많으리라 생각되어 두려움과 부끄러움이 앞서는데, 강호 제현들의 아낌없는 지적(指摘)과 질정(叱正)을 기대한다. "완벽한 것은 없다, 하나하나 더하여 그리로 나아갈 따름"이라는 초심(初心)을 잊지 않고, 앞으로 하나하나 고치고 더해 나감으로써 더 나은 책자가 되도록 노력하리라 다짐한다.

살아 오면서 참으로 많은 사람들의 도움을 받았고, 어려움이 클 때는 더 큰 도움을 받았으며, 그러한 지지와 성원을 누려 왔기에 오늘 이런 글을 쓸 수 있게 되었다고 믿는다. 여기 그 분들을 모두 거명하지는 못하지만, 진심으로 감사하다는 인사를 올리고자 한다.

계기를 만들어 주신 디지털북스의 양종엽 님, 힘과 기(氣)를 계속 불어넣어 주신 분들께 정말 고맙다는 인사를 드린다.

그리고, 가족이라는 경이로운 선물을 내게 주신 하느님께 감사드리며, 언제나 변함없는 친구이자 동반자인 아내 한현숙과 자랑스러운 두 딸 에원과 정원에게 사랑을 보낸다.

부산 범내골에서
김 종 회

본서의 구성 및 활용법

　본서는 크게 Part 1, Part 2 그리고 Part 3으로 나뉘어져 있으며, Part 1의 Section 1에서 비즈니스 통신문과 비즈니스 E-Mail에 관한 일반 사항과 유용한 팁들, 발송 전 확인 사항들(Checklist) 등을 설명하였으며, Section 2에서는 무역 거래의 절차를 간략히 소개하였다. Part 2는 비즈니스 영작문 기본 문형 60개를 다루고 있으며, Part 3은 비즈니스 영작문 응용 샘플 101개를 담고 있다. 부록에는 무역 거래 관련 기본적인 양식과 몇 가지 참고 사항들을 담아 두었다.

　본서는 무역업체에 근무하시는 분들이나 해외 관련 업무에 종사하시는 분들에게 짜깁기 및 흉내내기를 위한 참고서 혹은 "컨닝 페이퍼"를 제공한다는 의도 아래 쓰여진 책이므로, 다음과 같이 활용될 수 있을 것으로 생각한다.

　(1) 짜깁기: 비즈니스 통신문에서 자주 사용되는 문형을 예시한 바, 이를 활용하여 품목과 요청 내용, 통보 내용을 자신의 상황에 맞게 짜깁기 해 넣어 몇 개의 문단을 만들고, 이러한 문단 3-4개가 모이면 하나의 번듯한 비즈니스 Letter나 E-Mail이 된다. 물론, 뒤에서 설명하게 될 도입, 설명, 용건(요청, 제안), 결어 등, 구성 요건과 형식을 고려하면 한층 세련되어 보일 것이다.

　(2) 흉내내기: 각각의 문형에는 실제의 상황을 상정하여 몇 가지의 활용 예문을 들어 두었고, 뒷부분에는 무역 거래의 단계별로 100여 개의 응용 샘플을 실어 두었는데, 이 중에서 자신의 상황에 맞는 것을 선별하여, 그 구성과 표현법을 흉내내기만 해도 그럴듯한 비즈니스 E-Mail을 만들 수 있을 것으로 믿는다. 원래 모방을 통하여 습득하는 것이 언어인 즉, 외국어인 영어로 글을 쓰면서 모방을 하는 것은 당연한 일이라고 본다.

　(3) 중복 표현 피하기: 한 장의 Letter 혹은 E-mail에서 같은 단어나 문형을 중복해서 쓰는 것을 피하는 게 좋겠다고 언급한 바 있는데, 작성자의 글쓰기 습관도 있고, 즐겨 쓰는 표현법도 있기 때문에, 같은 문형을 중복해서 사용해야 하는 경우가 생기기도 한다. 그러한 경우를 위하여, 같은 의미이거나 아니면 유사한 의미로 사용될 수 있는 표현법을 예시해 두었으니, 이 또한 짜깁기와 흉내내기 그리고 바꿔 쓰기 등을 통하여 실전에서 활용할 수 있을 것이다.

(4) 연습을 통해 내 것으로 만들기: Part 2의 매 섹션(Section) 즉, 무역 거래의 각 단계마다 연습 문제를 두어서 독자들이 스스로 짜깁기와 흉내내기를 통하여 영작문을 하는 과정에서 문형을 자신의 것으로 체화할 수 있도록 도와 주고자 하였다. 주어진 상황을 잘 이해하고 주어진 문형들을 활용해 써 보면 의외로 어렵지 않음을 알게 되어 자신감을 가지게 될 것으로 기대한다. 정답을 제공함으로써 연습 문제들도 짜깁기와 흉내내기의 예문이 될 수 있도록 구성하였지만, 가급적이면 혼자서 문장을 구상해 보기를 권한다.

Contents

머리말(개정 증보판을 내면서)
머리말
본서의 구성 및 활용법

Part 01 김상무님의 비즈니스 E-Mail 기본 사항

Section 01 비즈니스 E-Mail

1. 비즈니스 E-Mail ·· 24
    (1) 비즈니스 통신문 ·· 24
    (2) 비즈니스 E-Mail의 장점 및 특징 ·· 25
    (3) 비즈니스 E-Mail 사용자가 갖출 덕목 ································· 26
    (4) 비즈니스 E-Mail의 원칙(7C's) ·· 27
        1) Correctness(정확성) ·· 27
        2) Conciseness(간결성) ··· 28
        3) Creativeness(창의성) ·· 28
        4) Courteousness(정중성) ··· 29
        5) Convincing(신뢰성) ··· 29
        6) Completeness(완전성) ·· 30
        7) Consideration (배려성) ··· 30

2. 비즈니스 E-Mail의 작성 ··· 31
    (1) 비즈니스 E-Mail의 구조 ··· 31
    (2) 비즈니스 E-Mail 작성 순서 ·· 33
    (3) 비즈니스 E-Mail 작성법 ··· 34
    (4) 비즈니스 E-Mail 관련 주의 사항 ·· 38
        1) E-Mail 관리 주의 사항 ·· 38

  2) E-Mail 작성 주의 사항 · · · · · · · · · · · · · · · 39
 (5) 비즈니스 E-Mail 에티켓 · · · · · · · · · · · · · · · 46
 (6) 비즈니스 E-Mail 발송전 Check List · · · · · · · · 50

3. 비즈니스 Letter와 Fax Message · · · · · · · · · · · · 53
 (1) 비즈니스 Letter · · · · · · · · · · · · · · · · · · · 53
  1) 비즈니스 Letter의 구조 · · · · · · · · · · · · · 53
  2) 비즈니스 Letter의 스타일 · · · · · · · · · · · · 55
  3) 비즈니스 Letter의 구두점 · · · · · · · · · · · · 55
  4) 비즈니스 Letter의 주소 쓰기 · · · · · · · · · · 57
  5) 비즈니스 Letter의 편지 접기 · · · · · · · · · · 57
 (2) Fax Message의 구조 · · · · · · · · · · · · · · · · 58

Section 02 무역 거래의 절차

1. 거래 관계의 개설 · 59
 (1) 시장 조사와 거래처 개척 · · · · · · · · · · · · · · 59
 (2) 신용 조사 · 60
 (3) 거래 제의와 수락 · · · · · · · · · · · · · · · · · · 61

2. 매매 계약의 성립 · 62
 (1) 조회와 회답 · 62
 (2) 매매 제의, 교섭 및 수락 · · · · · · · · · · · · · · 62
 (3) 주문 및 승낙 · 64
 (4) 계약서 작성 · 65

3. 매매 계약의 이행 · 65
 (1) 신용장(L/C=Letter of Credit) · · · · · · · · · · · 65

Contents

  (2) 선적 통지 · 67
  (3) 대금의 회수 · 68

 4. 클레임 해결 및 중재 · 69
  (1) 클레임 해결 · 69
  (2) 중재(Arbitration) · 70

Part 02 김상무님의 비즈니스 영작문 기본문형 60

Section 01 거래제의 및 조회

01 Your name was given to us by ~ · · · · · · · · · · · 74
  ~를 통해서 귀사를 알게 되었습니다.

02 We are ~ · 80
  당사는 ~입니다.

03 We are interested in ~ · · · · · · · · · · · · · · · · · 83
  당사는 ~에 관심이 있습니다. /구매하고자 합니다.

04 We would like to introduce ~ · · · · · · · · · · · · 87
  당사는 ~를 소개(판매)하고자 합니다.

05 Your name is ~ · 90
  귀사의 이름은 ~

06 We look forward to ~ · · · · · · · · · · · · · · · · · 92
  ~를 기대합니다.

07 Please inform us ~ · · · · · · · · · · · · · · · · · · · 94
  ~를 통보하여 주시기 바랍니다.

08 Please send us ~ · 96
  ~를 보내 주시기 바랍니다.

Section 02 응답

01　Thank you very much for ~ · · · · · · · · · · · · · · · 104
　　~에 대하여 감사합니다.

02　With reference to ~ · · · · · · · · · · · · · · · · · 109
　　~와 관련하여

03　We are pleased to inform you that ~ · · · · · · · · · 111
　　~임을 알려드립니다./알려드리게 되어 기쁩니다.

04　We regret to inform you that ~ · · · · · · · · · · · 114
　　~임을 알려드립니다(알려드리게 되어 유감입니다.

05　We are sending ~ · · · · · · · · · · · · · · · · · · 117
　　~를 보내 드립니다.

06　We are pleased to learn that ~ · · · · · · · · · · · 121
　　~라고 알게 되어 반갑습니다.

07　As (1) ~ · 123
　　~한 대로

08　We are writing ~ · · · · · · · · · · · · · · · · · · 125
　　(~하기 위하여) 이 서한을 씁니다.

Section 03 Offer와 협상

01　We offer ~ · 132
　　Offer(견적 제시) 합니다.

02　As (2) ~ · 135
　　~때문에, ~이므로

03　If ~ · 138
　　~한다면, ~라면

04　We are not in the position to ~ · · · · · · · · · · · 141
　　당사는 ~할 수 없습니다.

Contents

05 Unless ~ · · · · · · · · · · · · · · · · · 144
　　만약 ~하지 않으면

06 We would like to point out that ~ · · · · · · · · · · · · · · 146
　　~임을(~라고) 지적하고자 합니다.

07 We are willing to ~ · · · · · · · · · · · · · 149
　　(기꺼이) ~ 하겠습니다.

08 We would strongly advise you to ~ · · · · · · · · · · 151
　　~하도록(하기를) 권합니다.

09 Please understand ~ · · · · · · · · · · · · · · · 155
　　~라고 해석(이해)해 주시기/양지(諒知)하시기 바랍니다.

10 In view of ~ · · · · · · · · · · · · · · · · · 158
　　~을 감안하면

11 Subject to ~ · · · · · · · · · · · · · · · · · 161
　　~의 조건으로

12 Please quote us ~ · · · · · · · · · · · · · · 163
　　견적(가격)을 제시하여 주십시오.

13 Please state ~ · · · · · · · · · · · · · · · · 166
　　명시(명기, 표시)하여 주십시오.

14 We regret ~ · · · · · · · · · · · · · · · · · 168
　　유감입니다.

15 Owing to ~ · · · · · · · · · · · · · · · · · 171
　　~때문에, ~로 인하여

16 Please note that ~ · · · · · · · · · · · · · · 174
　　~라고 양지하시기 바랍니다.

17 Even though ~ · · · · · · · · · · · · · · · · 177
　　비록 ~하나(하지만)

18 While ~ · · · · · · · · · · · · · · · · · · · 180
　　~하나, ~하지만

Section 04 주문과 계약

01 If, please ~ · 188
~하다면, ~하여 주시기 바랍니다.

02 We assure you that ~ · · · · · · · · · · · · · · 191
~임을 보증(保證)합니다.

03 We hope ~ · 194
~을 희망합니다, ~을 바랍니다.

04 Confirming ~ · 196
~을 확인하여, ~을 확인하면서

05 We will ~ · 199
당사는 ~하겠습니다.

06 Please, and we will ~ · · · · · · · · · · · · · · 201
~해 주시면, ~하겠습니다.

07 Please confirm ~ · · · · · · · · · · · · · · · · · 203
~을 확인해 주시기 바랍니다.

08 We are pleased to confirm ~ · · · · · · · · 206
~을 확인합니다.

Section 05 선적과 지불

01 We will do our best to ~ · · · · · · · · · · · 211
~하도록(~하기 위하여) 최선을 다하겠습니다.

02 Please be advised that ~ · · · · · · · · · · · 214
~임을 알려드립니다.

03 We would like to ask you to ~ · · · · · · · 217
~해 주시기 바랍니다.

04 Upon (~ing) · 221

Contents

~하면, ~하자마자

05 **Regarding ~** 223
~와 관련하여

06 **We are afraid that ~** 226
~할까(~하지 않을까) 염려됩니다.

07 **We have received ~** 228
~을 받았습니다.

08 **We would very much appreciate ~** 231
대단히 감사하겠습니다.

09 **As soon as ~** 234
~하자마자, ~하는 즉시

10 **According to ~** 236
~에 의하여, ~에 따라, ~대로

11 **We wish to ~** 238
~하고 싶습니다, ~하고자 합니다, ~하기를 희망합니다.

12 **Please ~** 240
~해 주시기 바랍니다.

13 **We trust that ~** 242
~라고 믿습니다, ~라고 생각합니다.

Section 06 클레임

01 **We found that ~** 249
~라고 알게 되었습니다 / ~임을 발견하였습니다.

02 **We regret to learn that ~** 252
(유감스럽게도)~임을 알게 되었습니다, ~임을 알았습니다.

03 **We have to ~** 255
~하지 않을 수 없습니다, ~해야만 합니다.

04 **Despite ~** 258

~에도 불구하고
05 We offer our apologies to you for ~ · · · · · · · · · · · · · · · 260
~에 대하여 귀사에 사과드립니다.

Part 03 김상무님의 비즈니스 영작문 응용 샘플 101

Section 01 거래제의 및 조회

01	판지(Duplex Board) 수출 거래제의 · · · · · · · · · · · ·	270
02	인조가죽 수출 거래제의 · · · · · · · · · · · · · · · · · ·	272
03	음료 생산업체에 수입 거래제의 · · · · · · · · · · · ·	274
04	업체 소개로 카탈로그, 기술 자료 및 가격 요청 · · · ·	276
05	디렉터리에 실린 업체에 EVA 신제품 소개 · · · · · ·	278
06	황동 공예품 광고를 보고 가격, 견본 요청 · · · · · · ·	280
07	고급 수제품에 대하여 가격, 견본 요청 · · · · · · · ·	282
08	재고 보유 확인, 미보유시 생산 기간 확인 요청 · · · ·	284
09	CD/ DVD 수입 의향, 카탈로그 및 가격 요청 · · · · ·	286
10	회사의 제품 및 사이버 전시실 소개, 수입 의향 타진 · · ·	288
11	광고를 보고 수입 거래제의, 카탈로그 송부 요청 · · · ·	290
12	종이 생산업체에 견본집 요청 · · · · · · · · · · · · ·	292
13	명부에서 알고, 거래제의 및 견본과 견적 요청 · · · ·	294
14	수입 제의, 가격 및 견본 요청, 시험 주문 의향 · · · ·	296
15	다량 주문 가능성 설명, 최선의 견적 요청 · · · · · · ·	298
16	카탈로그와 견본, 가격 및 선적 조건 통보 요청 · · · ·	300
17	저가제품 수요 증가, 시장 진입 위한 특가 요청 · · · ·	302
18	정기고객 결제조건 확인, 견본 휴대 방문 요청 · · · ·	304
19	카탈로그, 가격표 요청 및 대리점 계약 제의 · · · · ·	306
20	자신의 강점 설명, 대리점으로 선정할 것을 요청 · · ·	308

Contents

21 제품소개, 독점판권 제의, 의향 타진 · · · · · · · · · 310
22 독점 대리점 계약시 중요사항 확인 요청 · · · · · · · · · 312

Section 02 응답

01 거래제의에 답하여 MP3 Player 가격과 견본 요청 · · · · · 314
02 거래제의에 답하여 크라프트지 가격과 견본 요청 · · · · · 316
03 카탈로그, 판촉물, 가격표 요청받고, 송부 · · · · · · · · 318
04 요청에 따라 카탈로그와 가격표 송부 · · · · · · · · · 320
05 가격견적 및 확인요청 · · · · · · · · · · · · · · 322
06 카탈로그, 가격표 송부, 조기발주 권유 · · · · · · · · 324
07 카탈로그, 가격표 송부, 제품 자랑 및 발주 권유 · · · · · 326
08 견본집 송부, 재고판매 요청 및 조기발주 권유 · · · · · · 328
09 가격 견적과 견본집 송부, 조기발주 권유 · · · · · · · · 330
10 카탈로그와 가격표 송부, 조기발주 요청 · · · · · · · · 332
11 카탈로그와 견본 송부, 인기 모델 권유 · · · · · · · · 334
12 가격회신, 상승예상 통지 및 조기발주 희망 · · · · · · · 336
13 가격 인하 요청 거절, 대량 주문 할인 가능 통보 · · · · · 338
14 견본, 견적송부, 유효기일 및 대량 할인율 통지 · · · · · · 340

Section 03 Offer와 협상

01 판지 Offer 송부 및 조기회신 요청 · · · · · · · · · 342
02 요청에 의거하여 확정 Offer 제시 · · · · · · · · · 344
03 견본 접수 및 품질확인, 가격 인하 요청 · · · · · · · · 346
04 Offer 접수, 조기선적 가능 확인요청 · · · · · · · · · 348
05 가격 인하 요청 · · · · · · · · · · · · · · · · 350
06 산악자전거 가격 인하 요청 · · · · · · · · · · · · 352
07 즉시 신용장 개설 조건으로 가격 인하 요구 수락 · · · · · 354

08	가격 인하 요청 거절, 주문량 증대 시 고려 가능	356
09	가격 인하 통보, 특정품목 추천 및 구매 권유	358
10	가격 인하, 신규 Offer 제시	360
11	가격 및 품질 수락, 조기선적 Counter, 확인 요청	362
12	확정 Offer, 기일 내에 발주 확인 요청	364
13	가격 인하 요구 Counter Offer, 조기수락 요청	366
14	Counter Offer 수락 확인, 신용장 개설 요청	368
15	가격 인하 불가, Counter Offer 사절, 대체품 제안	370
16	발주서 송부, 일부 가격 인하 요청, 적기선적 요구	372
17	가격 불리하여 주문불가 통보, 가격 인하 요청	374
18	일부품목 주문서 발송, 일부 품목 가격 인하 요청	376
19	Offer 수락, 주문 확인, 조기선적 요청	378
20	지불조건 완화 요청에 대해, 외상 거래 확인 답신	380

Section 04 주문과 계약

01	주문확정 통보, 판매처에 수락을 요청함	382
02	주문 수락 및 즉시 선적 통보, 신용장 개설 요청	384
03	시험주문 확정 및 신용장 개설 통보	386
04	재고 발주에 감사 및 신용장 개설 요청	388
05	주문 확인, 주문서 첨부, 신용장 개설 통보	390
06	견본과 가격표 접수, 시험주문 의향 통보	392
07	주문 수락, 즉시 선적 가능 확인 및 신용장 요청	394
08	시험주문 발주, 즉시 선적 요청	396
09	주문품 재고 소진, 유사한 모델로 대체품 추천	398
10	주문 감사, 선적 지연 가능 통지, 사전 양해 요청	400
11	주문 접수, 생산 불가하여 주문 사절, 양해 요청	402

Section 05 선적과 지불

01 선적준비 중, 신용장 조기 개설 요청 · · · · · · · · · · 404
02 신용장 접수확인 및 기일 내 선적가능 통보 · · · · · · · · · 406
03 신용장 접수확인, 결제조건 정정 요청 · · · · · · · · · · 408
04 신용장 개설 요청 및 조기 선적 요청 · · · · · · · · · · 410
05 주문 접수 확인, 선적 예정 통지, 신용장 독촉 · · · · · · · · 412
06 신용장 독촉, 추가 지연시 주문 취소 통보 · · · · · · · · · 414
07 신용장 지연 중, 조기 개설 독촉 · · · · · · · · · · · · 416
08 분할선적 요구, 이에 따른 선적일정 통지 요청 · · · · · · · · 418
09 선적준비 완료, 포장 및 선적지시 통보 요청 · · · · · · · · · 420
10 태풍으로 생산 지연, 신용장 기일 연장 요청 · · · · · · · · · 422
11 선박 출항 취소, 선적/유효 기일 정정 요청 · · · · · · · · · 424
12 선적 지연, 가격 인하 조건으로 기일 연장 요청 · · · · · · · · 426
13 선박 사정으로 인한 선박 변경, 선적 지연 통지 · · · · · · · · 428
14 선적 지시 접수, 선적 지연 양해 요청 · · · · · · · · · · 430
15 선적 통지 · 432
16 선적 통지 및 L/C 조항에 따라 선적 서류 송부 · · · · · · · · 434
17 태풍 피해로 대금 결제 불가능, 기일 연장 요청 · · · · · · · · 436

Section 06 클레임

01 수량 부족 확인 요청 및 부족 물량 항공발송 요청 · · · · · · · 438
02 품질 불량, 인수불가 통보, 가격인하 요구 · · · · · · · · · 440
03 품질 상이 및 수량 부족 클레임, 해결 방안 요구 · · · · · · · 442
04 포장불량 물품 손상, 수리비 혹은 대체선적 요청 · · · · · · · 444
05 침수피해 발생, 검사 의뢰 후 재선적 요구 · · · · · · · · · 446
06 운송 중 파손, 자료 요청 및 보험사 접촉 권장 · · · · · · · · 448
07 물품파손 통지 접수, 보험청구 제안, 대체품 발송 · · · · · · · 450

08	파손 클레임 인정 불가 통보 및 보험청구 제안	452
09	선적 실수 인정, 대체선적 혹은 가격 인하 제안	454
10	불량품 견본 접수, 대체품 선적 예정 통보	456
11	불량품 인정, 대체품 선적 및 가격 인하 통지	458
12	생산 실수 인정, 대체품 항공선적 통보	460
13	운송 중 파손책임 부인, 보험청구 제안	462
14	불량품 인정, 재선적 예정 통보	464
15	선적수량 차이 확인, 부족물량 추가 선적 예정	466
16	품질 불일치 사과, 대체 물품 항공발송 통지	468
17	불량품 사과, 대체품 발송 통보, 불량 견본 요청	470

부록 참고사항

Section 01 주요 용어 정리 · · · · · · · · · · · · · · 474
Section 02 주요 양식 · · · · · · · · · · · · · · · · · · 482

E-mail 훔쳐보기

Part 01
김상무님의 비즈니스 E-Mail 기본 사항

Section 01 비즈니스 E-Mail

Section 02 무역 거래의 절차

Section 01 비즈니스 E-Mail

1. 비즈니스 E-Mail

(1) 비즈니스 통신문

비즈니스 회화, 영작문 등을 포함하여 비즈니스에서 사용되는 영어라면 모두 "비즈니스 영어"라고 할 수 있을 것이다. 작금 교통, 정보, 통신 수단의 발달로 비즈니스 방식이 다양해지는 한편 비즈니스가 일상 생활로 다가옴으로써 비즈니스 영어의 영역 구분도 그 의미가 엷어지고 있는 것이 사실이다. 그러나 아직도 국제 무역 거래에 있어서는 일정 수준의 형식과 표현 방식들이 통용되고 있다. 격식을 차린 공식적인 서류가 지금도 우편으로 발송되고 있는 점으로 미루어 볼 때, 또 비즈니스의 특성 상 경제적인 손익과 계약 관계를 다루기 때문에 명확한 의사 전달과 기록 보존이 중요하다는 점을 감안할 때 비즈니스 영작문의 중요성을 간과할 수 없다. 본서는 비즈니스 영어 중에서도 비즈니스 영작문에 주안점을 둔 책자이다. 비즈니스 영작문이라고 하면 비즈니스 서한(Business Letter)뿐만 아니라 비즈니스와 관련된 영어를 통칭하는 개념이라 하겠지만, 본서는 범위를 좁혀서 국제 무역 거래와 직접적인 관련을 가진 통신문(Correspondences)을 작성하는 방법을 주로 다루고자 한다. 본서에서는 편의 상 다양한 종류의 비즈니스 통신문을 포괄적으로 "비즈니스 E-Mail" 혹은 간략히 "E-Mail"이라 부르기로 한다.

비즈니스 세계에서 핵심(Bottom Line)은 돈이라고 할 수 있다. 글을 잘 쓰면 돈을 절약할 수 있다. 글을 잘 못 쓰는 경우 시간과 노력의 낭비는 물론 상대방에게 나쁜 인상을 심어줄 수도 있어 회사에 원인 모를 손실을 가져올 수 있다. 그러므로 상당한 시간과 노력을 투자하여 연습을 할 필요가 있으며, 주변에 협력자 혹은 비평가가 있으면 실력 향상에 도움이 될 것이다. 비즈니스 E-Mail을 쓰는 이유는 알리고, 설득하고, 또 호의적인 관계를 구축하는 것이라고 할 것이다. 비즈니스 소통의 중요 요소는 전달하고자 하는 메시지, 적절한 형식, 설득력 있는 구성, 정확한 어휘 선택 그리고 호감이 가는 스타일 등으로 나누어 볼 수가 있다. 출발

점은 상대방을 알고 있어야 하며, 말하고자 하는 내용을 알고 있어야 한다는 것이다. 기업들은 이미지를 높이기 위하여 많은 돈을 들여서 홍보하고 있으며, 다양한 방식으로 외부 세계에 기업을 알리기 위하여 노력하고 있다. 그러나 잘못 작성된 한 통의 E-Mail이 많은 것을 무효화할 수도 있다. 자신의 E-Mail은 자신도 모르는 가운데 모르는 사람들에게 전달되어 전 세계를 돌아다닐 수도 있다. 그러므로 프로답게 잘 써야 한다. E-Mail은 빠르고 편리한 소통 방식이다. 그렇지만 비즈니스 세계에서는 전문적인 서류의 하나라고 보아야 할 것이다. 친구나 가족들과 주고받는 것과는 성격이 다르다. 부정확한 문법과 정보, 구두점, 중언부언하는 내용, 엉성한 구성, 저속한 표현이나 속어(Slang), 부주의하고 경솔한 태도 등은 나쁜 인상을 주게 될 것이다. 전통적인 무역 서신(Business Letter)보다는 대화체에 가까운 표현들을 용인하지만, 그 형식은 그대로 적용된다고 보는 것이 안전하다. 그러므로 쓰기 전에 내용을 숙고하고, 상대방을 분석하고, 제목을 조심스럽게 선정하고, 잘 써야 할 것이다.

(2) 비즈니스 E-Mail의 장점 및 특징

비즈니스 E-Mail은 여러 가지 장점과 특징을 가지고 있는데 그 중의 몇 가지만 나열해 보면 다음과 같다. 첫째, E-Mail은 자기에게 편한 시간에 처리할 수 있다. 전화나 직접 방문, 면담의 경우와는 달리 E-Mail은 수취인의 업무를 중단시키지 않을뿐만 아니라, 수취인은 자신의 스케줄에 따라서 본인이 편한 시간에 처리할 수가 있다. 둘째, E-Mail은 오해를 극소화할 수 있다. 전화나 상담의 경우에는 소통의 문제가 있을 수가 있다. 특히 외국어의 경우 그러한 소지가 커진다. E-Mail은 내용을 분석하고 재확인할 여유를 가질 수 있게 해줄 것이므로 오해의 가능성을 낮추어 준다. 그래서 상담이나 전화 통화 후에 그 내용을 확인하기 위하여 E-Mail을 보내는 경우도 많다. 셋째, E-Mail은 기억을 도와 주며, 나중을 위

Section 01 비즈니스 E-Mail

한 기록이 된다. 구두로 전달한 경우 용건 자체를 잊어버리거나 내용이 정확히 기억나지 않을 수가 있는데, 받은 편지함 혹은 보낸 편지함에 있는 E-Mail은 그러한 우려를 없애준다. 또, E-Mail은 전화나 상담의 경우와는 달리 나중에 문제가 발생하였을 경우 유용한 기록이 된다. 주고받은 E-Mail은 업무의 진행 경과를 잘 모르는 사람에게 진행 사항을 설명할 때에 자료로 사용될 수 있으며, 문제 발생 시에도 아주 좋은 증거가 될 것이다. 그 외에도 E-Mail은 다양한 장점과 특징을 가지고 있다. 출장이나 전화, 팩스 등은 비용을 수반하나 E-Mail은 비용이 들지 않는다. E-Mail은 분류 작업이 용이하고 도면이나 관련 사진, 서류를 첨부하기가 간편하다. 또, E-Mail은 관련자에 대한 전달과 회람이 용이하며 실시간으로 전달된다. E-Mail을 사용하면 링크(Link)를 통하여 추가 정보를 제공할 수 있을뿐만 아니라, 수신자와 다양한 방식으로 상호작용(Interact)을 할 수 있다.

(3) 비즈니스 E-Mail 사용자가 갖출 덕목

비즈니스 E-Mail 작성자는 다음과 같은 덕목을 갖추고 있어야 한다. 첫째, 무역 이론과 실무에 정통하여야 한다. 무역 거래의 실태, 관습을 포함하여 무역 실무나 무역 이론 등에 대한 올바른 상업 지식을 갖추고 있어야 한다는 것이다. 둘째, 표준 영어(Standard English)를 충분히 구사할 줄 알아야 한다. 철자, 관용어, 틀리기 쉬운 표현들을 혼동하지 않을 수 있는 확실한 어학 실력을 갖추고 있어야 한다. 동시에 상대방이 말하고자 하는 바를 완벽히 이해하고 자기의 생각을 충실하게 표현하기 위해서는 풍부한 어휘력은 물론이고 독해력, 문장력을 연마하여야 한다. 셋째, 전문 용어에 대한 지식을 갖추고 있어야 한다. 무역 거래에서 사용되는 전문 용어, 업계에서 사용되는 전문 용어 등에 대하여 광범위한 이해와 지식을 가지고 있어야 한다. 넷째, 사람의 심리에 대한 기본적인 이해가 필요하다. 인간이 행동을 일으키기까지는 주의(Attention)하고, 흥미(Interest)를 갖고, 욕망

(Desire)을 느끼고, 그리고 행동(Action)을 하게 된다(AIDA의 법칙)고 한다. 또, 감정을 노골적으로 표현하거나, 상대방을 문책하는 어투는 좋지 않다. 논쟁에서 이기면 영업은 실패한다. 논쟁에서 한 번 이길 때마다 거래처 하나를 잃게 된다는 말을 흘려 들을 수 있는 이야기가 아니다. 다섯째, 장사꾼 마인드를 가지고 있어야 한다. E-Mail을 쓰는 목적이 결국은 상대방으로 하여금 움직이도록 만들고자 하는 것이다. 예리한 상업적 감각(Business sense)을 갖추고 있어야 하며, 자기에게 다가온 기회를 자기의 것으로 만들어 사업을 성사시키고 나아가 수익을 추구할 수 있어야 한다는 것이다. 마지막으로 여섯째, 비즈니스 E-Mail 작성 요령을 숙지하고 있어야 한다. "형식이 내용을 규제한다"는 말이 있는데, 문화와 관습이 다른 사람들 간에 오가는 비즈니스 E-Mail의 경우에도 이 말이 적용된다고 할 수 있을 것이다. 필요없이 긴 문장은 E-Mail의 효과를 반감시키며, 우스운 편지나 형편없는 E-Mail은 우스운 회사, 형편없는 회사라는 이미지를 주게 될 것이다.

(4) 비즈니스 E-Mail의 원칙(7C's)

1) Correctness(정확성)

비즈니스 E-Mail은 기본적으로 권리, 의무, 이해 관계 등을 수반하는 것이므로 정확성이 가장 중요하다고 할 것이다. 여기에는 기술(記述)의 정확성, 수치 및 단위의 정확한 표시, 무역(상업) 용어와 관련 용어의 정확한 사용, 문법상의 정확성 등이 포함된다. 동시에 그 내용은 명확(Clear)하여야 할 것이다. 비즈니스 E-Mail은 한 마디로 돈이 걸린 내용을 다루고 있으므로 불명확한 표현이 있어서는 안 되며, 애매한 문구나 여운을 남기는 표현은 오해를 불러올 소지를 만든다. 추상적이거나 개념적인 내용이나 표현을 피하고, 수치나 예시, 사실 관계 등을 열거함으로써 구체적(Concrete)으로 쓸 필요가 있다. 더불어, 기일이나 기간을 명확

Section 01 : 비즈니스 E-Mail

히 표기하고, 서류나 증서에 대해서는 참조 번호를 확실히 병기하는 것이 좋다.

2) Conciseness(간결성)

바쁜 일과에 쫓기는 비즈니스맨들은 의미도 없고 중요하지도 않은 장황한 글을 읽을 여유가 없다. 비즈니스 E-Mail은 단번에 명확한 뜻을 알 수 있도록 간결하게 적어야 한다. 문장의 길이는 30단어를 넘지 않는 것이 좋다고 알려져 있다. 그렇다고 해서 말이나 단어의 숫자를 줄이라는 이야기는 아니다. 문장이 너무 짧아도 프로답지 못하고 조악한 느낌을 줄 수가 있다. 길이와 상관없이 충분히 표현하되 내용은 간결하게 하여야 한다는 것이다. 장황한 문구나 구식 문어체 등을 쓰기보다는 간결하게 구어체를 가미하여 쓴다면 훨씬 더 센스가 있어 보일 것이다.

3) Creativeness(창의성)

"문장은 인간성의 표현"이라는 말도 있듯이 한 통의 간단한 E-Mail에도 자신의 개성(Character)을 담을 수가 있다. 비즈니스 E-Mail이라고 하여 내용이나 형식에 있어서 너무 상업적이거나 작위적이어서는 안 된다. 새로운 것이나 신기한 것에 치중하기 보다는, 마음을 곧게 가지고 자연스러운 문체로 직접 말을 하듯이 (Conversational) 써내려 가면 거기서 그 사람의 개성이 나타나게 되는 것이다. 또, 부정문은 상대방에게 불쾌감을 주기가 쉽고, 긍정문은 호감을 주게 되므로 가능하면 긍정적인 글을 쓰도록 하는 것이 좋다. 아울러, 읽는 상대방을 기분좋고 유쾌하게(Cheerful) 만드는 것도 중요하다. 이는 단순히 유머러스한 내용이나 파격적인 형식을 취하는 것만을 말하는 것이 아니다. 오히려 돈이나 사업과 관련된 농담이나 파격은 곤란하며, 잘못하면 우스운 사람, 웃기는 회사가 될 수도 있으니 조심스럽게 접근하여야 한다. 다만, 비즈니스 E-Mail이 쓰는 사람의 낙천성, 자신감 그리고 희망적인 기대 등을 담는 그릇이라는 관점에서 볼 여유는 필요하다는 것이다.

4) Courteousness(정중성)

단순히 형식상으로만 정중한 표현하는 것 즉, 정중한 문구를 나열한 문장이나 표현으로 보여 주는 예의 바름(Politeness)을 의미하는 것이 아니라 상대방에 대한 배려가 녹아 들어 있는 정중함을 의미한다. 즉, 문장의 표현 자체보다도 비즈니스 E-Mail 작성자의 마음가짐을 말한다고 하겠다. 상대방을 힐난하는 내용이나 불평만 늘어놓는 글이라면 정중함은 찾아보기 어려울 것이다. 내용 자체가 정중해야 하며, 이것이 가장 중요하다. 따라서 진정한 정중함이란, 답장은 신속하게 쓰되 상대방에 대하여 동정적인 이해심을 가지고 상대방의 입장을 고려하면서 쓰는 것을 말한다고 할 것이다. 비즈니스 E-Mail을 쓰는 목적이 상대방이 읽은 후 무엇인가 행동을 하도록 유도하기 위함이라면, 읽는 사람의 입장을 이해하고 배려하는 자세는 필수이다. 즉, 상대방은 이해 관계의 반대편에 있는 것이 보통이며, 모든 사람이 자신의 우선 순위에 따라 일을 처리하는 바쁜 사람이라는 것과 모든 사람이 감정에 지배되기 쉬운 인간이라는 사실을 염두에 두고 써야 한다는 것이다. 특히 대금 결제 독촉장(Collection letter)과 같이 거친 내용을 담아야 하는 경우, 단호한 가운데서도 정중함을 잃지 않도록 한다.

5) Convincing(신뢰성)

문장이나 문단을 적절히 배합하여 주제를 명확히 전달할 수 있도록 하여야 한다는 것이다. 가장 일반적인 방법은 첫 문장과 마지막 문장에 말하고자 하는 바를 적도록 하는 것이며, 문장이나 문단 간에는 문맥에 맞는 연결어(Connectives)를 유효적절하게 쓴다. 또, 반복과 대명사를 적절히 사용하여 내용을 강조하는 한편 전달하고자 하는 취지를 향하여 끌고 나가도록 한다. 그리하여 일관성

Section 01 비즈니스 E-Mail

(Coherence) 즉, 이론이 정연하여 글에 연관성이 있도록 함으로써 상대방이 내용에 신뢰를 가지도록 한다.

6) Completeness(완전성)

해야 할 말은 충분히, 남김없이 전달하여야 한다. 비즈니스 E-Mail에서 "이 정도로 표현하면 상대방이 알아 듣겠지"라는 막연한 추측은 금물이다. 문화적 배경에 따라서는 모든 것을 일일이 설명하여야 하는 경우도 있다. 특히 회신의 경우에는 상대방의 질의 사항이나 요청에 대하여 하나도 빠짐없이 답한다. 동봉하기로 한 서류는 확실히 동봉하여야 하고, 첨부 서류는 확실히 첨부되어 있어야 한다. 또한 비즈니스 E-Mail로서 필요한 형식과 내용을 모두 갖추고 있어야 한다.

7) Consideration (배려성)

상대방에 대해 배려를 한다고 해서 노예적인 굴종이나 비굴함, 마음에도 없는 아부를 해야 한다는 것을 의미하는 것이 아니다. "You" attitude 즉, 수신인의 입장에서 사안을 보고 이를 바탕으로 비즈니스 E-Mail을 쓴다는 의미이다. 그 방법 중의 하나는, 우선 가능한 한 we, our, us 등의 1인칭 대명사의 사용을 피하고 you, your 따위의 2인칭을 더 많이 쓰는 것이 좋다. 모든 문단을 "We"로 시작한 비즈니스 E-Mail은 자기 입장만 주장하는 이기적인 글이라는 인상을 주기가 쉽다. 문맥 상 피치 못할 경우에는 가주어(It)나 무생물 주어를 사용하는 문장을 쓰는 것도 한 방법이라 할 것이다.

2. 비즈니스 E-Mail의 작성

(1) 비즈니스 E-Mail의 구조

E-Mail의 디자인은 회사마다 다를 수 있으나, 필수 사항들을 포함하고 있어야 하기 때문에 대개의 경우 그 형태는 아래 〈그림 1〉과 거의 비슷하다. 웹메일을 참고하여 비즈니스 E-Mail의 구조와 주요 요소들을 살펴 보면 다음과 같다.

① Receiving address : 수신인 주소를 쓰는 란이다.
② cc(Carbon copy) : 사본 배부처 혹은 참조 수신인의 주소를 쓴다.
③ bcc(Blind carbon copy) : 수신인이나 다른 참조 수신인들이 알지 못하게 사본을 배부할 곳이 있을 경우 여기에 기재하도록 한다.
④ Subject heading: 제목을 적는 란으로서, 제목은 50자를 넘지 않도록 하되 내용을 대변하는 단어(Keywords)가 포함되도록 하는 것이 좋다. 제목의 중요성에 대해서는 나중에 다시 설명할 것이다.
⑤ File name of attachment: 첨부 파일을 선택할 수 있는 기능이다.
⑥ Insert pictures: jpg나 bmp file 등과 같은 그림 파일을 선택하여 가져올 수 있는 기능이다.
⑦ Menu: 글쓰기 도구 모음이다. 위의 예는 gmail(구글 메일)의 글쓰기 도구 모음을 참조하였는데, 앞에서부터 강조(Bold face), 이탤릭 서체(Italic type), 밑줄(Underline), 글꼴(폰트=Font), 글자 크기(Font size), 글자색(Text color), 강조 색상(Highlight color), 이모티콘(Emoticon), 링크(Link), 번호 매기기, 글머리 기호(Bullets), 들여쓰지 않음(Indent less), 들여 쓰기(Indent more), 인용하기(Quotation), 왼쪽으로 정렬(Align text left), 중앙에 정렬(Align center), 우측으로 정렬(Align text right), 형식 제거(Remove formatting) 등을 의미한다.

Section 01 비즈니스 E-Mail

```
[Send]  [Save]  [Cancel]  [Folder]

①To:   [                    ]
            ② cc   ③ bcc
④Subject: [                    ]
            ⑤ Attach a file
⑥ 🖼  ⑦ B I U T- π- A- T- ☺ ∞ ≔ ≡ ≣ ≣ " ≣ ≣ Ix

    ⑧ Dear Sirs,

        ⑨-ⓐ ────────────────────────
        ──────.

        ⑨-ⓑ ──────────────────────. ──
        ──────────────.

        ⑨-ⓒ ────────────────────────

    ⑩ Best regards,

    ⑪ Chris Kim/ Vice President
    ⑫ All About Trade Inc. APO Box 123, Seoul, 100-001 Korea
    ⑬ Tel: 82-2-555-1212  Fax: 82-2-555-1234
        E-Mail: chriskim@allabouttrade.com
```

〈그림 1〉 비즈니스 E-Mail의 구조

⑧ Opening salutation: 의례적인 첫인사로서, 수신인의 이름을 알 경우 "Dear Mr. Brown:"과 같이 성(姓)을 쓰고, 수신자의 이름을 모르거나 처음 보내는 E-Mail의 경우에는 "Dear Sirs:" 라고 쓴다.

⑨ Text: Body라고도 부르며, 내용을 담는 본문을 말한다. 본문은 Opening paragraph(⑨-ⓐ), Body paragraph(⑨-ⓑ), Closing paragraph(⑨-ⓒ) 등으로 구분할 수 있으며, 3-5개의 문단으로 이루어진다.

⑩ Closing salutation: 의례적인 끝인사로서 비즈니스 E-Mail의 경우에는 "Best regards,"가 가장 무난하며 많이 사용된다.

⑪ Sender's information: 발신자의 이름과 직위를 적는다.

⑫ Sender's company information: 발신자의 회사명과 주소를 부기하도록 한다.

⑬ Sender's contact information: 발신자의 E-Mail 주소나 전화번호, 휴대폰 번호, 팩스 번호 등 연락할 수 있는 다른 방법을 표기해 둔다.

(2) 비즈니스 E-Mail 작성 순서

무엇을 어떤 순서로 쓸 것인가를 정할 때, 비즈니스 E-Mail의 경우에는 다음과 같은 순서를 참고하면 도움이 될 것이다.

1. **쓰는 이유, 용건의 요점을 정리한다.** 회신의 경우에는 상대방의 통신문을 수 차례 재검토하여야 할 것이다.

2. **용건을 적어 본다.** 내용(Topic)과 키워드(Keyword)를 생각하여 메모지에 열거해 본다.

3. **요점을 선별하여 꼭 필요한 내용을 다시 정리한다.**

4. **필요한 정보를 수집한다.** 과거 주고받은 문서나 기타 참조 문서, 참고 자료, 수치 자료 등을 통하여 필요한 정보를 수집하고 재확인한다.

5. **소통 방식을 정한다.** 자기 회사와 상대 회사의 문화, 사안의 성격 등을 고려하여 E-Mail 혹은 Letter 등의 방식을 택한다.

Section 01 　비즈니스 E-Mail

6. **요점에 순서를 붙인다.** 상대방의 입장에서 보아 가장 중요한 것부터 쓰고, 그 다음에 자신의 입장을 쓰도록 한다
7. **퇴고를 한다.** 상대방의 입장에서 읽어 보기도 하고, 주변에 조력자가 있을 경우 의견을 구한다.
8. **교정(Proofreading)을 한다.**
9. **Check List와 대조하면서 확인한다.**
10. **발송(Send)한다.**

(3) 비즈니스 E-Mail 작성법

1. **주소는 자동 완성 기능을 쓰면 편리하다.** 주소는 일일이 타이핑을 하는 것보다 대다수 E-Mail에서 제공하고 있는 자동 완성(Auto fill) 기능을 활용하면 시간도 절약하고 오타(誤打)를 줄일 수 있다. 사실 주소는 마지막에 적는 것이 좋다. 이는 작성 도중에 "Send"를 잘못 눌러서 미완성의 E-Mail이나 첨부가 누락된 채 발송이 되는 것을 방지하기 위함이다.

2. **제목(Subject heading)을 잘 적어야 한다.** 제목은 상대방이 읽도록 유도하고 보관 및 관리가 용이하도록 도와 주는 역할을 한다. 그러므로 수신자가 제목만으로 분류하고 검색할 수 있도록 내용을 대표하는 단어(Keyword)가 포함되도록 하되 구체적이고 간단하게 제목을 정한다. 그리고, 제목이 명확하지 않을 경우에는 수신자가 스팸 메일(Spam mail)로 처리해 버릴 우려가 있으므로 제목은 정말 중요하다 할 것이다. 필자의 경우에는 제목의 마지막에 괄호를 하고 이름을 적고 있는데, 이와 같이 회사명이나 자신의 이름을 부기(附記)하는 것도 수신자가 식별하는데 참고가 될 수가 있을 것이다. E-Mail의 회신(Reply) 기능을 이용하여 받은 제목 그대로 회신하는 경우가 많은데, 답신의 내용으로 미루어볼 때 주제가 바뀌었으면 제목도 바꾸는 것이 좋을 것이다.

3. cc(Carbon copy)는 조심해서 사용할 필요가 있다. E-Mail을 한꺼번에 4명 이상에게 보내는 것은 바람직하다고 할 수가 없다. 수신자들끼리 서로 잘 모르는 사이일 경우에는 bcc(Blind carbon copy)를 활용하는 것도 고려할 필요가 있다.

4. Dear로 시작해서 Best regards로 마친다. 격식을 갖추지 않는 것이 문제이지 격식을 너무 갖추어서 흠이 될 것은 없다. 그러므로 가급적이면 형식과 의례를 갖추는 것이 좋다. E-Mail 자체가 Letter보다 격식을 덜 차린 의사 전달 방식이다. 그러므로 더욱 조심스럽게 접근하여야 한다. E-Mail은 결국 글을 쓰는 것이다. 말하는 것이 아니다. 말하는 듯이 쓰는 것이 좋다는 의미이지 형식을 무시하고 실제로 말하는 것처럼 쓰라는 얘기가 아니다.

5. 기승전결(起承轉結)이 아니라 결기승(結起承)의 순서를 따른다. 일반적으로 기승전결의 순으로 쓰는 것이 좋은 글이라 할 것이나, 비즈니스 E-Mail은 결기승 즉, 결론을 먼저 밝히는 것이 옳은 순서다. E-Mail의 Opening 부분에서 글을 쓰는 목적(의도)을 알리고, 상대방의 관심을 끌며, 아래에 나올 내용에 대한 안내를 하는 내용을 적고, 다음 단계(주로 요청 사항)를 바로 다음에 써서 E-Mail을 보내는 목적을 강조하도록 한다. 그리고 Closing 부분에서 그 목적을 재확인하고, 긍정적인 인상을 남기도록 한다.

6. 나쁜 소식이나 거절의 경우에도 E-Mail의 첫 부분에 이를 알린다. 상대방에게 나쁜 소식이라고 해도 순서는 마찬가지이다. 다만 완곡한 표현(Buffering statement)을 써서 선의(Good will)를 표시하고 상대를 배려하는 모습을 견지하도록 한다. 상대방의 요청에 대해 거절을 하는 경우에는 가능하면 그 이유를 설명해 주는 것이 좋다. 사람에 따라서는 합당한 이유가 없을 경우 무시당했다고 생각할 수도 있기 때문이다.

7. 그림을 활용하는 것도 한 방법이다. E-Mail의 특성을 살려서 스크린샷(Screenshot)을 캡처(Capture)하거나 설명을 돕는 삽화(Illustration)를 첨부하는 것도 고려할 필요가 있다. 이 경우 Please refer to screenshot as below(아래의 스크린샷을 참고하시기 바랍니다).라고 하거나 A picture as shown below

Section 01 비즈니스 E-Mail

will let you know ~ (아래에 보이는 사진이 ~을 알려드릴 것입니다), An illustration as attached would give you a better explanation on ~ (첨부한 삽화가 ~에 대하여 좀 더 잘 설명해 줄 것입니다) 등과 같이 설명해 주면 될 것이다. Link를 제공해 수신자와 상호 작용(Interact)을 하거나, 자사의 홈페이지 혹은 관련 동영상의 주소를 연결해 둠으로써 수신자가 좀 더 다양한 자료를 접하게 할 수 있다(예를 들어 다음과 같이 표현한다. For more information, please visit our website: www.allabouttrade.com). URL 주소의 길이가 너무 길 경우에는 www.snipurl.com에서 간단히 짧게 만들 수가 있다.

8. **첨부 문서가 있을 경우 본문에 이를 명시하도록 한다.** 문서를 첨부(Attachment)하는 것은 선택적으로 즉, 가급적이면 하지 않도록 한다. 첨부를 해야 할 경우에도 첨부물의 파일 크기는 5Mb(Megabyte) 이하가 권장된다. 부득이하게 10Mb 이상의 큰 파일을 첨부해야 할 경우에는 www.scribd.com와 같은 웹 공유 사이트에 업로드(Upload)한 후에 이를 인용하면 된다. 잘 모르는 사람이거나 처음 보내는 E-Mail의 경우라면 수신자가 URL을 클릭(Click)하기를 주저할 수도 있으므로, 이런 방식은 잘 아는 사이인 경우에 사용하는 것이 보통이다. 널리 통용되는 파일 포맷(File format)이 아닐 경우 pdf 형식으로 변환하는 것이 좋은 방법이며, 자주 사용되는 파일 형식이 아닐 때에는 응용 프로그램 정보를 간략히 부기하여 두기도 한다. 나중에 첨부 문서를 잊어 버릴 수도 있으니 글을 쓰기 시작하면서 문서부터 첨부하는 습관을 기르도록 한다.

9. **중요한 사항들을 나열하여야 할 경우에는 Bullet point style로 쓸 수도 있다.** 3개 이상의 중요 항목을 나열할 때에는 스타(*)표시를 하거나 (1), (2), (3)과 같은 번호 표시를 써서 일목요연하게 정리를 하도록 한다. 또, 긴 E-Mail에 대한 답신의 경우 각각의 내용을 인용하면서 찬반 의사 표시 혹은 조치(예정) 내용을 답하도록 한다. 그냥 단순히 I agree.라고 한다면 무슨 사안에 대한 찬성의 의사 표시인지 분명하지 않을 수가 있기 때문이다.

10. **충분한 시간을 가지고 쓴다.** 전달하고자 하는 바를 명확히 하고, 수신인이 취할

행동을 제대로 표현하며, 논리적으로 전개하고, 완성 후에는 수정할 시간을 가져야 하기 때문에 여유를 가지고 쓰도록 하여야 한다. 시간이 없었다는 것은 변명이 될 수가 없고, 한 번 발송된 E-Mail은 돌이킬 수가 없으니 차분히 구상해서 쓰고, 확인을 거듭한 후 발송하도록 한다.

11. **필요한 경우에 강조(Highlight)를 한다.** 중요한 의미를 가지는 키워드(Keyword)에 대해서 대문자(Upper case), 강조(Bold face), 눈에 띄는 폰트(예를 들어, Italic type)를 사용하도록 한다. 대다수 수신자들은 E-Mail을 읽는 것이 아니라 훑어 보는(Scan) 경향이 있기 때문에, 키워드를 눈에 띄게 해 준다면 전체적인 의미 전달에 도움을 줄 수가 있다는 것이다. 다만, 필요 이상으로 남용하여 내용이 산만하고 지리멸렬해 보이지 않도록 유념하여야 한다.

12. **서명란(Signature line)에는 다른 연락 방법을 표기한다.** 유명한 문구나 슬로건 등을 덧붙이는 경우를 볼 수가 있는데 개인적인 메일이라면 무방할 것이나, 비즈니스 E-Mail에서는 생략하는 게 좋고, 이름, 직위(Title), 회사명(Organization), 주소(E-Mail address) 뒤에 간단히 전화번호, 휴대폰 번호, 팩스 번호, 홈페이지 주소(Website) 중 몇 가지 항목을 선택해서 적도록 한다. 여기에 더하여 비밀 준수 요청 문장을 추가하는 경우도 있는데, 이러한 문장의 법적인 구속력 여부에 대해서는 논란의 여지가 있고, 큰 의미가 없을 수도 있다. 그래도 필요하다고 생각된다면, 너무 길지 않게 첨가하도록 한다.

13. **E-Mail 전체를 이미지(그림) 하나로 만드는 것(All image E-Mail)은 좋은 방법이 아니다.** 이 경우 "내용 없음"으로 표시될 수도 있으며, 이미지가 자동적으로 표시되는 것을 차단(Image blocking)하는 경우도 있어서, 수신인의 주의를 끌지 못하거나 수신인에게 불편을 줄 수 있다. 또 이미지의 용량과 인터넷 속도에 따라 전체 이미지가 화면에 표시되는 데 상당한 시간이 걸릴 수도 있다.

14. **확대 혹은 축소를 하여도 형식의 난조(亂調)가 생기지 않아야 한다.** 스마트폰이나 아이패드와 같은 모바일 기기로 E-Mail을 확인할 경우에 대비하여, 메시지를 확대 혹은 축소를 하여도 형식의 변형이 심하게 생기지 않도록(Scalable) 하여야 한

다. 더불어, 업체에 따라 제목과 함께 본문 첫 부분(Snippet) 약 100자를 보여 주는 기능이나, 미리보기(Preview pane) 기능을 제공하는 경우도 있으니, 초기 일부 화면, 대개의 경우 300 x 400 픽셀(Pixel) 크기에 상대방의 관심을 끄는 중요한 내용을 쓰는 것도 유념할 필요가 있다.

(4) 비즈니스 E-Mail 관련 주의 사항

1) E-Mail 관련 주의 사항

1. 개인용 E-Mail 계정(Account)을 만들어 둔다. 회사의 E-Mail 계정에 잡다한 광고, 홍보 메일이나 Spam성 메일들이 범람하는 것은 업무에 지장을 줄뿐더러 메일함 관리에도 방해가 된다. 그러므로 각종 사이트 회원 가입, 뉴스레터(Newsletter) 수신, 쇼핑, 금융 거래용 등을 위하여 개인용 E-Mail 계정을 만드는 것이 좋을 것이다. 용도별로 상이한 메일 계정을 쓰는 것도 한 방법이다.
2. 일목요연하게 계정을 관리한다. 편지함마다 적절한 폴더(Folder)를 만들어 수신 메일을 관리하도록 한다. 발신 메일은 모두 보관하는 것이 원칙이다. 정기적으로 점검하고, 정리하고, 분류 보관하고, 오래된 메일이나 중요하지 않은 메일들은 삭제하고, 수시로 휴지통을 비움으로써 E-Mail bankruptcy(In-box clogged) 사태를 미연에 방지한다. 중요한 E-Mail은 따로 백업(Back-up)을 받아 두는 것도 좋다.
3. 소속 기관(회사)의 규정에 따른다. 나중에 참고가 될 사항이나, 기록으로 남겨야 할 중요한 내용이나 문서는 인쇄하여 관련 파일에 철하여 둔다.
4. E-Mail 주소를 잘 만들어야 한다. 의미 없는 철자와 숫자의 조합보다는 주소에서 발신자 자신을 식별할 수 있도록 하는 것이 유리하다. 욕설이나 성적인 것을 연상하게 하는 단어는 삼가도록 한다. 상대방의 "From" line에 표기될 발신자 표시도 정확하게 표기되도록 하여야 한다.

5. 다른 사람과 메일 주소를 공유하지 말아야 한다. 충분히 안전한 암호(Password)를 사용하되, 정기적으로 변경한다.

6. Phishing(피싱)을 조심한다. "친구의 E-Mail을 조심하라"는 말이 있는데, 주소록에 있는 메일 주소를 활용하여 발신인을 착각하게 함으로써 Phishing을 하는 경우가 있기 때문이다. 구독(Subscribe)하지 않은 것을 구독 해지(Unsubscribe)하라는 요청이 있을 때에도 Phishing 가능성을 의심해 보아야 할 것이다.

7. 보안에 유의한다. 암호화된(Encrypted) 것이 아니라면 E-Mail은 보안성이 없다고 봐야 한다. 중요한 사항이나 기밀한 내용은 다른 방법으로 소통하도록 한다. 특히 개인 정보나 금융 관련 정보를 E-Mail에 담지 않도록 한다.

2) E-Mail 작성 주의 사항

비즈니스 E-Mail에는 신사다움(Gentlemanship)과 장사꾼다움(Salesmanship)이 동시에 담겨 있어야 할 것인데, 이를 위해서는 간결한 내용, 예절바른 형식 그리고 격조있는 문장이라는 요건을 갖추고 있어야 가능할 것이다. 그러한 관점에서 아래와 같은 사항들에 유의하여야 한다.

1. 하나의 E-Mail에는 하나의 주제(one mail, one subject)" 원칙을 지킨다. 한 통의 E-Mail 안에 3 ~ 4 가지의 용무를 나열하는 것 보다는, 한 가지의 내용을 명확히 하는 것이 더욱 설득력이 있다. E-Mail을 쓰면서 서로 다른 내용에 대하여 번호를 매겨 가면서 나열하는 것은 부자연스럽기도 하고, 처리 과정에서 누락 가능성도 생긴다. 그리고, 각각의 E-Mail 내용에 따라 지울 것은 지우고 보관할 것은 보관할 수 있으므로, 수신자뿐만 아니라 발신자 자신의 메일함 관리를 용이하게 해 준다.

2. 한 통의 E-Mail 안에서 같은 단어나 같은 표현을 중복해서 사용하지 않는다. 이는 필자의 고집일 수도 있겠으나, 같은 단어나 문형을 쓰는 것보다는, 동일하거나 유사한 표현을 다양하게 구사 하는 것이 좋다고 본다. 이는 영자 신문을 한 번쯤 훑어 보면 중복 단어나 표현을 피하기 위하여 아주 열심히 노력한다는 것을 알 수 있

Section 01 비즈니스 E-Mail

다. 예를 들면 "우리나라"의 경우 in Korea, in our country, in this country, here, in our market, in Korean market 등으로 적절히 바꿔서 쓰면 좋겠다.

3. 겸손하되, 교만하게 쓴다. 해외의 거래처와 문서로써 교신하는 것이기 때문에 격식과 예의를 갖추고, 늘 겸손한 자세로 적절한 용어와 문장을 구사하는 것이 당연한 일이다. 그렇지만, 비즈니스 E-Mail은 돈과 연관이 있기 때문에, 할 말은 꼭 해야 한다. 그간의 거래 관계나 거래상의 갑을(甲乙) 관계 등을 떠나, 주장할 것은 주장하고 빠져 나갈 것은 빠져 나가는 명확한 입장 표명은 해야 한다는 것이다. 의견 차이가 있거나 사건이 발생하였을 당시에 확실하게 정리해 두지 않았다가 나중에 해석 상의 견해 차이가 발생하면, 손실은 손실대로 입고 거래처마저 잃게 되는 상황이 벌어질 수도 있으니, 교만할 필요는 충분하다 할 것이다.

4. "I"가 아니라 "We" 비즈니스 Letter나 E-Mail에서 "폐사, 당사, 우리 회사, 우리" 등을 지칭할 때는 "We"라고 한다. 물론, 명백히 나 자신, 나 개인을 가리킬 경우에는 "I"라고 하기도 하지만, "We"라고 하는 것이 보통이다.

5. Set phrase에 익숙해지기 어떠한 내용은 어떠한 문형으로 시작하며, 어떠한 내용은 어떠한 형식으로 쓰고, 어떠한 성격의 내용은 어떠한 순서로 이야기를 풀어 나가는지 기본적으로 이해하고 있으면, 사안에 따라 반자동적으로 문장을 적어나갈 수가 있게 된다. 그리고, 상대방도 첫부분을 보면 내용을 짐작할 수 있게 되어 원활한 의사 전달에 도움을 준다. 그러므로 본서에서 제안하고 있는 문형들은 반복 연습을 통하여 수학의 공식(公式)처럼 자신의 것으로 습득해 두면 유리하다.

6. 한글 편지 형식을 따라 하지 않기 귀사의 일익번창하심을 앙축하오며, 평소의 업무 협조에 감사하오며, 두루 평안하심을 기원하오며 등등은 굳이 영역(英譯)할 필요가 없을 것이다. 우리말로 편지를 쓸 때 "안녕하세요"로 시작하는 경우도 있고, 절기(節氣)에 맞추어 안부를 묻거나, "귀사의 일익번창하심을 앙축하오며" 운운으로 시작하는 것이 일반적인데, 영문 비즈니스 E-Mail에서는 그러한 형식을 취하지도 않으며, 우리말을 직역(直譯)해서도 안되겠다. 따라서, Good morning. How are you? How is your business going? 등으로 시작하는 것은 바람직하지 않고, 이

러한 문장을 사용하는 것도 좋지가 않다.

7. 약어(略語)는 풀어 쓰기 일상생활에서나 특정 업계에 종사하는 사람끼리 다양한 약어를 사용하고 있는데, 비즈니스 E-Mail에서는 약어를 쓰지 않는 것이 보통이다. 예를 들어, Co.(Company), Corp.(Corporation), Lax(Los Angeles), ASAP(as soon as possible), FYR(For your reference), Cert.(Certificate) 등등이다. 영어 사용 국가에서 사용되는 약어뿐만 아니라, 텔렉스 용어의 잔재도 있고, 업계 관행으로 쓰이는 약어도 있으므로, 사용해도 의미 전달에 문제만 없으면 될 것 같기도 하나, 비즈니스 E-Mail에서는 확실한 의사 전달을 제일의 목적으로 하기 때문에, 풀어서 쓰는 것을 원칙으로 하고 있다. 다만, L/C(Letter of Credit, 신용장), B/L(Bill of Lading, 선하증권), FOB(Free on Board, 본선인도 조건), CFR(Cost and Freight, 운임포함인도 조건) 등과 같이 관용적으로 사용되는 약어는 예외로 인정된다.

8. 단축형(短縮形) 쓰지 않기 약어의 경우와 마찬가지 취지에서, 단축형도 지양하는 것이 좋다. won't(will not), shouldn't(should not), isn't(is not), haven't(have not), don't(do Not), ain't(am not), We're(We are), We've(We have), We'd(We would 또는 We had) 등등의 경우, 괄호 안과 같이 풀어서 쓰는 것이 좋겠다. 요일과 달(Month)의 명칭도, Mon., Tue., Wed. 보다는 Monday, Tuesday, Wednesday 등으로, Jan. Feb. Mar. 보다는 January, February, March 등으로 풀어서 쓴다. 또, 우리말과 마찬가지로 영어에도 문어체와 구어체가 있는데, 구어체는 가급적이면 피하는 것이 좋고, 특히 구어체에서 많이 사용되는 gonna, gotta 등의 말은 going to, have got to 등으로 바꿔 쓰도록 한다.

9. 숫자를 정확하게 비즈니스 E-Mail은 돈과 관련이 있는 내용을 다루고 있기 때문에 정확성이 가장 중요한 요소이다. 수량, 단가, 금액, 비율(할인율), 날짜 등과 같이 정확하고 명확해야 하는 숫자의 경우 아라비아 숫자 뒤 괄호 안에 풀어서 쓰거나, 아니면 풀어서 쓰고 아라비아 숫자를 괄호 안에 적거나 하는 방법 등을 통하여 정확성을 기하는 것이 좋겠다. 예를 들어, 1(one), 10(ten)와 같은 방

Section 01 비즈니스 E-Mail

법, nine(9), twelve(12) 등과 같이 병기(倂記)하도록 한다. 그리고, couple(2), score(20), fortnight(2주일) 등등 수(數)를 나타내는 다양한 표현이 있으나, 오해의 소지를 줄일 수 있도록 가능하면 숫자를 사용하도록 한다.

10. 쉬운 단어 골라 쓰기 사전을 찾아 가면서 편지를 읽어야 한다면 그리 유쾌한 일이 아닐지 모른다. 그러므로, 가능하면 평이한 어휘를 사용하여 읽고 이해하기 쉽도록 한다. 단, 기본 단어를 쓴다고 해서 사용 빈도가 낮은 숙어를 사용하여 의미를 불명(不明)하게 해서도 안되겠다. 한 단어로써 의미를 명확히 할 수 있거나, 의사를 정확이 전달할 수 있다면 쉬운 표현을 찾는다고 애쓸 필요 없이 그 어휘를 쓰도록 한다.

11. 부정문(否定文)보다는 긍정문(肯定文)으로 비즈니스는 "가능의 예술"이므로, 부정문, 부정적인 표현을 쓰는 것은 좋지 않다고 본다. 그러므로, 가급적이면 "NOT"를 사용하지 않고 문장을 만들 것을 권한다. 예를 들면, 할 수가 없다(We cannot ~ = We are unable to ~), 불가능하다(It is not possible ~ = It is impossible ~), 쉽지가 않다(It is not easy ~ = It is difficult ~) 등등이다.

12. 능력이 없다? 어떤 일을 할 수 없을 경우 "cannot"이라고 말한다. 그러나, 이 말에는 "능력이 없다"는 의미도 포함되어 있다고 보기 때문에, 비즈니스 E-Mail에서는 금기어(禁忌語)로 되어 있고, 둘러서 표현하도록 권하고 있다. 다른 표현법을 몇 가지만 들어 보자면, We are not in the position to ~(~할 입장에 있지 않다), It is impossible to ~ (~하는 것이 불가능하다), It is very difficult to ~ (~하는 것이 매우 어렵다), We are unable to ~ (~ 할 수가 없다) 등등이다.

13. "Sorry" means "Money"? 사과를 한다는 것은 돈을 의미한다? 사과한다는 건 잘못을 인정한 것이기 때문에, 교통사고와 같은 경우 사고를 일으킨 사람이 사과하게 되고, 사과한 사람(혹은 그의 보험회사)이 손해를 배상하게 되므로, 이와 같은 우스갯말이 생긴 것 같다. 이는 거래 관계에 있어서도 마찬가지이다. 그러므로 이러한 일을 저질러서 미안하다고 하기 보다는, 조금은 뻔뻔스럽게 이러한 사실을 알려주게 되어 유감(It is very regretful to advise you that ~ 혹은 We

regret to inform you that ~)이라고 하는 것이 좋겠다.

14. 기간? 기산일(起算日)? 15 days from B/L date의 경우에는 선적일을 포함하여 계산하며(선적일자가 기산일), 15 days after B/L date의 경우에는 선적일을 포함하지 않으므로 선적일 다음날이 기산일이 된다. during(~(시작과 끝의 사이)동안), for(~(기간)동안), by(~(시점)까지), until(~(지금부터 시작해서 어떤 시점)까지) 등으로 조금씩의 차이가 있음을 인지하여야 하겠다. within(~이내에(지금부터 시작해서 그 시점까지))과 in(~후에, ~지나면(지금부터 시작해서 그 시점이 지나면))에도 의미상 차이가 있다. 사용 예를 보면, He can do it within a week.(일주일 이내에 할 수 있다), He can do it in a week.(일주일 지나면 할 수 있다)와 같다.

15. 외교적 언사(Diplomatic language)를 차용하여 완곡하게 표현한다. would, could, might 를 많이 쓰면 독단적인 느낌을 희석하며, 완곡하고 유보적인 느낌을 줄 수가 있다. 특히, 요청이나 제안을 할 때에는 질문 형식을 사용하거나, possibly, most likely, perhaps, maybe 등과 같은 말을 삽입함으로써 유보적인 표현을 쓰도록 한다.

16. 적절한 연결어(Linking phrase) 혹은 시작 문구(Gambits)를 쓴다. 연결어는 시그날링(Signaling) 즉, 말하고자 하는 내용을 예측 혹은 짐작이 가능하게 하여 상대방의 이해를 도와주며, 문장의 구조를 명확하게 만들어 준다. 더불어 작성자에게도 자신의 생각을 체계화하는데 도움을 준다.

17. 반대 의견을 낼 때에는 I'm afraid ~ 를 쓰도록 한다. 발신자의 의도(Intention)가 아니라는 것을 암시하며, 발신자로서도 어쩔 수 없는 상황, 바라지 않는 상황이라는 느낌을 주도록 한다. 또, a slight misunderstanding, a short delay, a little bit too early, a little more time 등과 같이 적절한 수식어구(qualifier)를 사용하여 구체적이고 직접적인 반대를 피한다. 대안을 제시할 때에는 It might be cheaper to go by car. 의 사례처럼 비교급을 써서, 상대방의 의견도 괜찮지만 나의 의견이 더 낫다는 의미로 의사 표시를 하는 것이 좋겠다.

Section 01　비즈니스 E-Mail

18. 긍정적인 형용사를 쓴다. The restaurant was dirty. 보다는 The restaurant was not very clean. 과 같이 부정적인 의미의 형용사(dirty, awful, terrible 등)를 쓰지 않는 것이 좋다. 이는 동사에도 적용된다고 볼 수 있는데, 예를 들어 I disagree completely. 보다는 I don't agree at all. 이라고 하는 것이, I dislike that idea. 보다는 I don't like that idea at all. 이라고 쓰는 것이 좀 더 완곡한 표현이라고 할 것이다.

19. 논쟁에 이기면 영업은 실패한다. 고객과 논쟁을 하기보다는 상대방의 입장에서 생각해 보는 것이 먼저다. 논쟁에서 이길 때마다 고객 한 명이 떨어져 나간다. 논쟁에 이기고 영업에 실패해서는 안 된다.

20. 구두점 사용 방법 요약

- 마침표(Period) (.): 문장의 끝, 약어의 뒤에 붙인다. 말줄임표의 경우 문장의 중간에서는 3개, 문장의 끝에서는 4개를 쓰는 것이 보통이다.
- 콤마(Comma) (,): 목록에서 품목을 구분하는 역할. 여러 개를 나열할 때 마지막 and 앞에는 붙일 수도 있고 붙이지 않을 수도 있지만, 일관성을 유지하는 것이 좋다.
- 물음표(Question mark) (?): 의문문의 끝에 쓰는데, 간접의문문의 경우에는 쓰지 말아야 한다.
- 느낌표(Exclamation mark) (!): 영업용 혹은 홍보용 E-Mail이 아니라면 비즈니스 E-Mail에서 느낌표를 쓰는 경우는 거의 없다. 가급적 쓰지 말아야 한다는 의미이다.
- 따옴표(Quotation marks) (" "): 남의 말을 인용할 때에나 잡지, 신문, 서적, 영화 등의 제목을 표시할 때 사용하는 부호이다. 모든 부호는 따옴표 안에 들어가도록 표시하여야 한다.
- 괄호(Parenthesis): 줄거리와는 별도로 부차적인 표현이 필요한 경우 괄호 안에 묶어서 표기한다. 괄호 안의 내용이 완전한 문장이 아닌 경우에는 대문자를 사용하지 않으나, 하나의 문장일 경우에는 대문자를 사용하도록 한다. 다른 구두

점은 괄호 다음에 표시한다.
- Hyphen (-): 하이픈은 단어의 짝이나 그룹을 하나의 개념으로 묶고자 할 때에 사용된다. 그러나 하이픈 없이 두 단어를 한 단어로 사용하는 경우가 많으므로, 확실하지 않을 때에는 사전을 활용하는 것이 좋다. 하이픈은 대시(dashes)와 비슷하지만 길이가 더 짧다.
- Apostrophe ('): 생략한 글자를 대신하는 경우(예를 들어, isn't)나 소유물임을 표현하고자 할 때 사용되는 구두점이다. 가장 자주 발견되는 오류는 it's와 its이다. it's는 it is의 생략된 형태이고 its는 it의 소유격이다. 복수형의 경우에는 s다음에 Apostrophe를 붙인다(예를 들어, brothers'). 약어나 숫자의 경우 복수형을 만들기 위해서 Apostrophe를 붙일 필요가 없다(예를 들어, 1990s, MNEs).
- Colon (:): 여러 가지를 나열할 때 그 목록의 앞에 콜론을 사용하기도 하며, 긴 의문문의 앞에서도 사용한다. 문장을 너무 많이 나누게 될 경우 사용하지 않는 것이 좋다. 형식을 갖춘 비즈니스 레터의 경우 뒤에 콜론을 쓰기도 한다(예를 들어, Dear Mr. Smith:).
- Semi-colon (;): 다수를 나열할 경우 목록의 구분을 나타내기 위하여 사용하는 구두점이다. 서로 대비되는 두 개의 문장을 세미콜론으로 나누기도 한다(예를 들어, In prosperity our friends know us; in adversity we know our friends.).
- Dash (-): 생각의 강조, 변화, 중단 등을 표현할 때 혹은 콜론, 세미 콜론 등의 부호 대신에 사용하는 부호이다. 형식을 갖춘 글에서는 거의 사용되지 않는다. 앞의 단어나 문장의 의미를 보충하고자 하는 경우 사용하게 되는데, 두 개의 대시 안에 있는 내용이 그러한 역할을 하게 된다. 고로 대시는 일반적으로 2개가 짝을 이루며 사용되는 것이 보통이다.

Section 01 비즈니스 E-Mail

(5) 비즈니스 E-Mail 에티켓

1. 초면인 사람에게 보낼 경우에는 Letter와 동일하게 쓰는 것이 좋다. E-Mail을 보낸다는 것도 사람을 소개받아서 처음 만났을 때와 그리 다를 바가 없다. 우선 자기 자신을 소개하는 것이 순서다. 상대방이 First name으로 불러도 좋다고 하기 전에는 Mr. Olsen과 같이 성과 경칭을 쓰는 것이 좋다. E-Mail의 경우 대면해서 상담을 할 경우와 달리 상대방의 표정이나 반응을 직접 볼 수가 없으므로 더욱 조심스러운 것이다. 상대방의 답신을 받아 본 다음부터는 그에 상응하는 방식으로 응대하면 될 것이다.

2. 이모티콘, 채팅용 혹은 문자 메시지용 약어나 두문자(Acronym)들을 쓰지 않는다. 이모티콘을 쓴다는 것은 미숙해 보이고, 진지하지 않거나 프로답지 않다는 인상을 주기가 쉽다. 비슷한 맥락에서 약어나 두문자도 비즈니스 E-Mail에서는 권장되지 않는다. 예를 들어, 본인이 ttyl(talk to you later), lmk(let me know), btw(by the way), lol(laughing out loud, lots of love) omg(oh my god)와 같은 표현이 섞여 있는 E-Mail을 받았을 경우 가질 느낌을 생각해 보면 이해할 수 있을 것이다.

3. 대문자로만 쓰지 않는다. 대문자로 씌어진 E-Mail은 뭔가 큰소리로 외치는 듯한 느낌 혹은 공격적인 느낌을 준다. 그러므로 일상의 비즈니스 E-Mail에서는 내용의 강조를 위하여 꼭 필요한 경우에만 대문자를 사용하되, 대문자만으로 문장을 만드는 것은 그리 좋지가 않다. 또, 강조하기 위하여 밑줄(Underline)을 치고, 강조(Bold face)를 하거나, 색다른 폰트를 사용하는 것도 최소한으로 사용하도록 한다.

4. 모바일 기기에서 보낸다고 굳이 알리거나 양해를 구할 필요는 없다. 모바일 기기니까 철자법이 틀려도 좋다거나 내용이 불명확해도 양해가 되는 것이 아닌 이상 그런 변명을 하는 것보다는 메시지를 정확히 작성하여 발송하는데 주의를 기울여야 할 것이다. 어차피 발송자가 내용에 대하여 책임을 지는 것이다. 실수의 가능성이 부

담스러우면 나중에 컴퓨터에서 작성할 수 있을 때까지 미루는 것이 좋다.

5. 가끔은 직접적인 스킨십도 필요하다. 즉, 가끔 한 번씩은 전화도 걸고, 출장 방문 상담도 해야 한다. E-Mail로 잘 안되면 전화기를 들어야 한다. 그래야만 상대방의 목소리에서 감정을 알 수가 있다 직접 얼굴을 맞대고 이야기하는 것은 더욱 좋은 방법이다. 그간의 모든 것을 일거에 업데이트할 수 있게 되는 것이다. E-Mail이 시간을 절약하기는 하지만 시간보다 중요하고 가치가 있는 것들도 많다. 가끔은 손으로 직접 서명한 Letter를 보내는 것도 권장된다.

6. 길게 쓰지 않는 것이 좋다. 일반적으로 E-Mail이 Letter를 읽는 것보다 어렵다고 한다. 가장 권장되는 길이는 한 화면 정도이다. E-Mail 한 통을 읽기 위하여 화면 끌어내리기(Scrolling)를 몇 차례나 해야 한다면 수신자 입장에서도 귀찮은 일이 될 것이다. 내용이 길 경우에는 요약해서 앞머리에 적고, 목차를 만들어 첫 화면에 적도록 한다. 아니면 따로 문서를 작성하여 첨부할 수도 있다. 회신이 필요한 경우 첫 문장에서 회신을 기다린다고 명시하여 이를 요청하여야 한다. 소제목을 붙여서 문단을 나누는 것도 좋은 방법이다. 문장도 중문이나 복문을 가능하면 피하여 간략하고 짧은 문장으로 쓰도록 하고, 각 문단도 단어의 수가 30개를 크게 넘지 않도록 한다.

7. 중요한 내용은 E-Mail을 통해 주고 받지 않는다. E-Mail은 엽서와 똑같다고 생각하면 된다. 중요한 사항, 기밀 내용 등은 다른 방법으로 소통하고 잔달하여야 한다. "Urgent"나 "Important"와 같은 문구는 발신자 자신에게 중요한 경우가 아니라 수신자의 입장에서 중요한 경우에만 사용한다.

8. 화가 나서 보낸 E-Mail을 받았을 경우 일단 문제 제기에 감사한다는 말로 답을 보낸다. 조치 중인 사항이 있으면 사실 관계에 입각하여 진행 상황을 알려 주고, 필요한 경우에는 사과를 한다. 답을 아예 보내지 않은 것도 고려하여야 한다. 화가 났을 경우에는 메일을 보내지 말아야 한다. 하루 묵혔다가 보내는 것도 좋은 방법이다. 상대방의 면전에서도 그렇게 말할 수가 있을지 자문자답(自問自答)해 보는 것도 좋을 것이다. E-Mail을 보내는 것은 상황을 개선하는 데 그리 도움이 되지 않는 것

Section 01 비즈니스 E-Mail

이 보통이다. 24시간 대기 후에 발송함을 원칙으로 정하도록 한다.

9. 남의 E-Mail을 쓸데없이 전달(Forward)하지 않는다. 꼭 필요한 경우에 최소한의 수신자에 대해서만 전달을 하여야 할 것이다. 그러한 경우라고 해도 통째로 전달하는 것보다는 내용의 일부를 인용하는 것이 좋다. 발신인에게 전달해도 좋은지 물어보는 것이 가장 확실한 방법이다. 본인의 E-Mail이 불필요하게 전달되어 세간을 떠돌아 다닌다고 생각해 본다면 전달 기능을 사용할 때 한결 조심스러워질 것이다. 또, 의미 없는 E-Mail은 상대방의 E-Mail 용량만 차지할 뿐이니 보내지 않도록 하며, 내용이 없이 제목만으로 이루어진 E-Mail의 경우(예를 들어, 수신 확인 메일)에는 제목 뒷부분에 "내용 없음(No content)"이라고 표시하도록 한다.

10. 전체 회신(Reply to all)은 하지 말아야 한다. 발신자에게만 답신을 보내는 것이 가장 좋은 방법이다. 다수에게 E-Mail을 발신하는 경우에도 수신자 주소가 다른 사람들에게 나타나도록 하는 것은 좋지가 않다. 발신자의 부주의함과 무지함이 많은 사람들에게 드러나게 됨은 물론이고, 사람에 따라 불필요하게 자신의 E-Mail 주소가 다수에게 공개되는 것을 불쾌하게 여길 수도 있다. 꼭 필요한 경우 bcc(Blind carbon copy) 기능을 활용하면 다른 수신자들이 알지 못하게 사본을 보낼 수가 있다.

11. 유머는 삼간다. 문화가 다른 경우 전혀 알아듣지 못하는 유머도 있다. 특히 비즈니스 E-Mail의 경우 돈 혹은 사업 이야기를 하는 것이 보통이며, 글로 쓴 경우 어조를 전달하기 어려우므로 농담이나 유머가 적절하지 않다. 또, 은어, 속어(slang) 등도 비즈니스 E-Mail에는 적합하지 않다.

12. 즉답을 할 수 없을 경우에는 미리 통지를 해 주며, 또 마감 시간을 고려하여야 한다. 즉시 답신을 해주지 못할 경우 간략히 지연 사유를 설명하는 내용과 함께 미리 통지를 하도록 한다. 지연 사유가 해소되면 즉시 통지하여야 함은 물론이다. 또, 사전에 마감 시간을 지키지 못할 것을 알았다면 사전에 이를 통지하여야 한다. 일정을 지키지 못할 경우에는 이에 대한 시정 조치를 취했다는 것을 상대방에게 알리는 것이 좋다. 끝까지 기다리다가 마지막 순간에 기한이 임박하여 간단한 E-Mail 하나만 달랑 발송하는 것은 바람직하지 않다. 상대방을 당혹스럽게 하거

나 대비할 시간을 충분히 주지 않는 것은 공정하지가 않은 것이다. 일찍 통지할 것이 권장된다.

13. **E-Mail에서는 Indented type으로 하지 않는 것이 좋다.** 수신자가 보게 될 포맷(Format)이 상이할 경우 발신자의 의도와는 다르게 보일 가능성이 있기 때문이다. 그러므로 E-Mail은 비즈니스 Letter의 Full block style을 본따서 앞에서부터 문장을 시작하도록 한다. 그 대신, 새로운 문단(Paragraph) 앞에서 한 줄을 띄워주면 되겠다.

14. **글꼴(폰트=Font)은 일반적인 것이면 무난하다.** 비즈니스 Letter에서는 Serif체가 권장된다. 여기서 Serif란 로마자 활자의 글씨에서 획의 시작이나 끝 부분에 있는 작은 돌출선을 말하며, 예를 들면 인쇄된 H나 I 같은 활자에서 아래와 위에 가로로 나 있는 가는 선이 Serif이다. 대표적인 서체로는 Times New Roman이 있다. 비즈니스 E-Mail의 경우에는 Ariel, Gothic과 같은 San Serif(Serif가 없는 폰트) 등도 자주 사용된다. 그러나 꾸미기용 폰트 즉, Fancy font는 사용하지 않는 것이 보통이다. 한 통의 E-Mail 내에서 사용되는 폰트는 2개 이내로 한다. 폰트 사이즈는 10-12가 적당하며, 8 이하는 너무 작아 가독성이 떨어지니 적절하지 않다. 강조할 단어가 있을 경우에는 이탤릭체(Italic type) 보다는 강조(Bold face)를 쓰는 것이 좋다.

15. **Original message는 필요한 경우에만 인용하도록 한다.** 회신(Reply) 기능을 사용할 경우 원래의 E-Mail 내용(Original message)을 첨부하는 기능이 있어서, 몇 차례 메시지가 오가다 보면 Original message들이 길게 붙어서 E-Mail 내용을 찾기 위하여 스크롤(Scroll) 기능을 사용하도록 강요하는 것을 볼 수가 있다. Original message는 전번 E-Mail의 내용을 상기시켜 주므로 좋은 기능이기는 하나, 참고가 될만한 내용이 아니라면 굳이 길게 따라 붙도록 방치할 것이 아니라 정리해 주는 것이 좋다.

(6) 비즈니스 E-Mail 발송 전 Check List

E-Mail은 "Send"를 누르는 순간에 통제 불능(Out of control)이 된다. 영원히 남는 정도를 넘어서 다른 사람들에게 전달이 되어 널리 퍼질 수도 있다. 상대방이 받은편지함에서 지운다고 해도 서버(Server) 어딘가에는 남아 있을 수도 있다. 서비스 제공자에 따라 "Recall" 기능이 있는 경우도 있는데, 메일 자체가 취소되는 것이 아니라 방금 보낸 메일이 발신자에 의하여 취소되었다는 내용의 메일을 하나 더 보내 줄 뿐이다(그렇다면 차라리 사과하고 정정하는 편이 더 나을 것이다). 그러므로 잘 써야 한다. 그리고 "Send"를 누르기 전에 최종 점검을 하여야 한다. 여기 최소한의 점검 사항들을 정리해 두었으니 익숙해질 때까지는 아래 〈그림 2〉의 Check List를 참고하여 하나하나 점검한 후에 "Send"를 누르기를 권한다.

(중요 사항)

1. 발신인의 이름 즉, 상대방 메일함의 "From" line 에 표시될 발신인의 명칭은 정확한가? 상대방은 메일 발신자의 이름을 보고 메일 확인 우선 순위를 결정할 것이다.
2. 제목은 적절한가. 50자 이내로 씌어졌는가?
3. 첫 문장을 잘 썼는가? E-Mail 서비스 업체에 따라서 제목과 본문 일부(Snippet)를 보여주는 서비스를 제공하는 경우도 있으므로 첫문장을 잘 쓰는 것이 수신자에게 참고가 될 수 있다.
4. 사본 배부처 혹은 참조 수신인(cc=Carbon copy 및 bcc=Blind carbon copy)은 적정한가? 누락된 것이 없는지와 불필요한 곳이 포함되지는 않았는지를 동시에 확인한다.
5. 첨부 문서(Attachment)는 첨부되었는가?
6. 서명란은 적정한가? E-Mail 주소는 물론이고 전화번호, 팩스 등 연락처가 표시되어 있어야 한다.

(본문)

1. 본문의 첫 부분에 중요한 내용이 포함되었는가? E-Mail 서비스 업체에 따라서 300 x 400 픽셀(Pixel) 크기의 미리 보기(Preview pane) 기능을 제공하는 경우도 있으므로, 이를 감안하는 것도 좋을 것이다.
2. 모바일 기기에서 확인할 경우를 감안하여 본문이 확대 혹은 축소되어도 난조가 일어나지 않는가? Scalable한가?
3. 본문의 너비는 적정한가? 600픽셀이 적정하다.
4. 길이는 적정한가? 만의 하나 본문의 길이가 한 화면이 넘을 경우 뒷부분에 중요 사항을 다시 언급하였는가?
5. 위에서 아래로 시각의 흐름을 감안하였는가? 중요한 것은 위에, 그림과 본문을 함께 사용할 경우 지그재그 형태로 배열하였는가?
6. 링크는 제대로 원하는 페이지를 표시하고 있는가?

(교정(Proofofreading) 및 다시 읽기)

1. 철자법과 문법은 정확한지 확인한다.
2. 구두점, 대문자, 문단 나누기는 정확한지 확인한다. 이는 프로다운 이미지, 디테일에 대한 주의력을 말하는 것으로, 사소한 실수들이 모여서 정작 중요한 때에 발목이 잡힐 수도 있다.
3. 폰트(font)는 2개 이하가 사용되었는가?
4. 강조(대문자, 볼드타이프, 하이라이트, 밑줄 등)가 남용되지는 않았는가?
5. 행동이나 답신을 요구한다면 구체적인 시간표를 제시하고 있는가?
6. 어조(Tone)는 적정한가? 문장의 어조나 말투를 확인하기 위해서는 다른 사람에게 읽어 봐 달라고 부탁하는 것도 좋은 방법이다.

Section 01 비즈니스 E-Mail

비즈니스 E-Mail 발송 전 Checklist

	확인 사항	V
중요 사항	1. 발신인의 이름 즉, 상대방 메일함에 표시될 발신인의 명칭은 정확한가? 2. 제목은 적절한가? 50자 이내로 씌어졌는가? 3. 첫 문장을 잘 썼는가? Snippet service를 감안하였는가? 4. 사본 배부처는 적정한가? 5. 첨부 문서(Attachment)는 첨부되었는가? 6. 서명란은 적정한가? 다른 연락 방법이 표시되어 있는가?	
본문	1. 미리 보기(Preview pane) 기능을 감안하여 첫 부분에 중요한 내용이 포함되었는가? 2. 모바일 기기에서 확인할 경우 난조가 일어나지 않는가? 3. 본문의 너비는 적정한가? 4. 길이는 적정한가? 한 화면이 넘을 경우 뒷부분에 중요 사항을 다시 언급하였는가? 5. 위에서 아래로 시각의 흐름을 감안하여 배치하였는가? 6. 링크는 제대로 원하는 페이지를 표시하고 있는가?	
교정 및 다시 읽기	1. 철자법과 문법은 정확한가? 2. 구두점, 대문자, 문단 나누기는 정확한가? 3. 폰트(Font)는 2개 이하가 사용되었는가? 4. 강조(대문자, 볼드타이프, 하이라이트, 밑줄 등)가 남용되지는 않는가? 5. 행동이나 답신을 요구한다면 구체적인 시간표를 제시하고 있는가? 6. 어조(Tone)는 적정한가?	

〈그림 2〉 비즈니스 E-Mail 발송 전 점검 사항

3. 비즈니스 Letter와 Fax Message

(1) 비즈니스 Letter

1) 비즈니스 Letter의 구조

```
                    ① All About Trade Inc.
              APO Box 123, Seoul, 100-001 Korea.
   Tel: 82-2-555-1212 Fax: 82-2-555-1234 Website: www.allabouttrade.com

                                              ② January, 25, 2014
                                              ③ Ref: ----------

      ④ --------------
         --------------
         Attn: ----------

      ⑤ ----------

                      ⑥ ---------------------

      ⑦ ------------------------------------------------
         -----.
            ---------------------------------------------
            ----------------.
            ---------------------------------------------
            -------------.
         -------------.
                                              ⑧ -------------,
                                              ⑨
                                              ⑩ -------------

   ⑪ hjk/ck
   ⑫ encl. ----------
   ⑬ cc. JK Kim
   ⑭ p.s. ---------
```

〈그림 3〉 비즈니스 Letter의 구조

Section 01 비즈니스 E-Mail

비즈니스 Letter는 〈그림 3〉과 같이 일정한 형식을 갖추어야 하는데, 그 개략적인 내용은 다음과 같다.

① Letterhead: 발신인 측의 자기 소개란으로서 회사 로고(Logo), 회사 이름, 주소, 전화번호, 팩스 번호, 텔렉스, E-Mail 주소 등이 포함되며, 기타 설립 연도(Since 1935 혹은 Est. 1935)를 적거나 회사의 Catch phrase나 Slogan 등을 적는 수도 있다.

② Date: 작성 일자는 비즈니스 Letter에서 아주 중요한 참조가 되므로, 작성 일자가 없는 비즈니스 Letter는 신빙성을 상실하고 나중에 작성 시점을 확인할 수가 없으므로 그 구실을 다하지 못한다고 할 수 있다.

③ Reference: 참조번호는 레터헤드 부분(윗쪽 오른편)에 표시할 수 있게 인쇄해 두는 경우도 있다.

④ Inside Address: 수신자 회사명과 주소, 개인의 경우 또는 특정인에게 보내는 경우, Attention: Mr.(Mrs., Miss, Dr., Professor, General) 등의 경칭(Title)을 붙이고 이름을 쓴다.

⑤ Salutation: Dear Sirs 혹은 Gentlemen 후에 콜론(:) 혹은 콤마(,)를 찍는다. 개인에게 보내는 Letter의 경우에는 Dear Mr. James와 같이 수신자의 이름(성=姓)을 쓴다.

⑥ Subject: 건명(제목)을 쓰면 작성자와 수신자 모두에게 편리하므로 가능하면 쓰도록 한다. 가운데에 위치하게 하고 밑줄을 그어준다. 굳이 앞에 Subject:, Re: 와 같은 말을 붙일 필요는 없다.

⑦ Body: 본문은 전체적으로 편지가 사진틀에 들어있는 듯한 모습을 가지도록 잘 배치하여야 한다. 1페이지로 마무리하는 것이 좋으나 부득이하게 2페이지 이상을 쓸 경우에는 Continuation sheet(혹은 Second sheet)를 쓰되, 마지막 페이지가 3행 이상이 되도록 한다.

⑧ Complimentary close(경구(敬具)): 격식을 갖춘 비즈니스 Letter에서 대체적으로 경구는 Very truly yours, Yours very truly, Yours truly, 라고 쓴다. 말미에는 콤마를 찍는다.

⑨ 서명(Signature): 육필(肉筆) 서명을 하는 것을 말한다. 레터헤드를 사용하는 경우 회사명을 생략할 수 있다.
⑩ 발신자의 성명: 성명을 쓰고 슬래쉬(Slash=/) 표시를 한 후 직함을 쓴다.
⑪ 작성자(Typist)의 이니셜을 표시할 수 있다.
⑫ 동봉한 서류나 물품이 있을 경우 encl.이라고 쓰며, 뒤에 동봉한 서류(물품)의 명칭을 표기할 수 있다.
⑬ 제3자에게 사본을 보낼 경우 cc(Carbon copy의 약자)라고 쓰고 표기해 둔다.
⑭ 추신이 있을 경우 P.S.(post script의 약자)라고 쓰고, 뒤에 내용을 간략히 쓴다. 비즈니스 Letter에서는 가능하면 사용하지 않는 것이 좋으며, 누락된 내용이 있으면 전부 다시 쓰도록 한다.

2) 비즈니스 Letter의 스타일

1. Full-Block Style : Date, Subject, Complimentary close를 모두 왼쪽으로 붙여서 시작하는 것을 말한다.
2. Block Style: Date와 Complimentary close가 오른쪽에 있는 경우이다.
3. Semi-Block Style: Inside address만 Block Style로 된 Indented Style이다.
4. Indented Style: Inside address를 포함한 전부가 Indented Style로서, Date와 Complimentary close를 오른쪽에 기입한다.

3) 비즈니스 Letter의 구두점(Punctuation)

1. 닫힌 구두점(Closed Punctuation): 구두점을 주소와 본문에서 모두 사용하는 경우로서, 비즈니스 Letter나 사무적인 편지에 사용된다.
2. 열린 구두점 (Open Punctuation): 구두점을 거의 사용하지 않는 경우로서, 개인적인 E-Mail이나 형식을 엄격히 요구하지 않는 편지에 사용된다.
3. 혼합 구두점 (Mixed Punctuation): 요즘 미국에서 통용되는 방식으로 주소를 쓸 때는 열린 구두점을 쓰고, 편지 본문은 닫힌 구두점을 쓴다.

Section 01 비즈니스 E-Mail

Full-Block Style (Open Punctuation)

Block Style (Mixed Punctuation)

Semi-Block Style (Mixed Punctuation)

Indented Style (Closed Punctuation)

[범례] ① 날짜(Date Line), ② 수신인 주소(Inside Address), ③ 경구(Salutation), ④ 본문(Body of the Letter), ⑤ 결구(Closing), ⑥ 서명(Signature)

〈그림 4〉 비즈니스 Letter의 스타일과 구두점

4) 비즈니스 Letter의 주소 쓰기

〈그림 5〉 비즈니스 Letter 주소 쓰는 방법(예)

5) 비즈니스 Letter의 편지 접기

① 대형 봉투를 사용할 경우

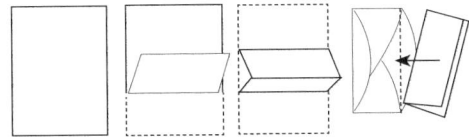

② 소형 봉투를 사용할 경우

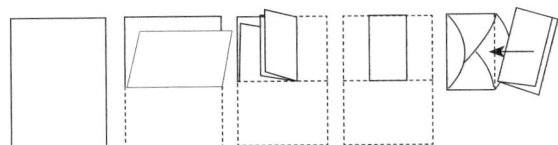

〈그림 6〉 비즈니스 Letter 편지 접기(예)

(2) Fax Message의 구조

```
                    All About Trade Inc.
              APO Box 123, Seoul, 100-001 Korea.
     Tel: 82-2-555-1212 Fax: 82-2-555-1234 Website: www.allabouttrade.com
```

To:	Attn:	
Fax No.:	Date:	
From:	Ref:	Page: /

Re: _____

〈그림 7〉 Fax Message의 구조

Section 02 무역 거래의 절차

국제 무역 거래의 절차는 크게 거래 관계를 개설하는 단계, 매매 계약을 체결하고 이를 이행하는 단계, 계약 이행 이후의 사후 처리 즉, 클레임을 해결하고 대금을 회수함으로써 거래를 마감하는 단계 등의 4단계로 나눌 수 있다. 거래 관계의 개설 단계는 시장 조사, 홍보 및 마케팅, 거래처 신용 조사 등을 포함하는 마케팅 과정이라 할 것이며, 매매 계약의 성립 단계는 상호 정보 교환 및 설득, 소통을 통하여 제반 거래 조건을 조율하여 궁극적으로 계약을 체결하는 협상 과정이라 할 것이다. 매매 계약의 이행 단계는 수출자는 선적을 이행하고 수입자는 대금을 지불하는 등 계약을 이행해 나가는 과정이라 할 것이며, 클레임 해결 및 조정 단계는 무역 거래에서 발생할 수 있는 클레임이나 제반 문제점을 해결해 나가는 사후 처리 과정이라고 할 것이다. 아래에서 각각의 단계별로 진행 과정을 간략히 소개하기로 한다. 아래의 내용을 바탕으로 본서 Part 2와 Part 3에서는 거래 과정을 ① 거래 제의 및 조회, ② 응답, ③ 오퍼와 협상, ④ 주문과 계약, ⑤ 선적과 지불(대금의 회수) 그리고 ⑥ 클레임 등으로 구분하여 문형과 예문을 묶어 두었음을 밝혀 둔다.

1. 거래 관계의 개설

(1) 시장 조사와 거래처 개척

무역업체는 우선 해외 시장에서 취급 상품의 거래처를 결정하여야 하므로, 외국의 신용있는 수출입 업체를 찾아내기 위하여 거래 관계 개설을 위한 통신문을 작성하게 된다. 수출 거래의 경우는 구체적으로 거래처를 결정하기 전에 면밀한 시장 조사(Market research)를 하여야 할 것이다. 시장 조사는 현지 상관습, 현지 유통 구조, 현지 시장 규모와 성장 잠재력, 경쟁 관계, 제반 수출입 제도, 물류 시설, 전반적 정치 경제적 상황 등과 같은 사항들을 중시하여야 한다. 수출을

Section 02 | 무역 거래의 절차

하는 회사가 상품을 새로이 개발하거나 새로운 지역에 기존 상품을 소개하고자 할 때, 수입을 주로 하는 회사가 새로운 공급처를 개발하고자 할 때 시장 조사와 함께 신규 거래처를 모색하게 되는데, 새로운 거래선의 개척을 위해서는 한국 정부와 유관 기관 및 단체, 외국 정부의 무역 관계 기관, 각국의 상공인 단체, 각국의 협회 및 단체, 신용 정보 제공업체 등과 같은 기관들과 기존 거래업체들을 활용할 수 있다. 인터넷의 발달로 새로운 거래처 개척을 할 수 있는 방법도 아주 다양해졌다. www.alibaba.com과 같은 거래 알선 사이트를 활용하는 것도 좋은 방법이 될 것이다.

(2) 신용 조사

선정된 거래처에 대해서는 거래 제의나 수락 및 상품 조회에 앞서 신용 조사를 하여야 한다. 신용 조사는 일반적으로 거래 은행을 통하는 예가 많으며, 상대국의 거래선이나 상공회의소, 동업자 또는 상업흥신소 등을 활용하기도 한다. 조회선이 은행일 경우 Bank Reference라 하며, 은행이 아닌 경우 Trade Reference라 칭한다. 중요한 거래의 경우 혹은 통상 이외의 결제 조건을 택해야 하는 경우 등에는 공신력 있는 기관을 통한 신용 조사가 바람직하다. 신용 조사의 일반적인 요소로는 상대방의 재정 상태(Capital), 거래 능력(Capacity), 거래 특성(Character), 상대국의 정치, 경제, 사회적 여건(Condition) 등을 조사하게 된다. 신용 조회를 받으면 사실에 입각한 내용의 회답을 하여야 한다. 신용 조사 내용은 이해 관계가 걸린 사항이므로, 그 결과에 대해 책임을 지지 않는다는 문구를 명기하게 되며, 일정 기간 동안 타인에게 공개하지 않는다는 것을 조건으로 하고 있다.

(3) 거래 제의와 수락

Circular: 거래선이 선정되고 신용 상태가 확인되면 거래 제의를 하는 것이 원칙이나, 실제 거래에서는 이를 병행하게 된다. 수출업자가 해외의 잠재 고객에게 거래를 제의하는 내용의 서한을 다수의 수신자에게 발송할 때 이를 Circular Letter라고 하며, 안내장이라고 부를 수 있을 것이다. Circular는 보통 수신자의 주의를 끌기 어려우므로 내용이나 어법은 물론이고 형식과 외형에도 주의를 기울여야 할 것이다. 우선 상대방의 주목을 받고, 거래를 하면 이익이 된다는 점을 확실하게 보여 줄 수 있도록 써야 한다. 이를 위해서는 간결하고 명확하며 힘차게 자신과 제품의 특성과 강점을 설명하여야 한다. 특히, 한 페이지를 넘지 않도록 하는 것이 좋다. Circular Letter의 목적이 자사 혹은 자사 제품의 홍보라고 한다면, 다른 광고 수단에 비하여 개인적인 접근 방식을 취한다는 관점에서 유리하다고 할 수 있다. 주요 기술 내용은 ① 상대방의 주소와 성명을 알게 된 경위, ② 자기 회사의 규모, 상태, 취급 상품 및 업계에서의 위상, ③ 거래 조건, ④ 신용 조회처 등이며, 경우에 따라서는 Offer Sheet나 견본, 카타로그 등을 요청할 수도 있다. 신규 고객에 대한 거래 제의뿐만 아니라, 기존 거래처에게 신제품의 소개나 홍보, 가격표의 개정, 기타 판매와 관련된 안내 사항을 보낼 경우도 포함된다. E-Mail을 활용하여 거래 제의를 할 경우에도 형식과 길이(한 페이지)라는 면에서 세심한 주의를 기울여야 할 것이다.

Reply: 거래 제의를 받은 회사는 우선 현지의 관세, 유통 구조, 가격 구조, 수요 전망 등 제반 여건을 면밀히 검토한 후 거래에 대한 수락 서한을 보내게 된다. 거래 제의를 해 준데 대하여 감사를 표하면서 조속히 유익한 거래 관계가 맺어지기를 바란다는 내용을 언급하게 되며, 상호 유익한 거래가 이뤄지도록 노력하자는 내용으로 끝맺는 것이 보통이다.

2. 매매 계약의 성립

(1) 조회와 회답

Inquiry: 수입업자가 해외의 잠재 공급처에게 자신의 수입 의향을 알리고 이에 대한 공급 가능성을 타진하고 공급 조건을 확인하고자 보내는 서한을 Inquiry(조회)라고 한다. 조회란 상거래에 관계되는 문의를 의미하는 것으로 통상 수입 희망 품목의 가격, 수량, 선적 시기, 결제 조건, 포장, 보험 등 구체적인 조건들을 알고자 하는 내용을 담게 되며, 경우에 따라서는 상품 목록이나 견본을 요청하기도 한다. 조회 E-Mail의 경우 새로운 거래처일 때에는 상대편을 알게 된 경위와 회사 소개 등을 성의 있게 작성하여야 하며, 기존 거래처의 경우 알기 쉽고 간결하게 용건을 쓰면 된다.

Reply: 조회를 받았을 때에는 즉시 상대방에게 만족할만한 회답을 하도록 한다. 회답은 되도록이면 간결하고 분명하게 작성하도록 한다. 조회에 대한 감사의 뜻을 표시하고, 조회 내용의 골자를 약술함으로써 조회 조건에 대한 상대방의 기억을 새롭게 한다. 상품 설명 혹은 특징을 기술할 때 과장된 표현을 삼가고 간결하게 작성하며, 조속한 주문이 유리한 상황이면 그것을 강조하도록 한다. 상품 목록이나 가격표를 첨부할 경우에는 관련 사항을 간략히 설명하는 것이 좋다. 상대방의 요청 사항 중에서 당장 회답이 곤란한 사항이 있거나 일부 견본의 수배가 지연될 경우에는 추후에 이를 별도로 조치하여 주겠다고 언급하도록 한다.

(2) 매매 제의, 교섭 및 수락

Offer: 오퍼는 일반적으로 Seller가 Buyer의 조회에 대하여 행하는 Selling Offer를 말하며, 오퍼를 받은 상대방이 이를 승낙함으로써 매매계약이 성립된다. 여기서 승낙 혹은 수락이라 함은 제시된 오퍼의 제반 조건을 그대로 받아들인다는 것이며, 이로써 계약이 성립되는 것이다. 그러므로, 오퍼는 고객의 주의를 끌고 흥미를 유발할 수 있도록 작성하여야 하며, 수신자가 품질, 가격, 거래 조건, 신용도 등에 대하여 신뢰를 가질 수 있도록 유도함으로써 해외의 고객으로 하여금 주문이라고 하는 다음 행동을 취하게 만들 수 있어야 한다. 승낙의 의사 표시는 서면으로 하는 것이 기본이다. Seller측으로부터 오퍼를 받은 후 Buyer는 오퍼의 내용이 자신이 생각하고 있던 것과 상이할 경우 즉, 자국의 시장 상황이나 거래 조건, 가격, 품질 등과의 격차가 있을 경우 Seller측과 조건을 조율하는 교섭 과정을 거치게 된다. Buyer는 오퍼를 받으면 승낙이든 아니든 유효 기일 내에 Seller에게 회답을 하여야 한다. 확정 오퍼는 유효 기일이 지나면 자연히 소멸되지만, 승낙하지 않는 경우에도 그 이유를 간략히 설명하는 E-Mail을 보내 둔다면 다음의 거래 기회를 위해 도움이 될 수 있다. 승낙을 알리는 E-Mail에는 승낙의 의사 표시, 오퍼의 내용, 조건 일체의 반복, 기타 오퍼의 주요 조건을 변경하지 않을 범위 내에서 요구하고 싶은 희망 사항 등을 포함하도록 하는 것이 좋으며, 계약서나 Sales Note를 첨부하기도 한다.

오퍼의 종류는 다음과 같다. ① Firm Offer(확정 오퍼)는 품명, 납기, 수량, 가격 및 유효기일(승락 회답 기한) 등을 명시하고 있는 오퍼를 말하며, 그 기간 중에는 원칙적으로 변경하거나 취소할 수 없다. 단, 상대방이 승낙을 발신하기 전에 변경 혹은 취소 의사가 상대방에게 서면으로 도착되도록 하면 변경 혹은 취소가 가능하다. 유효 기일이 경과하면 그 오퍼의 효력은 자동 소멸된다. ② Free Offer는 시세의 변동이 거의 없는 상품의 경우에 해당되며, Offer without Engagement의 경우는 이와 반대로 시세의 변동이 심한 상품의 경우로서 시가의 변동에 따라 언제라도 변경이 가능하다. 이 경우 상대가 승낙한 것을 Seller측에서 재차 확인하여야 거래가 성립되는 것이다. ③ Offer Subject to Confirmation(확인조건부 오퍼)는 상대방이 승낙하더라도 Seller가 최종 확인을 하지 않으면 계약이 성립되지 않는 오퍼이다. ④ Offer Subject to Being Unsold(=Offer Subject to Prior Sale)는 다수의 잠재 거래처에게 오퍼를 발행하여 선착순 기준으로 판매를 하는 것으로, 매진되지 않는 것을 조건으로 하는 오퍼이다. ⑤ Counter Offer는 오퍼된 매매 조건의 일부 또는 전부를 변경하여 Buyer측이 Seller측에게 제시하는 오퍼를 말한다. 선적 기일이나 품질, 가격, 결제 조건 등 제반 조건에 대한 Original Offer에 대한 거절 의사를 포함하고 있는 것이며, 새로운 오퍼로 간주된다. 실제 거래에서는 수 차례의 카운터 오퍼들을 주고 받은 뒤에 승낙을 거쳐 거래가 성사되는 것이 보통이다.

(3) 주문 및 승낙

Order: Seller의 오퍼를 Buyer가 승낙하여 계약이 이루어지는 경우 이외에 Seller가 보낸 상품 견본, 목록 및 가격표 등에 의해서 Buyer가 매입을 신청 즉, 주문서(Purchase Order)를 보내어 Seller가 이것을 승낙하는 경우도 있다. 이 경우 E-Mail에 주문서를 첨부하거나, 우편으로 송부하면 될 것이다. 주문서에는 다음 사항들이 필히 포함되도록 한다. 주문품의 명세(명확히 하기 위하여 필요한 경우 견본, 카탈로그, 가격표의 번호와 일자 등을 Reference로 사용함), 수량, 가격, 선적 시기, 운송 및 보험에 관한 사항, 결제 조건(지불 방식), 포장 및 Shipping Mark, 기타 희망 사항 등이다.

Confirmation: 주문의 경우에도 즉시 회답을 하는 것이 좋다. 주문을 수락하는 경우 다음 사항을 고려하여 답장을 쓰도록 한다. 내용을 정리해 보면, 주문의 수락과 함께 감사의 뜻을 표시하고 주문에 대한 참조 번호(상대방의 발주 번호를 준용하는 것이 좋다)를 기재하도록 한다. 그리고 주문의 내용을 반복 기재하고 결제 방법을 명시하며, 예상 출고(선적) 시기와 선박명(확인 가능한 경우), 주문 수행에 최선을 다하겠다는 말과 함께 추가 주문을 희망하는 말로 끝맺으면 될 것이다. 여기서 주문의 내용을 반복 기재한다는 것은 군대에서 명령을 재확인하기 위하여 이를 복창하는 것과 유사한 것으로 보면 될 것이다.

(4) 계약서 작성

Contract: 주문서를 바탕으로 계약서를 작성하게 되는데, 계약서에는 계약 당사자의 확정, 계약 성립의 확인, 품명, 품질 및 규격, 수량, 가격, 결제 방법, 선적, 보험, 포장, Shipping Mark, 검사, 불가항력, 가격 조건, 클레임 제기, 중재 및 준거법 등을 규정하게 된다.

이상의 항목들은 모두 계약 체결 시 당사자가 일일이 합의하면서 결정하는 일은 극히 드물며 개별 거래 진행 시에 신속하게 거래를 진행 할 수 있도록 하기 위하여 양자 간에 거래의 기준으로 삼게 될 일반 거래 조건(General Terms and Conditions)을 사전에 합의하여 결정하는 것이 보통이다. 이후 개별 거래의 계약서에는 개별 거래의 내용만 상세하게 정하면 되는 것이다.

3. 매매 계약의 이행

(1) 신용장(L/C=Letter of Credit)

L/C: 무역 거래의 대금 지급 및 상품 수입을 원활히 하기 위하여 수입상의 거래은행이 수입상의 의뢰에 의해 수출상 앞으로 개설(Open 혹은 Establish)하는 것으로 수출상이 계약 조건대로 선적한 후 수출 대금 회수를 위해 수입상 앞으로 환어음과 선적 서류를 제시하면 신용장 개설은행은 수입상을 대신하여 그 어음을 지불 혹은 인수할 것을 보증하는 증서이다. 신용장의 당사자로는 개설 의뢰인(Applicant=신용장의 개설을 의뢰하는 수입상), 개설은행(Opening Bank 혹은 Issuing Bank=개설인의 요청에 의해서 신용장을 개설하는 수입자의 은행), 통지은행(Advising Bank=신용장은 개설은행이 수출상에게 직접 보내지 않고 수출국에 소재하는 은행을 통해 수출상에게 전달되는 것이 통례이며, 이 통지은행

Section 02 무역 거래의 절차

은 단순히 신용장의 통지에 그치고 신용장의 내용이나 결제 등에 대해서는 책임을 지지 않는다), 수익자(Beneficiary=신용장을 받는 수출상을 말한다), 매입은행(Negotiating Bank=신용장에 의해서 발행된 환어음과 선적 서류를 매입하는 은행) 등이 있다. 신용장과 관련한 업무는 대부분 은행의 양식에 의하여 진행되는 것이 보통이다. 다만, 다음과 같은 사항들은 거래 당사자들이 협의한다. ① 수출자가 수입자에게 신용장 개설을 독촉하는 경우, ② 선적 시기가 지연되어 선적 기일(Shipping Date)이나 유효 기일(Expiry Date)을 연장해 주도록 요청하는 경우, ③ 신용장을 접수한 이후 계약 내용과 상위점(相違點)이 있거나 이행 불가한 조항이 있어 수정을 요청하는 경우.

신용장의 종류는 다음과 같다. ① 화환신용장(Documentary L/C)은 수출 대금의 결제를 위하여 환어음을 제시(Negotiate)할 때 선적 서류의 제공을 요구하는 신용장을 말한다. 그에 비하여 선적 서류 없이 환어음의 지불 또는 인수를 약속하는 신용장을 무담보 신용장(Clean L/C)이라고 한다. ② 취소불능 신용장(Irrevocable L/C)은 신용장이 개설되어 수출상에 전달된 이상, 신용장의 당사자 전원의 동의가 없으면 취소 또는 정정할 수 없는 것을 말한다. ③ 일람불 신용장(L/C At Sight)은 선적 서류의 제시와 동시에 지급하는 조건이며, 기한부 신용장(Usance L/C)은 선적 서류 제시로부터 일정 기간 경과 후에 지급하는 것을 조건으로 하는 신용장이다. ④ 확인 신용장(Confirmed L/C)은 통지은행이 개설은행의 의뢰에 따라 수출상에게 신용장을 통지하는 것에 그치지 않고 그 지불 또는 인수를 확인하는 신용장을 말한다. 따라서 확인 신용장에는 개설은행과 통지은행의 이중 보증이 붙는 것이 된다. 국제적으로 이름난 은행이 발행한 신용장의 경우 통지은행이 다시 확인할 필요가 없으나 이름이 알려지지 않은 지방 은행의 신용장인 경우 확인 신용장을 요구할 필요가 있다. ⑤ 양도가능 신용장(Transferable L/C)은 수출상이 신용장의 일부 또는 전액을 제3자에게 양도하는 것을 허용하는 신용장이다. 수입상의 입장에서 보면 양수인의 신용이 불량할 경우 손실을 볼 가능성도 없지 않으므로 실제로는 수입상이 수출지에 신뢰할 수 있는 대리점이나 현지

법인을 갖고 있을 경우 그들에게 양도 가능 신용장을 개설함으로써 양도할 수 있도록 하는데 사용되고 있다.

신용장 이외에도 다양한 결제 조건이 있는 바, 그 일부를 소개하면 다음과 같다. 아래의 결제 조건들은 일정 부분 위험성을 수반하고 있으므로 실제 거래에 적용할 경우에는 상대방의 신용도나 대금 지불의 담보 수단 등을 고려하여야 할 것이다. ① COD (Cash on Delivery)는 물품이 도착하면 대금과 맞교환으로 지불하는 조건이다. 국제 거래보다는 국내 거래에서 자주 통용되는 방식이라 할 수 있다. ② CAD (Cash against Documents)는 서류 상환불이라고도 하며, 선적 서류와 맞교환으로 대금을 상환하는 거래 조건이다. ③ D/P(Documents against Payment)는 지급도 조건이라고도 하며, 선적 서류를 송부받은 은행이 물품 대금의 지급(Payment)과 교환하여 선적 서류를 수입자에게 인도하는 조건을 말한다. ④ D/A(Documents against Acceptance)는 인수도 조건이라고도 하며, 일정 기간 후에 대금을 지불하는 조건으로 수입자가 인수 확인(Acceptance)을 하면 선적 서류를 인수받은 은행이 이를 수입자에게 인도하는 조건을 말한다. ⑤ Open Account 방식은 일반적인 외상거래와 통한다고 할 수 있으며, 정기적이거나 빈번한 거래에서 이용된다. 수출자는 주문에 따라 물품을 인도하고, 수입자는 사전에 합의된 결제 조건에 따라 대금의 지불을 이행하는 거래 관계이다.

(2) 선적 통지(Shipping Advice)

Shipment: 제품의 생산 완료 후 수출상은 선박 회사에 선박 수배를 한 후 선적 의뢰를 하고 수입상에게 선적 예정일을 통보해 주어야 한다. 그리고 선적이 완료되면 이 사실을 즉시 통보해 주어야 한다. 이는 주문품의 도착 예정일(ETA=Expected Time of Arrival)을 감안하여 창고 또는 보관 시설을 확보하는 한편, 상품이 도착하기 이전에 판매 활동을 개시하여 지불 대금의 조달을 준비하는 등 수입상으로서는 중대한 의미가 있는 정보이기 때문이다. 선적 통지는 참조 사항(주문번호와 일자), 상품명과 수량, 선박명과 출항 일자 및 도착 예정일, 선하 증권(B/L=Bill of Lading) 번호와 컨테이너 번호, 기타 운송 서류 사본(사전 합의 시 원본)의 발송 일자 등의 사항들을 명시하는 것이 보통이다. 선하증권 등 선적 서류를 스캔(Scan)하여 파일을 첨부할 경우에는 그 내용을 더욱 간략히 할 수 있을 것이다.

무역 거래는 다수 거래 관계자들의 협업을 통하여 이루어지는 바, 본인의 의사와 상관없이 예기치 않았던 일이 발생하기도 한다. 수출자 입장에서 가장 범하기 쉬운 잘못은 계약된 선적 기일(S/D=Shipping Date) 내에 선적을 이행하지 못하는 경우이다. 그 외에도 제조 상의 오류나 포장 문제, 서류 상의 착오 등이 발생하기도 한다. 그 외에 불가항력(Force majeure)으로 인하여 계약의 이행이 지연되거나 불이행 사태가 발생할 수도 있다. 수입자 입장에서도 자국의 금융 사정, 회사의 일시적인 자금난 등의 문제로 인하여 대금의 지불이 지연될 수도 있을 것이다. 이와 같은 문제의 발생 시에는 조기 해결을 위한 노력을 기울이는 한편, 상대방을 잘 이해시키고 양해를 구할 논리나 방안을 연구하여 지혜롭게 대처하여야 할 것이다.

(3) 대금의 회수(Negotiation & Collection)

Payment: 선적을 하고 나면 수출업자는 선적 서류를 구비하여 거래 은행에 제출함으로써 수출 대금을 회수하게 되는데, 이 과정을 업계에서는 네고(Negotiation)라고 부른다. 환어음과 함께 제시되는 선적 서류는 통상 상업 송장, 포장 명세서, 선하 증권 등을 포함한다. 거래 조건에 따라 보험 증권이 추가되기도 하며, 원산지 증명서 등 기타 서류가 요구되기도 하는데, 계약 단계에서 상호 합의된 바에 따른다. 신용장 방식에 의한 거래는 대금의 지불 등 대차 관계가 개별 거래 단위로 종결된다고 할 수 있다. 그러나 D/P, D/A 등과 같은 외상 거래의 경우나 거래 알선 수수료, 클레임 대금 등의 경우 대금의 회수가 지연될 경우 회사에 손실을 끼치게 되며, 미수금이 장기간 누적될 경우 기업 도산의 원인이 될 수도 있다. 이와 같은 문제를 사전에 예방하기 위하여 거래 개시 전에 신용 조회 등을 하는 것이며, 그 과정에서 상대 회사의 재무제표(Financial Statements)를 확인하고 은행(Bank Reference), 타 회사(Trade Reference) 등을 통하여 거래 현황과 대금 결제 습관을 파악하여야 한다고 하는 것이다. 대금의 지불을 독촉하는 내용의 E-Mail을 보낼 경우에도 요구 사항은 단호하게 적시하여야 하겠지만 상대의 입장을 우선 배려하는 정중함은 잃지 말아야 할 것이다.

4. 클레임 해결 및 중재

(1) 클레임 해결

Claim: 하나의 거래가 완료될 때까지는 예상치 못한 과실, 사고 또는 고의로 여러 가지의 분쟁이 발생하게 마련이다. 주요 원인으로는 불량품, 파손, 착오 선적, 수량 부족, 선적 지연 등이 있다. 또는 시장 상황이 좋지 않을 경우 고의로 Market Claim을 제기하기도 한다. 그러나 계약 이행 과정에서 불만스러운 점을 호소하는 불만(Complaint)과 달리 클레임은 가격 인하, 배상금 등의 금전적인 요구, 계약의 해지, 화물의 반송, 교환, 부족품의 보충 등 계약 위반에 따른 손해에 대한 배상을 청구하는 정당한 권리이다. 수입자 입장에서 클레임을 제기할 경우에는 클레임의 내용을 명확히 전달하고, 그 원인을 정확히 지적하고 명시하여야 한다. 그리고 보상 혹은 조정 수단에 대해 요구하고자 하는 사항을 명확히 제시하고, 참고 서류와 자료의 Reference를 확실히 명기하며, 손해나 누락에 대하여 상대방 회사에 직접 Letter나 E-Mail을 보내어, 신속한 해결을 요구하여야 한다. 즉, 문제가 발생하였을 경우에는 감정에 치우치지 않고 클레임을 제기하게 된 동기 및 피해 상황을 정중한 가운데 논리적으로 기술하며, 문제점을 구체적으로(근거 서류를 첨부) 적시하여 명확한 사실을 바탕으로 정당한 배상을 요구하도록 하되, 거래 중지 통고 등의 경솔한 행동은 하지 말아야 한다는 것이다. 수출자 입장에서 클레임 발생 통보를 접수하였을 경우에는 곧 그 사실을 조사하고 잘못이 인정될 경우에는 즉시 정중히 사과를 하고, 가격 인하, 상품 교환 등에 응하고, 정당한 이유가 있을지라도 상세하고 명확하며 정중한 답변을 하여야 한다. 또한 상대방의 입장에 서서 문제를 해결하려는 노력이 엿보여야 한다. 클레임은 성격상 한 번의 대응으로 해결되지 않는 것이 보통이므로 타당한 주장은 포기하지 않되 동시에 상대방의 입장을 고려하여 해결책을 모색하여야 한다. 상호 중재 조항이나 약정이 없을 경우에는 최후 수단으로 소송이 있지만, 시간적 금전적인 면을 고려할 때 원만한 해결책을 모색하는 것이 더 유리할 것이며, 거래 관계를 계속 유지하기 위해서도 소송보다는 원만한 해결책이 낫다. "비 온 뒤에 땅이 더욱 굳어진다"는 말도 있듯이, 클레임을 적당히 처리하지 않고 적극 대응하여 상호 원만하게 해결한다면 상대방에게 오히려 더욱 큰 신뢰를 심어줄 수도 있다.

(2) 중재(Arbitration)

Arbitration: 클레임은 당사자간의 협의에 의하여 해결될 수 있다면 다행한 일이지만 원만한 해결이 불가한 경우에는 대한상사중재원이나 해당국 상사 중재협회 또는 국제 상사중재원의 중재 규칙에 따라 해결하게 된다. 그러므로, 가능하면 아래와 같은 표준 중재 합의 조항이 계약서에 명기되도록 함으로써 소모적인 법적 투쟁의 가능성을 미연에 방지하는 것이 좋을 것이다.

"All disputes, controversies, or differences which may arise between the parties, out of or in relation to or in connection with this contract, or for the breach thereof, shall be finally settled by arbitration in Seoul, Korea in accordance with the Arbitration Rules of the Korean Commercial Arbitration Board and under the Laws of Korea. The award rendered by the arbitrator(s) shall be final and binding upon both parties concerned."

E-mail 훔쳐보기

Part 02
김상무님의 비즈니스 영작문
기본문형 60

- Section 01　거래제의 및 조회
- Section 02　응답
- Section 03　Offer와 협상
- Section 04　주문과 계약
- Section 05　선적과 지불
- Section 06　클레임

Section 01 거래제의 및 조회

1. Your name was given to us by ~
~를 통해서 귀사를 알게 되었습니다.

기본유형

Your name was given to us by Korea Trade-Investment Promotion Agency(KOTRA).

귀사의 이름은 대한무역투자진흥공사를 통해서 알게 되었습니다.

Your name was given to us by Mr. Ira Berman of Henry Rosenfield Corporation, New Jersey, U.S.A.

귀사의 이름은 미국 뉴저지 소재 Henry Rosenfield사의 Berman씨를 통해서 알게 되었습니다.

유사표현정리

- Your name was given to us by ~

  ~를 통해서 귀사를 알게 되었습니다.

- Your name has been given to us by ~

  ~를 통해서 귀사를 알게 되었습니다.

- Your name was recommended to us by ~

  ~가 귀사를 추천했습니다.

- Your name and address were listed in ~

  ~에 귀사의 이름과 주소가 실려 있었습니다.

- We have noted your name and address from ~

  ~로부터 귀사 이름과 주소를 알았습니다.

- ~ gave your name to us

  ~가 귀사 이름을 알려 주었습니다.

- We understand from ~ that ~

  ~임을 ~를 통하여 알았습니다.

- We came to know through ~ that ~

  ~라고 ~를 통하여 알게 되었습니다.

- We have heard from ~ that ~

  ~라고 ~로부터 들었습니다.

- We learn from ~ that ~

  ~라고 ~로부터 알았습니다.

- From ~ we hear that ~

  ~로부터 ~라고 들었습니다.

- Having heard from ~ that ~

  ~로부터 ~라고 알게 되었으며

- Having heard from ~ we understand that ~

  ~로부터 들어서 ~라고 알고 있습니다.

다양한 바꿔보기

- **Your name has been given to us by** the Chamber of Commerce in your city.

  귀사의 이름은 귀 지역 상공회의소를 통해서 알게 되었습니다.

Section 01 거래제의 및 조회

- **Your name was recommended to us by** Korean Embassy in your country.
  귀국 주재 한국대사관이 귀사를 추천했습니다.

- **Your name and address were listed in** the NESA Membership Directory.
  NESA 회원 명부에서 귀사의 이름과 주소를 알았습니다.

- **We have noted your name and address from** the Indian Chamber of Commerce.
  인디아 상공회의소로부터 귀사 이름과 주소를 알았습니다

- **We have learned your name and address from** Mr. Jay Lee, general manager of Alpha Corporation.
  Alpha사의 이 부장으로부터 귀사의 이름과 주소를 알았습니다.

- Korea Trade-Investment Promotion Agency(KOTRA) **gave your name to us.**
  KOTRA로부터 귀사를 알았습니다.

- **Your name was given to us by** Korea Trade-Investment Promotion Agency as one of leading manufacturers of injection molding machines in your country.
  KOTRA를 통해서 귀사가 귀국에서 일류급의 사출성형기 제조업체 중의 하나라고 알게 되었습니다.

- **Your name was given to us by** Korea Trade-Investment Promotion Agency as one of leading trading concerns in your country.
  KOTRA를 통해서 귀사가 귀국에서 선도적인 무역회사 중의 하나라고 알게 되었습니다.

- **Your name and address were listed in** the Thomas Register as manufacturers and exporters of various kinds of fine chemicals.
  Thomas Register 명부에서, 귀사가 다양한 정밀화학 제품 제조 수출업체 임을 알게 되었습니다.

- **Your name was recommended to us by** Saudi Arabian Embassy in Seoul as one of leading importers of cotton goods in your country

  서울 주재 귀국 대사관이 귀국에서 선도적인 면제품 수입업체 중의 하나라고, 귀사를 추천하였습니다.

- **Your name has been given to us by** the Chamber of Commerce in your city as one of the largest exporters of digital cameras in your country.

  귀 지역 상공회의소를 통해서 귀국에서 가장 큰 규모의 디지털카메라 수출업체라고 귀사의 이름을 알게 되었습니다.

멋내기의 품위 더하기

- **We understand from** your advertisement on the recent issue of the "Modern Chemicals" **that** you are a large exporter of plastic raw materials.

  "Modern Chemicals"지의 최신호에 게재된 귀사 광고를 보고 귀사가 플라스틱 원료의 대규모 수출업체임을 알았습니다.

- **We came to know through** Korea Trade-Investment Promotion Agency(KOTRA) in your city **that** you are a producer of hydrogen peroxide.

  KOTRA로부터 귀사가 과산화수소 생산업체라고 알게 되었습니다.

- **We have heard from** Alpha Corporation **that** you are looking for various paper products.

  알파 사로부터 귀사가 다양한 종이제품을 구매하고자 한다는 것을 알았습니다.

- **We learn from** the Chamber of Commerce in your city **that** you are interested in stainless steel products.

Section 01 거래제의 및 조회

귀 지역의 상공회의소로부터 귀사가 스테인리스 제품에 관심이 있다는 것을 알았습니다.

- **We learn from** the Korean Embassy in your country **that** you are making golf gloves with genuine leather and other natural materials.

  귀국 주재 한국대사관으로부터 귀사가 가죽 및 기타 천연원단으로 골프장갑을 제조한다는 것을 알았습니다.

- **From** the Indian Chamber of Commerce, **we hear that** you are seeking reliable importers to represent you in Korea.

  인도 상공회의소로부터 귀사가 한국에서 대리점 역할을 수행할, 신뢰할 만한 수입업체를 찾고 있다는 것을 알았습니다.

- **From** the Korea Chamber of Commerce and Industry, **we hear that** you are one of leading exporters of Automatic Packing Machines in Germany.

  대한상공회의소로부터 귀사가 독일의 주요 자동 포장기 수출업체 중의 하나임을 알았습니다.

- **Having heard from** Korea Trade-Investment Promotion Agency **that** your company is manufacturers and exporters of various kinds of sportswear, we wish to make a purchase of men's and women's cotton shirts from you.

  KOTRA로부터 귀사가 다양한 스포츠 의류 제조 수출업체임을 알았으며, 귀사로 부터 남성용 및 여성용 면셔츠를 구입하고자 합니다.

- **Having heard from** the Los Angeles Chamber of Commerce, **we understand that** you are the sole agents for Messrs. MacBride & Company for international sales and are writing to you with a hope to open an account with your firm.

  귀사가 MacBride사의 해외 판매 총대리점임을 로스앤젤레스 상공회의소를 통하여 알게 되어, 귀사와 거래코자 연락드립니다.

- **From** the Indian Chamber of Commerce, **we hear that** you are seeking reliable importers to represent you in Korea.

  인도 상공회의소로부터 귀사가 한국에서 대리점 역할을 수행할 신뢰할 만한 수입업체를 찾고 있다는 것을 알았습니다.

- **From** the Korea Chamber of Commerce and Industry, **we hear that** you are one of leading exporters of Automatic Packing Machines in Germany.
  대한상공회의소로부터 귀사가 독일의 주요 자동 포장기 수출업체 중의 하나임을 알았습니다.

- **From** the Korea Chamber of Commerce and Industry, **we hear that** you are one of leading exporters of Automatic Packing Machines in Germany.
  대한상공회의소로부터 귀사가 독일의 주요 자동 포장기 수출업체 중의 하나임을 알았습니다.

> **Tip   회사 (주의해야 할 대명사의 용법)**
>
> (1) "당사"를 지칭할 때 we – I를 혼용(混用)하지 않고, 일관성을 유지하도록 한다.
> (2) 다른 회사를 지칭할 때 it(단수 취급) – they(복수 취급)를 혼용하지 않고, 일관성을 유지하도록 한다.
> (3) 회사를 지칭할 때 who(whose, whom)와 which를 혼용하지 않고, 일관성을 유지하도록 한다.

2. We are ~
당사는 ~입니다.

기본유형

We are one of leading importers of various cotton goods in Korea.

당사는 한국의 다양한 면제품의 주요 수입상 중 하나입니다.

We are a large-sized manufacturers of plastic processed goods in Korea.

당사는 한국의 대규모의 플라스틱 가공품 제조업체입니다.

We are large manufacturers and exporters in Korea producing all kinds of handbags and luggage sets including leather briefcases using latest computerized manufacturing facilities.

당사는, 최신식의 컴퓨터화된 제조설비를 이용하여 가죽 briefcase를 포함한 모든 종류의 핸드백과 여행용 가방을 생산하고 있는, 한국의 대형 제조, 수출업체입니다.

We are one of the leading exporters of chemicals in Korea and are enjoying an excellent reputation through thirty years' business experience.

당사는 한국의 주요 화학제품 수출업체 중의 하나이며, 30년간의 경험을 통하여 탁월한 명성을 누리고 있습니다.

We are the largest food trading company in Korea, and have offices or representatives in all major cities and towns in the country.

당사는 한국 최대의 식품 무역회사이며, 전국의 모든 주요 도시에 지점 또는 대리점을 가지고 있습니다.

We are well-established exporters of all kinds of liquid petrochemicals having connections with all the major oil

refineries and naphtha cracking centers in our country.

당사는 정평이 있는 모든 종류의 액상 석유 화학 제품 수출업체이며, 우리나라의 모든 주요 정유회사 및 나프타 분해 공장들과 관계를 맺고 있 습니다.

We manufacture the "Bright" brand digital cameras, and wish to extend sales over the whole Europe.

당사는 "Bright" 브랜드의 디지털 카메라를 제조하며, 유럽 전역에 판매를 확장하고자 합니다.

We are one of the leading and oldest importers of office supplies and stationery goods in this country.

당사는 우리나라에서 가장 크고 오래된 사무용품과 문구류 수입업체 중의 하나입니다.

We are trading windows of Han-A Group which is one of top 10 company-conglomerates in Korea and are one of major importers and stockists of paper products in the country.

당사는 한국에서 10대 기업집단의 하나인 한아그룹의 수출입 창구이며, 한국의 주요 종이 제품 수입 및 재고 판매업체 중의 하나입니다.

- **We are** importers of electric and electronic machinery and equipment, having a business background of some 30 years, and have our own distribution network throughout the country.

  당사는 30여년의 업력(業歷)을 가진 전기, 전자 기계와 장비 수입업체이며, 국내 전 지역에 자체 유통망을 가지고 있습니다.

- **We, Han-A Corporation, the mother-holding company of twenty**

Section 01 　거래제의 및 조회

affiliated companies and ten subsidiaries, are one of leading trading concerns in Korea having branches in the major trading centers in the world, and have been enjoying an excellent reputation through our brilliant history of fifty years.
20개의 자매회사와 10개의 자회사의 모기업인 우리 (주)한아는 한국의 주요 상사 중의 하나로서 세계 주요 무역 거점에 지사를 보유하고 있으며, 빛나는 50년 역사를 통하여 탁월한 명성을 누리고 있습니다.

Tip 　잘못 되었다.

잘못 되었다는 표현은 go bad와 go wrong이 있겠는데, 물품이 변질되었거나 썩은 경우에는 go bad라고 쓰고, 물품이 잘못 된 경우에는 go wrong이라고 쓴다. 예를 들어, Please advise us by return what has gone wrong. (무엇이 잘못 되었는지 지급 통지하여 주시기 바랍니다)

3. We are interested in ~

당사는 ~에 관심이 있습니다. / 구매하고자 합니다.

기본유형

We are interested in importing nylon jogging shoes.

당사는 나일론 조깅화를 수입하는데 관심이 있습니다.

We are interested in leather handbags and wallets for Korean market.

당사는 한국시장에서 판매할 가죽 핸드백과 지갑을 찾고 있습니다.

We are interested in various kinds of chemicals in drums.

당사는 드럼 포장을 한 다양한 화공품을 찾고 있습니다.

We are interested in importing all kinds of stationery, office equipment, scholastic goods, printing paper and printing machinery.

당사는 모든 종류의 문구류, 사무용품, 학생용품, 인쇄용지 및 인쇄기를 수입하고자 합니다.

유사표현정리

- We are interested in ~

  당사는 ~에 관심이 있습니다(구매하고자 합니다).

- We are looking for ~

  당사는 ~를 찾고(구하고) 있습니다.

Section 01 거래제의 및 조회

- **We are considering buying ~**

  당사는 ~를 구입할 것을 고려(검토) 중입니다.

- **We have an inquiry for ~**

  당사는 ~를 구하고 있습니다.

- **We have inquiries from our customers here for ~**

  당사는 이곳 시장의 고객들로부터 구매 문의를 많이 받고 있습니다.
  = 이곳 시장에서 판매할 ~를 구하고 있습니다.

- **We wish to make a purchase of ~**

  당사는 ~를 구매하고자 합니다.

- **We are keenly interested in ~**

  당사는 ~에 아주 관심이 많습니다.

- **We are in the market for ~**

  당사는 ~를 취급하고 있습니다.

다양한 바꿔보기

- **We are looking for** various kinds of sportswear including sports shoes.

  당사는 스포츠화를 포함해서 다양한 스포츠 의류를 찾고 있습니다.

- **We are looking for** wood-free coated paper in reels.

  당사는 롤 형태의 아트지를 찾고 있습니다.

- **We are considering buying** 10,000 units of bicycles of Chinese origin in this year and shall be glad if you will quote the best discount off your price list for this volume.

  당사는 금년에 중국산 자전거 1만 대를 수입할 것을 검토 중이며, 이 물량에 대하여 귀사 가격표로부터 최선의 할인가격을 견적해 주시면 감사하겠습니다.

- **We have an inquiry for** 500 dozens of cotton T-shirts as per sample enclosed.
  당사는 동봉한 견본과 같은 면 티셔츠 500다스를 구하고 있습니다.

- **We have inquiries from our customers here for** duplex boards both in reels and in sheets.
  이곳 시장에 판매할 롤 형태와 시트 형태의 판지를 구하고 있습니다.

- **We wish to make a purchase of** wood and brass handicraft of all kinds.
  당사는 모든 종류의 목재 및 황동 공예품을 구매하고자 합니다.

- **We are keenly interested in** these machines, and would appreciate receiving your latest catalog, best price list on the basis of CFR, Busan and earliest delivery terms.
  당사는 이러한 기계에 관심이 아주 많습니다. 그리고 최신판 카탈로그를 받고 싶으며, 부산 도착도 최저가격 및 최단의 선적 기일을 알려주시면 감사하겠습니다.

- **We are interested in** silk serge for suiting and would appreciate it very much if you would send us patterns which are available for prompt shipment from stock.
  당사는 복지용으로 실크 서지(능직)에 관심이 있으며, 재고에서 즉시 선적이 가능한 패턴을 보내 주시면 감사하겠습니다.

- **We are interested in** your newly-developed LCD monitor, Model No. HW-127, and wish to have your quotation on CFR Busan basis, together with more detailed information on this model.
  당사는 귀사가 새로이 개발한 액정 모니터 모델번호 HW-127호에 관심이 있으며, 이 모델에 대한 상세 정보와 함께, 부산 도착도 기준으로 가격 견적을 받고 싶습니다.

- **We are in the market for** Vinyl Sandals and shall be happy if you will

Section 01 거래제의 및 조회

send us a copy of your illustrated catalogue along with your best terms and lowest prices CIF Busan.

당사는 비닐 샌들을 취급하고 있으며, 최상의 거래 조건과 부산 도착도 최저 가격과 함께, 귀사의 상세 카탈로그를 보내 주시면 감사하겠습니다.

 복합 명사(compound noun)

비즈니스에서는 복합 명사를 많이 사용하는데, 형용하는 명사가 앞에 나오도록 쓴다. 즉, range of product → product range(제품군(製品群)), management of resources → resource management (자원 관리), outlet for retailing → retailing outlet (소매점) 등과 같다.

4. We would like to introduce ~
당사는 ~를 소개(판매)하고자 합니다.

기본유형

We would like to introduce "Dragon" brand coated abrasive cloth whose quality has been accepted by major users in the U.S.A. for more than ten years.

10년 이상 미국의 주요 사용업체로부터 품질이 인정된, "Dragon" 브랜드의 연마포를 소개하고자 합니다.

We would like to introduce our protective clothing made by our own factory in Vietnam.

베트남에 소재한 당사의 공장에서 생산한 안전복을 소개하고자 합니다.

We would like to introduce Korean-made wall coverings, which is currently being exported to major Asian countries including China and Japan.

중국과 일본을 포함하여 아시아 주요국들에 현재 수출되고 있는 한국산 벽지를 소개하고자 합니다.

유사표현정리

- We would like to introduce ~
  당사는 ~를 소개(판매)하고자 합니다.

- We are interested in supplying ~
  당사는 ~를 공급하고자 합니다.

Section 01 거래제의 및 조회

- We are happy to inform you that we are in the good position to supply ~

  당사는 ~를 공급할 수 있음을 알려드립니다.

- You will be interested to hear about ~

  ~에 대하여 들어봐 주십시오(알려드립니다).

- You will be interested to hear that ~

  ~에 대하여 들어봐 주십시오(알려드립니다).

- We wish to introduce ~

  ~를 소개하고자 합니다.

- We would like to invite your attention to ~

  ~를 주목해 주시기 바랍니다.

다양한 바꿔보기

- In order to diversify our existing market, we are interested in supplying our quality products to you on favorable terms.

  기존 시장을 다변화하기 위하여, 양질의 당사 제품을 유리한 조건으로 귀사에 공급하고자 합니다.

- As one of the leading suppliers of plastic raw materials and processed goods in Korea, we are interested in supplying various kinds of plastic building materials to your country.

  한국의 주요 플라스틱 원료 및 가공제품 공급업체 중의 하나로서, 귀국 시장에 다양한 플라스틱 건설자재를 공급하고자 합니다.

- We would like to invite your attention to our newly-developed product which attracted many visitors at Tokyo International Trade Fair this year.

  금년 동경 국제 무역 박람회에서 많은 방문자들의 흥미를 끌었던 당사의 신제품을 보아 주십시오.

- We are happy to inform you that we are in the good position to supply "White Horse" brand PVC garden hoses.

White Horse 브랜드의 정원용 PVC 호스를 공급할 수 있음을 알려드립니다.

- **You will be interested to hear about** our latest UMPC (ultra mobile personal computer), which we have just introduced to the market.

  당사가 방금 출시한 최신 UMPC에 대하여 들어봐 주십시오.

- **You will be interested to hear that** we have recently developed our new product, which is selling very well in our home market.

  당사가 최근 개발하여 국내 시장에서 아주 잘 팔리고 있는 신제품에 대하여 들어봐 주십시오.

- **We wish to introduce** our newly developed PVC window system which proves a fine sale in our country.

  우리나라에서 잘 팔리고 있는, 새로이 개발한 PVC 창문시스템을 소개하고자 합니다.

- **You will be interested to hear that** our entire stock is to be sold off at much reduced prices to save us the trouble and expense of packing and removal as we are moving to our new premises early October.

  10월 초에 회사가 이사를 가기 때문에, 포장과 이사에 드는 노력과 비용을 절약하기 위하여, 당사의 모든 재고를 대폭 인하된 가격에 처분할 계획임을 알려드립니다.

5. Your name is ~
귀사의 이름은 ~

기본유형

Your name is well known in the market.
귀사의 이름은 업계에서 유명합니다.

Your name is already familiar to us.
귀사의 이름은 이미 익히 잘 알고 있습니다.

유사표현정리

- Your name is ~

  귀사의 이름은 ~

- We have seen your advertisement in ~

  ~에 실린 귀사의 광고를 보았습니다.

- We have read in ~

  ~에서 기사를 읽고 알았습니다.

- ~ through your advertisement on the recent issue of ~

  ~ 최신호의 귀사 광고를 통하여

- We have seen your inquiry listed in ~

  ~에 실려 있는 귀사의 구매의향(Inquiry)을 보았습니다.

- We have read your buying inquiry listed in ~

  ~에 실려 있는 구매의향(Inquiry)을 읽었습니다.

- We happened to stop by the website of your company and came to know ~

  귀사의 웹사이트에 우연히 들러, 귀사가 ~임을 알게 되었습니다.

다양한 바꿔보기

- **We have seen your advertisement in** "The Wedding" and are interested in your metal jewelry boxes and cutlery of all kinds.

  "Wedding"지에 실린 광고를 보았으며, 모든 종류의 철제 보석 상자와 식탁용 은식기류에 관심이 있습니다.

- **We have read in** the "Industrial Fabrics Review" that you are the sole agent for Messrs. Moldex of New York, U.S.A.

  "Plastic Review"지에서, 귀사가 미국 뉴욕 소재 Moldex사의 독점 대리점임을 알았습니다.

- We came to know your name and address **through your advertisement on the recent issue of** the "Better Home and Garden" and are interested in your outdoor furniture.

  "Better Home and Garden"지 최신호에서 귀사를 알았으며, 귀사의 야외용 가구에 관심이 있습니다.

- **We have seen your inquiry listed in** the "Trade News Weekly" showing you are interested in buying used injection molding machines.

  주간 "Trade News"지에 게재된, 중고 사출성형기(射出成形機)를 구입하고자 한다는, 귀사의 구매 의향(Inquiry)을 보았습니다.

- **We have read your buying inquiry listed in** the website of "Global Network" that you are looking for high-end audiovisual equipments for South American market.

  글로벌 네트워크의 사이트에 게재된, 귀사가 남미 시장용으로 고급 AV 장비들을 찾고 있다는 구매 의향(Inquiry)을 보았습니다.

- **We happened to stop by the website of your company and came to know** that you are manufacturing various types of car accessories.

  귀사의 사이트를 들러 귀사가 다양한 종류의 자동차 액세서리 제조업체임을 알게 되었습니다.

6. We look forward to ~
~를 기대합니다.

기본유형

We look forward to your reply soon.
조속한 회신을 기대합니다.

We look forward to hearing from you soon.
조속히 소식 듣기를 기대합니다.

We look forward to receiving your favorable reply in the near future.
조만간 귀사의 긍정적인 회신을 기대합니다.

유사표현정리

- We look forward to ~ ~를 기대합니다.
- We are looking forward to ~ ~를 기대합니다.
- We hope to ~ ~를 희망합니다.
- ~ would be appreciated. ~하여 주시면 감사하겠습니다.
- We would appreciate ~ ~하여 주시면 감사하겠습니다.
- We shall appreciate ~ ~하여 주시면 감사하겠습니다.
- We are awaiting to ~ ~를 기다립니다.
- Awaiting ~ ~를 기다립니다.
- Looking forward to ~ ~를 기다립니다.

다양한 바꿔보기

- **We are looking forward to** your early and favorable reply.
  귀사의 조속하고 긍정적인 회신을 기대합니다.

- **We hope to** receive your reply soon.
  조속히 회신 받기를 희망합니다.

- Your prompt reply **would be appreciated**.
  즉시 회신해 주시면 감사하겠습니다.

- **We would appreciate** your prompt attention to this matter.
  본건을 즉시 처리해 주시면 감사하겠습니다.

- Your prompt attention to this matter **would be appreciated**.
  본건을 즉시 처리해 주시면 감사하겠습니다.

- Your prompt reply **would be much appreciated**.
  즉시 회신해 주시면 감사하겠습니다.

- **We shall appreciate** a prompt reply.
  즉시 회신해 주시면 감사하겠습니다.

- **We are awaiting to** hearing from you. 회신을 기다립니다.

- An early reply **would be appreciated**.
  조속히 회신해 주시면 감사하겠습니다.

- **Awaiting** your reply, 회신을 기다리며,

- **Looking forward to** hearing from you soon,
  조속히 소식 듣기를 기대하며,

- **Looking forward to** your reply, 회신을 기다리며,

7 Please inform us ~
~를 통보하여 주시기 바랍니다.

기본유형

Please inform us whether you are in the position to supply these products.
귀사가 이 제품들을 공급할 수 있는지 통보 바랍니다.

Please inform us when you can ship our previous order.
당사의 전번 주문을 언제 선적할 수 있는지 통보 바랍니다.

Please inform us as soon as you dispatch the samples and catalogues.
견본과 카탈로그를 보내는 즉시 통보하여 주십시오.

Please inform us after making the payment as per our instruction.
당사의 지시대로 대금을 결제하고 나서 통보하여 주십시오.

유사표현정리

- Please inform us ~   ~를 통보하여 주시기 바랍니다.
- Please let us know ~   ~를 통보하여 주시기 바랍니다.
- We shall be glad if you let us know ~   ~를 통보하여 주시기 바랍니다.
- We would like to receive ~   ~를 주시기 바랍니다.
- We would like to know ~   ~를 알고 싶습니다. ~를 통보하여 주시기 바랍니다.

김상무님의 비즈니스 영작문 기본문형 60

다양한 바꿔보기

- Please let us know your decision promptly. 귀사의 결정을 즉시 알려주십시오.

- Please let us know whether you have a stock of them or how long it will take you to ship in case you are out of stock.
제품 재고를 보유하고 있는지 혹은 재고가 없을 경우 얼마의 기간 후에 선적이 가능할지 알려주시기 바랍니다.

- Please let us know what quantities you are able to deliver at regular intervals, quoting your best terms CIF, Busan.
부산 도착도로 최선의 거래조건을 제시하면서, 일정한 간격을 두고 얼마만큼의 물량을 선적할 수 있는지 알려주십시오.

- Please let us know your best terms and prices for cash.
현금 지불에 대한 최선의 조건과 할인가를 말해 주십시오.

- We shall be glad if you let us know your lowest quotation.
귀사 제품의 최저 가격을 알려주시기 바랍니다.

- We would like to receive your explanation of this inferior quality and to know what you propose to do to solve the matter.
품질 불량에 대해서 설명을 해 주시고, 해결을 위해서 어떤 제안을 하실 것인지 알려주십시오.

- We would like to know whether we may order on COD basis.
도착시 지불 조건(到着時支佛條件)으로 주문할 수 있는지 알고 싶습니다.

8. Please send us ~
~를 보내 주시기 바랍니다.

기본유형

Please send us a perfect range of catalogues and samples which are in production.
현재 생산되고 있는 제품을 망라하여 카탈로그와 견본을 송부해 주시기 바랍니다.

Please send us your samples with prevailing market price.
견본을 보내 주시고 시세를 알려 주십시오.

Please send us your samples and quotations.
견본을 보내 주시고 가격을 알려 주십시오.

유사표현정리

- Please send us ~
  ~를 보내 주시기 바랍니다.

- Please let us have ~
  ~를 보내 주시기 바랍니다.

- Could you please send us ~
  ~를 보내 주시기 바랍니다.

- Will you please send us ~
  ~를 보내 주시기 바랍니다.

- We would appreciate it very much if you would send us ~
  ~를 보내 주시면 감사하겠습니다.

- I should be glad if you would send me ~

  ~를 보내 주시면 감사하겠습니다.

- We would like to have ~

  ~를 보내 주시기 바랍니다.

- Please furnish us with ~

  ~를 보내 주시기 바랍니다.

- We would like to ask you to furnish us with ~

  ~를 보내 주시기를 요청드립니다.

- We would appreciate it if you send us ~

  ~를 보내 주시면 감사하겠습니다.

- Your sending us ~ should be highly appreciated.

  ~를 보내 주시면 감사하겠습니다.

- We would appreciate receiving ~

  ~를 보내 주시면 감사하겠습니다.

- We would like to receive ~

  ~를 보내 주시기 바랍니다.

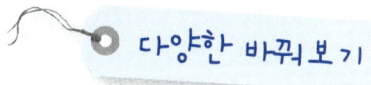

- **Please let us have** your catalogue showing all the sizes and designs that we can order.

  주문 가능한 규격과 디자인을 전부 보여 주는 귀사의 카탈로그를 보내 주시기 바랍니다.

- **Could you please send us** some samples by air?

  항공편으로 견본 몇 점을 보내 주시겠습니까?

Section 01 거래제의 및 조회

- **Will you please send us** price-list and catalogues of all Soldex products and let us know the terms of payment?

  모든 Soldex 제품에 대하여 가격표와 카탈로그를 보내 주시고, 결제조건을 알려 주시겠습니까?

- **We would appreciate it very much if you would send us** patterns of good and medium quality in stock.

  보유 중인 재고에서 고급 및 중급품의 패턴(견본)을 보내 주시면 매우 감사하겠습니다.

- **I should be glad if you would send me** your new catalogue of portable electronic oven.

  귀사 휴대용 전자 오븐의 새로운 카탈로그를 보내 주시면 감사하겠습니다.

- **We would like to have** the list of the suppliers in order to contact with them directly.

  당사가 직접 연락할 수 있도록 공급자 명단을 보내 주시기 바랍니다.

- **Please furnish us with** the list of the suppliers as we would like to contact with them directly.

  당사가 직접 연락하기를 원하는 바, 공급자 명단을 보내 주시기 바랍니다.

- **We would like to ask you to furnish us with** the list of suppliers in case you want us to contact with them directly.

  당사가 직접 연락하기를 바라신다면, 공급자 명단을 보내 주시기 바랍니다.

- **We would appreciate it if you send us** your latest catalogue, price lists and other promotional literature.

  최신의 카탈로그, 가격표, 그 밖의 설명 자료를 보내 주시면 감사하겠습니다.

- **Your sending us** the latest catalogue, price lists and other materials of your products **should be highly appreciated.**

  최신의 카탈로그, 가격표, 그 밖의 설명 자료를 보내 주시면 감사하겠습니다.

- **We would appreciate receiving** your best CFR Busan quotation on men's cotton shirts as well as several samples.

  남자용 순면 셔츠에 대하여, 몇 점의 견본과 부산 도착도 가격을 보내 주시기 바랍니다.

- **Please send us** your catalog and full details of your export prices and terms of payment, together with some samples if available.
  귀사의 카탈로그, 상세한 수출가격, 결제조건과 함께, 견본이 있으시다면 몇 점 송부해 주시기 바랍니다.

- **We would like to receive** your best FOB quotation along with descriptive brochures. If possible, **please send** us each of above-mentioned samples for demonstration of your products to our customers.
  제품 설명 팸플릿과 함께 FOB가격을 보내주시기 바랍니다. 가능하시다면, 당사의 고객업체들에게 귀사 제품을 보여 주도록 위에서 언급한 견본들을 각각 보내 주시기 바랍니다.

- **Please send us** this necessary information, which will enable us to execute your order exactly as you desire.
  이러한 필수 정보를 보내 주시어, 귀사의 희망대로 귀사의 주문을 정확히 수행할 수 있도록 해주시기 바랍니다.

 강조(문장 재배치)

They advertised on television. (텔레비전에 광고를 하였다)는 문장을 재배치하여 What they did was advertising on television. 라고 하면 내용을 강조하는 것이 된다. They sold paper products. (종이 제품을 판매하였다)는 문장도 다음과 같이 재배치할 수 있을 것이다. What they sold was paper products.

Section 01 거래제의 및 조회

연·습·문·제

1. 윌슨사(社)로부터 귀사가 믿을 만한, 각종 사무기기 대형 수출업체라고 소개 받았습니다.

2. 귀사의 이름을 AAA상사로부터 알게 되었는데, 귀사가 대규모의 자전거 제조업체라고 소개했습니다.

3. 귀사의 이름은 이미 우리가 잘 알고 있습니다.

4. 우리 나라 시장의 가능성에 대하여 생각해 보신 적이 있는지 알고 싶습니다.

5. 당사는 일반 수출입업체로서 영업을 영위한지 50년이 넘습니다.

6. 당사가 판매할 기회가 있다면 알려 주시기 바랍니다.

7. 고객들의 요구에 의하여 귀사와 거래 관계를 맺고자 합니다.

8. 당사는 이곳 시장에서의 일반적 수요에 정통하니, 즉시 연락을 주신다면 도와 드릴 수 있을 것입니다.

9. 당사는 귀국 시장에 대해서도 많은 지식을 가지고 있습니다.

10. 더 이상 거래할 수 없습니다.

11. 만일 상황이 달라지면 연락 드리겠습니다.

12. 금년 국제 무역 박람회(Trade Fair)에서 크게 호평을 받은 신제품을 보아 주십시오.

13. 당사의 신제품 판촉에서 귀사의 협조를 못 얻은 것이 귀 지역에서의 판매 감소에 대한 직접적 원인이었음을 귀사는 알지 못했습니다.

14. 당사의 판촉팀(Sales Promotion Team)은 귀국의 밝고 다양한 시장성을 겨냥하여 과학적인 대규모 시장 조사를 실시할 것을 계획 중입니다.

15. 판매를 귀사에 위탁합니다.

16. 잠재적 판매 가능성이 있습니다.

17. 당사는 사업을 확장하고 있으며, 이 기회에 귀사와의 거래를 갖고자 합니다.

18. 가격과 거래 조건이 좋다면 귀사와 거래를 트고 싶습니다.

19. 당사는 귀 제품을 국내에서 판매할 수 있을 만큼의 좋은 입장에 있음을 장담합니다.

20. 당사가 그들과 직접 연락할 수 있도록 공급자 명단을 보내 주시면 고맙겠습니다.

21. 귀사 제품의 우수한 품질과 현대적인 디자인이 강하게 어필합니다(마음에 듭니다).

22. 대리점의 광고비는 처음 1년간은 귀사 측에서, 그 이후는 절반씩 지불하기로 합니다.

23. 우편, 전보, 수리 등의 비용은 귀사 부담이며, 사무실 경비는 당사의 부담이 됩니다.

24. 시장의 전망을 생각해서 필요하신 물품을 주문하시도록 권합니다.

25. 타 제품과 비교해 보기만 하면, 당사의 제품을 시험 주문하시게 될 것입니다.

26. 귀사가 이 조회에 흥미를 가지시리라 믿으며, 좋은 가격과 거래 조건을 제시해 주기를 기대합니다.

27. 귀사 제품은 우리 시장에서 호평을 받으며 판매되고 있습니다.

28. 당사는 이미 귀국에 대리점을 두고 있습니다.

29. 귀국에 대리점을 지정할 것을 고려 중입니다.

Section 01 거래제의 및 조회

정·답

1. We learned your name and address through Messrs. Wilson & Co., Ltd. who recommended you to us as reliable and foremost exporters of office machinery in your country.

2. (1) Your name and address were given to us by AAA Trading Co., Ltd. who recommended you as a large manufacturer of bicycles.
   (2) We learned your name and address from AAA Trading Co., Ltd. that you are producing bicycles on a large scale.
   (3) Having heard your name and address from AAA Trading Co., Ltd., we understand that you are a large-scale maker of bicycles.

3. (1) We have been familiar to you.
   (2) Your name is already familiar to us.
   (3) We are familiar to your name.

4. We would like to know if you are interested in the possibility of our market.

5. We have established for over fifty years as general exporters and importers.

6. If you are disposed to sell them directly here, please let us know.

7. (1) In view of increasing demand for your products, we would like to do business with you.
   (2) We would like to do business with you to meet the request of our customers.

8. We are at home in general requirement of this market and shall serve you immediately upon hearing from you.

9. We have had a deep knowledge about your market circumstances.

10. We are not in the position to take any further business connection.

11. (1) Should the position change, we will be in touch with you.
    (2) If the position changes, we will gladly be in touch with you.

12. We would like to invite your attention to our newly developed product that attracted at International Trade Fair this year.

13. You have failed to realize that the fall in our sales is a direct result of the absence of your cooperation with us in pushing our product into your market.

14. Our Sales Promotion Team is planning to make an extensive market survey on a scientific basis with a view to extending the sales of our products into various prospective markets in your country.

15. We are going to place the sale of our products to you.

16. (1) There might be prospective sales potential.

(2) There is certain prospective sales potential.

17. As we are expanding our business, we would like to open an account with you with this opportunity.

18. We would like to enter into business relationship with you if the price and terms are favorable.

19. (1) We assure you that we are in an excellent position enough to establish your products in this market.

(2) You can be assured that we are in an excellent position enough to establish your products in this market.

(3) We can promise you that we are in an excellent position enough to sell your products in our country.

20. (1) We would like to have the list of the suppliers in order to contact with them directly.

(2) Please furnish us with the list of the suppliers enabling us to contact with them directly.

(3) We would like to ask you to furnish us with the list of suppliers in order to contact with them directly.

21. The excellent quality and modern design of your products appeal us strongly.

22. All the advertisement expenditure for agent for the first year is to be covered by you, and thereafter to be divided equally between you and us.

23. All the reasonable outlays of postage, cable and repair to be refunded by you while office expense payable by us.

24. Considering future prospects of the market, we advise you to place an order for the goods for your requirement.

25. (1) A simple comparison will no doubt induce you to place an initial order with us immediately.

(2) A slight comparison will no doubt induce you to let us have your trial order.

26. We trust that you will be interested in this inquiry and hope that your best price and terms are offered.

27. Your goods are enjoying wonderful reputation and command a fine sale in this market.

28. We are already represented in your country.

29. We are considering appointing an agent in your country.

Section 02 응답

1. Thank you very much for~
~에 대하여 감사합니다.

기본유형

Thank you very much for your letter dated November 6th.
11월 6일자 서한 감사합니다.

Thank you very much for your letter received today.
오늘 받은 서한 감사합니다.

Thank you very much for your fax message of November 6th.
11월 6일자 팩스 감사합니다.

Thank you very much for your e-mail message of today.
오늘 보내주신 메일 감사합니다.

유사표현정리

- Thank you very much for ~
  ~에 대하여 감사합니다.

- We have received ~
  ~를 받았습니다.

- We are glad to have ~
  ~를 받았습니다.

- We are pleased to have ~
  ~를 받았습니다.

- **We acknowledge ~**

  ~를 받았습니다.

- **~ has been received with thanks.**

  ~를 감사히 잘 받았습니다.

- **~ reached us today.**

  오늘 받았습니다.

- **This is regarding ~**

  본 서한은 ~에 대한 건입니다.

- **We appreciate ~**

  ~에 대하여 감사합니다.

- **Many thanks for ~**

  ~에 대하여 아주 감사합니다.

- **We are honored to receive ~**

  ~를 받아서 영광입니다.

- **We are obliged for ~**

  ~에 대하여 감사합니다.

다양한 바꿔보기

- **We have received** your letter dated November 6th.

  11월 6일자 서한 받았습니다.

- **We are glad to have** your e-mail dated November 6th.

  11월 6일자 이메일 감사합니다.

- **We are pleased to have** your e-mail dated November 6th.

Section 02 응답

11월 6일자 이메일 감사합니다.

- **We acknowledge** the receipt of your letter dated November 6th.
  11월 6일자 서한 받았습니다.

- Your letter dated November 6th **has been received with thanks**
  11월 6일자 서한 잘 받았습니다.

- Your letter dated November 6th **reached us today.**
  11월 6일자 서한 오늘 받았습니다.

- **This is regarding** your inquiry of November 6th.
  11월 6일자 귀사 문의 관련입니다.

- **We appreciate** your inquiry of November 6th.
  11월 6일자 문의에 감사드립니다.

- **Many thanks for** your interest in our products.
  당사의 제품에 대한 관심에 감사드립니다.

- **We are honored to receive** your request for detailed information of our products.
  당사의 제품에 대한 상세한 정보를 요청해 주시어 영광입니다.

더 나은 멋내기

- **Thank you very much for** your letter dated November 6th concerning your purchase of 1,000 sets of our popular cassette tape recorder, Model HW-120.
  당사의 인기상품 카세트 모델 HW-120 구매와 관련 11월 6일자 귀사 서한 잘 받았습니다.

- **Thank you very much for** your letter dated November 6th regarding your inquiry for 1,000M/T of mixed xylene for China.

  중국 수출용 혼합 크실렌 1천 톤에 대해 문의하는 11월 6일자 귀사 서한 잘 받았습니다.

- **Thank you very much for** your letter dated November 6th in which you expressed your willingness to open an account with us.

  당사와 거래 의향을 밝힌 11월 6일자 귀사 서한 잘 받았습니다.

- **Thank you very much for** your letter dated November 6th in which you offer us a range of your goods for sale in Korea.

  한국에서 판매할 일련의 귀사 제품들을 제시한 11월 6일자 귀사 서한 잘 받았습니다.

- **Thank you very much for** your inquiry of November 6th for pure woolen sweaters.

  순모 스웨터에 대한 11월 6일자 귀사 문의서한 잘 받았습니다.

- **Thank you very much for** your letter of November 6th inquiring about genuine leather wallets.

  천연 가죽 지갑에 대해 문의한 11월 6일자 귀사 서한 잘 받았습니다.

- **We are obliged for** your letter of November 6th inquiring about our Model No. 81.

  당사 모델번호 81번에 대해 문의한 11월 6일자 귀사 서한 감사합니다.

멋내기의 품위 더하기

- **We are pleased to have** your letter of November 6th asking for our price list and pattern books of our PVC floor coverings.

  당사 PVC 바닥재의 가격표와 패턴북을 요청하는 11월 6일자 귀사 서한 잘 받았습니다.

Section 02 응답

- **This is regarding** your letter of November 6th informing us that you are interested in our MP3 players.
  귀사가 당사의 MP3 플레이어에 관심이 있다고 하신 11월 6일자 귀사 서한 관련 입니다.

> **Tip** 선적
>
> shipment는 선적하는 행위(act of shipping)를 지칭하기도 하고, 선적 물품(goods shipped)을 일컫기도 한다. 여기서 ship(선적)이란 말은 선박(ship)에만 국한되는 것이 아니고, 철도, 트럭 등 여타 수단도 포함된다(Shipment refers to tender of goods to the carriers).
> freight는 운송 수단과 상관이 없이 모든 운송 화물 특히 장거리 운송 화물을 말한다. cargo는 선박에 의해서 운송되는 화물의 경우에 주로 지칭하는데, 이 경우에는 freight가 운임이라는 의미로 사용되는 것이 보통이다.

2. With reference to ~
~와 관련하여

기본유형

With reference to your letter dated November 6th, we are pleased to inform you that we are in good position to supply the goods as requested.

11월 6일자 귀 서한과 관련, 물품을 요청하신 대로 공급할 수 있습니다.

With reference to your e-mail message of today, we regret to inform you that we are already represented in your country.

금일 이메일과 관련, 귀국에 이미 대리점이 있습니다.

With reference to your e-mail message of today, we are pleased to send you our catalogue covering full range of our machine tools for various purposes.

금일 이메일과 관련, 다양한 용도로 사용되는 당사의 기계 공구를 망라 하는 카탈로그를 보내 드립니다.

With reference to your e-mail message of today, we regret to inform you that we are not in the position to quote you at present, as we have no stock of these goods.

금일 이메일과 관련, 재고가 없기 때문에 지금으로서는 견적을 제시할 수가 없음을 알려드립니다.

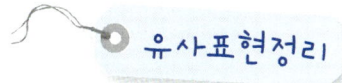

With reference to ~ ~와 관련하여

In reply to ~ ~에 답하여

Section 02 응답

In answer to ~ ~에 답하여

Regarding ~ ~와 관련하여

With regard to ~ ~와 관련하여

다양한 바꿔보기

- **In reply to** your inquiry of November 6th, we are sending you patterns of our newly developed PVC wall coverings, and have the pleasure quoting you as followings.

  11월 6일자 문의에 답하여, 당사가 새로이 개발한 PVC 벽지 패턴을 보내드리며, 아래와 같이 견적합니다.

- **In answer to** your inquiry of November 6th, we have pleasure in sending a detailed quotation for CNC lathe as attached.

  11월 6일자 문의에 답하여, CNC 선반에 대한 상세 견적을 첨부와 같이 송부합니다.

- **Regarding** your letter of November 6th, please be advised that your requested product is out of stock at the moment, so we are sending you the closest one to it that is available for prompt shipment from stock.

  11월 6일자 서한과 관련, 귀사가 요청하신 제품이 현재 재고가 없어 재고로부터 즉시 선적이 가능한 가장 유사한 제품을 보내 드립니다.

- **With regard to** your e-mail of November 6th, we enclose our detailed quotation.

  11월 6일자 이메일과 관련, 당사의 상세 견적을 동봉합니다.

3. We are pleased to inform you that ~
~임을 알려드립니다(알려드리게 되어 기쁩니다).

기본유형

We are pleased to inform you that we are in good position to ship your order by the end of November.

11월 말까지 귀사 주문을 선적할 수 있음을 알려드립니다.

We are pleased to inform you that your order No. HW-123 is ready for shipment at the moment.

귀사 주문번호 HW-123은 지금 선적할 준비가 되어 있음을 알려드립니다.

We are pleased to inform you that our supplier accepted the price and delivery terms as you requested.

당사 공급선이 귀사가 요청한대로 가격과 선적조건을 수락하였음을 알려드립니다.

We are very much pleased to inform you that our credit department approved our doing business with you on an open account basis.

당사 여신부서가 귀사와 외상 거래할 것을 승인하였음을 알려드립니다.

유사표현정리

- We are pleased to inform you that ~
  ~임을 알려드립니다(알려드리게 되어 기쁩니다).

- We are glad to inform you that ~
  ~임을 알려드립니다.

Section 02 응답

- We are glad to say that ~

  ~임을 알려드립니다.

- We would like to inform you that ~

  ~임을 알려드립니다.

- We are happy to inform you that ~

  ~임을 알려드립니다.

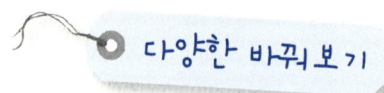

- **We are glad to inform you that** we can supply any quantity and any kind of radios from stock to your specifications.

  귀사의 사양에 따라, 어떤 수량이나 종류의 라디오라도 재고에서 공급할 수 있음을 알려드립니다.

- **We are glad to say that** we can supply you with any quantity from our stock to your buying samples.

  우리는 귀사의 구매 견본에 맞추어, 어떠한 수량이라도 재고에서 공급할 수 있음을 알려드립니다.

- **We would like to inform you that** our prices are the most favorable and the delivery is the earliest possible.

  당사의 가격이 가장 유리하고, 인도조건이 가능한 가장 빠르다는 것을 알려드립니다.

- **We are pleased to inform you that** our customer is satisfied with the finish and the color of your sample and that we will be placing a trial order for one container-load in the near future.

  당사의 고객이 귀사 견본의 마감처리와 색상에 만족하며, 조만간 한 컨테이너 분량의 시험주문을 할 것임을 알려드립니다.

- A complete range of patterns was sent to you by express airmail yesterday, and we are happy to inform you that we can guarantee delivery of any of these within three weeks from receipt of your order.

어제 모든 종류의 패턴을 특급 항공 우편으로 발송하였습니다. 그 중의 어떠 한 것이든, 귀사의 주문을 접수하고 3주일 이내에 인도할 것을 보증할 수 있습니다.

Tip 잘 팔린다

잘 팔린다는 말은 sell well(잘 팔린다), sell rapidly(빨리 팔린다), command a fine sale, command an excellent sale((팔 물건이 좋은 값에)팔리다), prove a bestseller(잘 팔리는 것을 입증하다) 등으로 표현할 수가 있다.

4. We regret to inform you that ~
~임을 알려드립니다(알려드리게 되어 유감입니다).

기본유형

We regret to inform you that we are unable to quote you now, as we have no stock of these goods.
이 제품들은 재고가 없으므로, 지금은 견적할 수가 없음을 알려드립니다.

We regret to inform you that shipment is being delayed due to rushing orders from the United States.
미국으로부터 밀려온 주문 때문에 선적이 지연되고 있음을 알려드립니다.

We regret to inform you that production is not completed yet because of mechanical problem on the production line.
생산 라인의 기계적인 문제로 인하여 생산이 아직 완료되지 않았음을 알려드립니다.

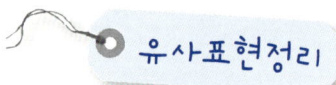

- We regret to inform you that ~
  ~임을 알려드립니다(알려드리게 되어 유감입니다).

- It is very regretful to inform you that ~
  ~임을 알려드립니다.

- We regret that we have to inform you that ~
  ~임을 알려드립니다.

- We regret having to inform you that ~
  ~임을 알려드립니다(알려야 하니 유감입니다).

김상무님의 비즈니스 영작문 기본문형 60

- We are very sorry to tell you that ~

  ~임을 알려드립니다.

- We regret to tell you that ~

  ~임을 알려드립니다.

- We are very sorry to advise you that ~

  ~임을 알려드립니다.

- Unfortunately, ~

  불행하게도, ~

- We regret to have to inform you that ~

  ~임을 알려드립니다.

다양한 바꿔보기

- **It is very regretful to inform you that** due to the lateness of 2013 crop of tomatoes, we will not be able to deliver your order by the date you requested.

  2013년 토마토 수확이 지연되어, 요청하신 일자까지 귀사 주문을 선적하지 못할것임을 알려드립니다.

- Owing to the shortage of raw material in Korea, we regret that **we have to inform you that** shipment is to be delayed by two weeks.

  한국에서의 원료 부족으로 인하여 선적이 2주간 지연될 것임을 알려드립니다.

- **We regret having to inform you that** none of these lines are in stock at present.

  이 제품들 중 어느 것도 현재 재고가 없음을 알려드립니다.

- **We are very sorry to tell you that** we no longer carry this design.

  당사는 더 이상 이 디자인을 취급하지 않습니다.

- We regret to tell you that because of the strike of seamen, the sailing of S/S "Princess Maru" scheduled to leave for your port on the November 23rd has been cancelled, and accordingly, no direct vessel from here is available during this month.

  선원들의 파업으로 인하여 11월 23일에 귀 항구로 출항 예정이던 "Princess Maru"호의 항해가 취소되었으며, 이에 따라 이달 중에는 직항 선박이 없음을 알려드립니다.

- We are very sorry to advise you that the shipment during September covering your order No. HW-06413 is impossible to execute within the date stipulated on account of manufacturers'labor shortage.

  공장에서 일손 부족으로 인하여, 귀 주문번호 HW-06413의 9월 중 선적을 정해진 기일 내에 수행하기가 불가능함을 알려드립니다.

- We regret to inform you that, due to a change in the sailing schedule of "Morning Star," we are to ship your goods per "Ever Glory" sailing from Busan on or around October 30th.

  "Morning Star"호의 항해 계획이 변경되었으므로, 10월 30일경에 부산을 출항하는 "Ever Glory"호 편으로 귀사 주문을 선적해야 함을 알려드립니다.

- Unfortunately, your order goods model No. HW-618 is now out of stock and will not be available again before the end of June.

  귀사 주문 상품인 모델번호 HW-618은 현재 재고가 없으며, 6월 말까지는 입고되지 않을 것입니다.

- Five cartons of nylon tote bags for our Order No. HW-123 per M/S "Hyundai Explorer" have reached us, but we regret to have to inform you that the quality is inferior to the original samples.

  당사 주문번호 HW-123에 따라 "Hyundai Explorer" 호에 선적된 나일론 가방 다섯 상자가 도착하였는데, 품질이 원래 견본에 미치지 못함을 알려 드릴 수밖에 없어 유감입니다.

5. We are sending ~
~를 보내 드립니다.

기본유형

We are sending our sample, price-list and full sales promotional literature for you to examine.

당사의 견본, 가격표와 판촉자료 일체를 한 번 살펴보시도록 보내 드립니다.

As requested, **we are sending** you our catalog under separate cover by air, in which you will find a full description of our entire line of goods.

요청대로, 별도 항공편으로 당사의 카탈로그를 보내드리며, 당사의 모든 제품에 대한 상품설명 일체를 보실 수가 있을 것입니다.

We are sending some sales literature in which you will see that what an enthusiastic reception our new products have had all over the world.

당사의 신제품이 세계적으로 얼마나 열광적인 환영을 받아왔는지 아시게 될, 당사의 판촉 자료를 보내 드립니다.

유사표현정리

- We are sending ~ ~를 보내 드립니다.
- We have enclosed ~ ~를 동봉하였습니다.
- We are enclosing ~ ~를 동봉합니다.
- We have already dispatched ~ ~를 이미 송부하였습니다.
- We have pleasure in sending ~ ~를 보내 드립니다.
- ~ was sent ~ ~는 발송되었습니다.

Section 02 응답

- We are pleased to send ~ ~를 보내 드립니다.
- We enclosed ~ ~를 동봉하였습니다.
- We have sent ~ ~를 보냈습니다.
- ~ have been sent ~ ~는 발송되었습니다.
- Enclosed please find ~ ~를 동봉합니다.
- Attached you will find ~ ~를 첨부합니다.

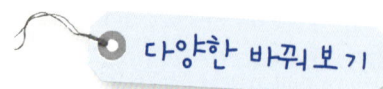

- As requested, we have enclosed our latest tape recorder catalog with our price list.
  요청대로 당사의 최신판 녹음기 카탈로그와 가격표를 동봉하였습니다.

- As requested, we are enclosing some samples of Cubic Zirconia and Gold Plated Natural Leaves with price list.
  요청대로 큐빅과 금도금 나뭇잎 견본 몇 점과 가격표를 동봉합니다.

- For your reference, we are enclosing a copy of our Auto-Parts List.
  참고용으로, 당사의 자동차 부품 목록을 동봉합니다.

- According to your request, we have already dispatched the samples and color swatches by DHL.
  요청하신 대로, 견본과 색상 조각(견본)들을 DHL편으로 이미 발송하였습니다.

- We have pleasure in sending you a full selection of our latest best selling goods.
  최신의 최고판매 제품 일체를 보내 드립니다.

- We have pleasure in sending you price-list and catalogue of our products which we can supply at once from stock.
  재고에서 즉시 공급할 수 있는 당사 제품의 가격표와 카탈로그를 보내드립니다.

- A complete range of patterns was sent to you by express airmail yesterday.
(하나도 빠짐없이)모든 종류의 패턴을 어제 특급우편으로 발송하였습니다.

- We thank you for inquiry of April 1 and are pleased to send you full range of our machine tools for various purposes.
4월 1일자 문의에 감사하오며, 다양한 용도로 사용되는 당사의 기계공구 일체를 보내드립니다.

- As requested, we enclosed our illustrated catalog and price-list and trust that you will find it of much interest.
요청대로 당사의 상세 카탈로그와 가격표를 동봉하였으며, 귀사가 관심을 가지시게 되리라 믿습니다.

- As requested, we are sending you under separate cover 3 copies of the latest catalog showing the products by the Silver Star Ltd., one of the top manufacturers of electrical and electronic machinery in Korea, together with a price list indicating our net CFR, New York.
요청대로, 한국에서 최상위 전기 전자제품 제조업체 중의 하나인 Silver Star사 제품의 최신 카탈로그 3부를, 당사의 뉴욕 도착도 순(純)가격을 표시한 가격표와 함께 별도로 발송합니다.

- We thank you for your inquiry of October 10, in response to which we have sent today a copy of our illustrated catalog together with a range of samples of various cloths.
10월 10일자 문의 감사하오며, 답신으로 오늘 상세 카탈로그를 다양한 직물 견본 일습과 함께 발송하였습니다.

- Various samples of our leather handbags have been sent to you by air today, and you will see that in view of the fine quality and attractive designs, our goods are really of good value for the price.

Section 02 응답

다양한 가죽 핸드백 견본을 금일 항공편으로 발송합니다. 양호한 품질과 매력적인 디자인 면에서 당사 상품이 가격 대비 가치가 우수하다는 것을 아시게 될 것입니다.

- **Enclosed please find** our sample swatches and color book. As soon as you receive them, please let us have your confirmation on patterns and colors.
  견본들과 색상 책자를 동봉합니다. 받으시는 대로 패턴과 색상에 대하여 확인해 주시기 바랍니다.

- **Enclosed please find** copies of the related transport documents.
  관련 운송 서류 사본을 동봉합니다.

- **Attached you will find** our price list on stainless steel tubes. Upon receipt of detailed size, ply and quantity, we can quote you prices.
  당사의 스테인리스 튜브 가격표를 첨부합니다. 상세한 규격, 두께와 수량을 접수하는 대로 가격을 견적할 수 있습니다.

 조건

conditions는 일반적인 조건을 말하며, terms는 일반적인 조건의 의미로서 이와 혼용되기도 하지만, 돈(대금의 결제)과 관계되는 조건을 말하는 것이 보통이다. 조건이 양호한 경우에 workable terms, favorable terms, easier terms 등으로 쓰기도 한다.

6. We are pleased to learn that ~
~라고 알게 되어 반갑습니다.

기본유형

We are pleased to learn that you are interested in distributing our products in your country.

귀사가 귀국에서 당사의 제품을 판매하고자 한다는 것을 알게 되어 반갑습니다.

We are pleased to learn that you are planning to appoint a general agent in our region.

이 지역에서 총판 대리점을 지명할 계획임을 알게 되어 반갑습니다.

We are pleased to learn that the goods can be shipped 10 days earlier than the original schedule.

물품이 당초 계획보다 10일 일찍 선적될 수 있음을 알게 되어 반갑습니다.

We are pleased to learn that you are interested in acting as our agent in your country.

귀사가 귀국에서 당사의 대리점이 되는데 관심이 있음을 알게 되어 반갑습니다.

유사표현정리

- We are pleased to learn that ~

  ~라고 알게 되어 반갑습니다.

- We are glad to learn that ~

  ~라고 알게 되어 반갑습니다.

- We are pleased to hear that ~

  ~라고 알게 되어 반갑습니다.

Section 02 응답

- We are delighted to learn that ~

  ~라고 알게 되어 반갑습니다.

- We are happy to hear that~

  ~라고 알게 되어 반갑습니다.

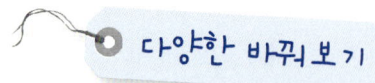

- **We are glad to learn that** you are in good position to supply various cotton goods.

  귀사가 다양한 면제품을 공급할 수 있음을 알게 되어 반갑습니다.

- **We are pleased to hear that** you have an inquiry for 3,000 metric tons of PVC compound, pipe grade, powder type for July lifting.

  귀사가 7월 선적조건으로 파이프용, 파우더 형태의 PVC 컴파운드 3,000톤을 찾고 있다는 것을 알게 되어 반갑습니다.

- **We are glad to learn** from Mr. Henry Rosenfield of ABC Corporation **that** you are looking for Korean-made business machines and office supplies.

  ABC사의 Henry Rosenfield 씨로부터 귀사가 한국산 사무용 기기 및 사무용품을 구매하고자 한다는 것을 알게 되어 반갑습니다.

- **We are delighted to learn that** you are interested in buying our pure benzene on a long-term contract basis with price formula for 3,000 tons per month for one year period.

  귀사가 1년의 기간 동안 매월 3천 톤씩, 가격 공식(公式)을 적용하는 장기계약 방식으로 순 벤젠을 구매하고자 한다는 것을 알게 되어 반갑습니다.

- **We are happy to hear that** your customer is satisfied with the quality of our products and that you will release next order soon.

  귀사의 고객업체가 당사 제품의 품질에 만족하여, 차기 주문도 조만간 발주할 것임을 알게 되어 반갑습니다.

7 As (1) ~
~한 대로

기본유형

As requested, we have enclosed a catalogue of the latest model of our digital camera along with our price list.

요청대로, 당사 디지털 카메라 최신 모델에 대한 카탈로그를 가격표와 함께 동봉하였습니다.

As mentioned on our e-mail message of this morning, it is very difficult for us to make decision immediately because we are not sure we can secure enough raw materials by next month.

금일 오전에 당사 이메일에서 언급한대로, 다음 달까지 충분한 원재료를 확보할 수 있을지 자신이 없어서, 즉시 결정을 하기가 매우 어렵습니다.

As requested, we are sending you our catalog under separate cover by air, in which you will find a full description of our entire line of goods.

요청대로, 별도의 항공우편으로 당사의 카탈로그를 보내드리는 바, 당사의 전체 제품에 대하여 상세한 설명을 보시게 될 것입니다.

Please start the production of the goods as specified on our purchase order sheet.

당사의 주문서 상에 명시한 바대로, 제품의 생산을 시작하시기 바랍니다.

As told you on the phone, we are badly waiting for your confirmation on our color sample.

전화 통화 시 말한 대로, 색상 견본에 대한 귀사의 확인을 몹시 기다리고 있습니다.

As we agreed previously, we will be maintaining our current price by the end of the year.

전에 동의한 대로, 연말까지 현재의 가격을 유지할 것입니다.

응답

As we informed you on our letter dated November 10th, you have to issue your purchase order at least 45 days prior to your required shipping date.

11월 10일자 서한에서 알려드린 대로, 귀사가 요구하는 선적일로부터 적어도 45일 이전에 주문서를 발급하여야 합니다.

As promised, we will replace the damaged goods by shipping additional 10 sets free of charge together with your next order.

약속한 대로, 귀사의 차기 주문 물량과 함께 추가로 10세트를 무상으로 선적함으로써 파손된 물품을 대체하겠습니다.

As required on your L/C, we are sending one full set of non-negotiable shipping documents including a copy of B/L by DHL.

귀 신용장에서 요구한 대로, 선하증권 사본을 포함하여 선적 서류 사본 일습을 DHL편으로 보냅니다.

As previously mentioned, we are already represented for this product in your area and thus, we would like you to contact John Derne & Sons for a quotation.

전에 언급한 바대로, 당사는 이 제품에 대하여 귀 지역에 이미 대리점이 있으며, 따라서 John Derne & Sons사를 접촉하여 견적을 받으시기 바 랍니다.

As discussed at the meeting, we will be making a draft of long-term contract. A copy will be sent to you for your reviewing as soon as it is completed.

상담 시에 협의한 대로, 당사가 장기 계약서 초안을 작성하겠습니다. 귀사가 검토해 보시도록, 완성되는 즉시 사본(초안)을 귀사로 보내 드리겠 습니다.

8. We are writing ~
(~하기 위하여) 이 서한을 씁니다.

기본유형

We are writing to you with a desire to open an account with you.

귀사와 거래를 개설하고자 희망하여 이 서한을 씁니다.

We are writing to you with the hope that we can establish mutually beneficial business relationship with you.

귀사와 상호 유익한 거래 관계를 수립하려는 소망을 가지고 이 서한을 씁니다.

We are writing to request your proposal on pneumatic process system to be installed in our acrylic resin plant.

당사의 아크릴 수지 공장에 설치될 공송(空送) 시스템에 대한 제안서를 요청하기 위하여 이 서한을 씁니다.

With reference to our telephone conversation today, **we are writing** to you to confirm our order for 1,000 units of DVD players, your Model No. HDVP-206.

금일의 전화 통화와 관련, 귀사 모델번호 HDVP-206, DVD player 1,000대에 대한 당사의 주문을 확인하기 위하여 이 서한을 씁니다.

We are writing to request for more detailed information about your 5.1-channel headphones.

귀사의 5.1채널 헤드폰에 대하여 좀 더 상세한 정보를 요청하기 위하여 이 서한을 씁니다.

We are writing to clarify our packing method. Please understand that we would like each unit to be packed in an inner box and one dozen in a master carton.

당사의 포장 방법을 명확히 하기 위하여 이 서한을 씁니다. 각 유닛은 내부 상자에 넣고, 한 다스를 수출용 상자에 포장했으면 합니다.

Section 02 응답

We are writing to ask you, if possible, to decrease your price by 5(five) percent off your offer sheet as the demand is lagging due to slow economy here.

이곳의 경기 침체로 인하여 수요가 둔화되고 있어, 가능하다면 귀사의 Offer 가격으로부터 5% 인하하여 주실 것을 요청하기 위하여 이 서한을 씁니다.

We are writing to you on behalf of the people from our supplier, who are saying that they will stand behind the quality of their products, and that they will compensate the financial damages caused by these defective goods.

당사의 공급처 사람들을 대신하여 이 서한을 씁니다. 그들은 제품의 품질에 책임을 질 것이며, 불량품으로 인해 발생한 금전적인 손실을 보상 할 것이라고 하고 있습니다.

We are writing to you regarding your request for quotation dated December 19th, 2013 for the supply of U.V. coating machine.

자외선 코팅기계의 공급에 관한, 2013년 12월 19일자 귀사의 견적 제출 요청서와 관련해서 이 서한을 씁니다.

유사표현정리

- We are writing ~
  ~하기 위하여 이 서한을 씁니다.

- The purpose of this letter is ~
  이 서한을 쓰는 목적은 ~입니다.

- This is to inform you that ~
  ~임을 알려드리기 위해 이 서한을 씁니다.

- We shall be writing ~
  서면으로 통보하겠습니다.

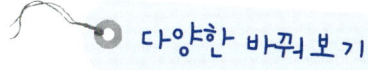

- **The purpose of this letter is** to enquire whether you would be willing to supply your products exclusively to us for Korean market.
  귀사가 한국시장에 대해 당사에게 독점적으로 공급할 의향이 있는지 문의하기 위하여 이 서한을 씁니다.

- **This is to inform you that** factory people agreed to complete the production by the end of this month.
  공장 사람들이 이달 말까지 생산을 완료하기로 동의하였음을 알려드리기 위해 이 서한을 씁니다.

- **We shall be writing** to you with further details as soon as they are available.
  추가로 상세한 사항이 입수되면 즉시 서면으로 통보하겠습니다.

 대리점

Agent는 대리점 업체 혹은 대리업자를 지칭하며, 이러한 의미로는 Representative와 혼용 가능하다. Agency는 Agent가 업무에 종사하고 있는 업체 혹은 상점을 지칭한다.

Section 02 응답

연·습·문·제

1. 귀사 제품의 명세, 가격 그 밖의 조건을 알려 주십시오.

2. 당사는 취소불능 신용장으로 거래합니다.

3. 이곳에는 고가품에 대한 수요가 없으므로, 중간 제품으로 견적해 주십시오.

4. 귀 상품의 명세와 납기를 알려 주시기 바랍니다.

5. 파운드 당 가격과 견본의 가송장(假送狀=Proforma invoice)을 보내 주십시오.

6. 다량 주문에 대한 할인가를 알려 주십시오.

7. 가격은 로스앤젤레스항 본선 인도 조건으로 부탁 드립니다.

8. 4월 선적 귀 상품 A-120의 500대 가격을 견적해 주십시오.

9. 귀사 제품의 최저 가격을 알려 주시기 바랍니다.

10. 송장 날짜로부터 10일 이내의 지불에 한하여 3%를 할인하여 드리는 조건입니다.

11. 귀사의 제품이 잘 팔린다면 우리 시장에서의 판매에 전력을 기울이겠습니다.

12. 최신의 카탈로그, 가격표, 그 밖의 설명 자료를 보내 주시면 감사하겠습니다.

13. 당사 제품의 매력적인 외관과 탁월한 내구성은 타의 추종을 불허합니다.

14. 요구하신 대로 당사 제품의 견본을 동봉합니다.

15. 동봉된 가격표를 보시면 당사의 가격이 타사에 비하여 훨씬 싸다는 것을 아시게 될 것입니다.

16. 2개월 이내에 귀사 창고에 물품을 도착할 수 있게 하기 위하여 전력을 다 하겠습니다.

17. 이 물건은 같은 값의 경쟁사 제품보다 품질이 우수하니, 이 물건을 정기적으로 사서 비축하시면 큰 이익을 보실 것이라고 조언 드립니다.

18. 시장의 같은 가격의 비슷한 상품과 비교해보시면, 우리 제품이 우수하다는 것이 드러날 것입니다.

19. 당사는 귀사에서 제시한 견본의 규격대로 얼마든지 재고로부터 공급할 수 있습니다

20. 이 상품은 종전 가격에 비하여 대폭 인상이 불가피합니다. 당사는 귀사가 다량 주문할 수 있도록 신규 가격은 최저로 하였습니다.

Section 02 응답

정·답

1. (1) Please send us the specifications, price and other terms of your products.
   (2) Please furnish us with your specifications, price and other terms of your products.
   (3) Please let us have the specifications, price and other terms of your products.
   (4) We shall be glad if you let us know the details, price and other terms of your products.
2. We do business on an irrevocable L/C.
3. There is no market here for higher price, please quote us the medium price range.
4. Please send us the full details of your goods and state your earliest delivery date.
5. Please let us have your quotation per pound and send us proforma invoice together with sample.
6. Please inform what discount you can allow us for quantity order.
7. We shall appreciate your quoting us FOB Los Angeles.
8. Please quote us for the supply of 500 units of your goods A-120 for April shipment.
9. We shall be glad if you let us have your lowest quotation.
10. Our terms are 3% cash discount within 10 days of the date of invoice.
11. (1) If your products prove a best seller, we will do our utmost to establish your products in this market.
    (2) If your products command an excellent sale, we will do our best to sell them in our market.
12. (1) We would appreciate it if you send us your latest catalogue, price lists and other promotional literature.
    (2) Your sending us the latest catalogue, price lists and other materials of your products should be highly appreciated.
13. (1) Our product is second to none in its attractive design and the excellent durability.
    (2) Competition has not affected fascinating design and excellent durability of our products.
14. As requested, we are enclosing a sample of our product.
15. (1) A slight examination of our price list enclosed will prove that it is lower than that of our competitors.
    (2) A glance of our price list enclosed will prove it lower than that of our competitors.
    (3) A study of our price list enclosed will prove it lower than that of our competitors.
16. (1) We will do our utmost to deliver the goods to your warehouse within two months.
    (2) We will spare no efforts in our power to deliver the goods to your warehouse within two

months.

(3) We will desperate our all efforts to deliver the goods to your warehouse within two months.

17. (1) We believe that the quality of our goods is more excellent than that of our competitor for the same price, we would advise you to keep them in your regular stock.

(2) As our goods are the best in quality for the same price, we would like to advise you to keep them in your regular stock.

(3) Our goods are really of good value for the price, so we would advise you to keep them in your regular stock.

18. A comparison will reveal that our goods are superior to any similar goods on the market at the same price. The increasing orders we are receiving day-to-day shows you our claim is for it.

19. We can supply you with any quantity from our stock to your specifications.

20. (1) While it is quite unavoidable to increase the price remarkably, we have effortlessly managed to keep our new prices lowest to get quantity orders from you for our mutual benefit.

(2) A sharp increase in the price of this line is unavoidable. We have managed to keep our new price the lowest in order to get your quantity order.

Section 03 Offer와 협상

1. We offer ~
Offer(견적 제시) 합니다.

기본유형

We offer you for 5,000 pairs of tennis shoes at U$5.50 subject to your confirmation in writing by June 15th.
6월 15일까지 서면 확인 조건으로 테니스화 5천 족을 5달러 50센트에 Firm Offer합니다.

We offer you the lowest price of U$30.00.
30달러의 최저 가격으로 Offer합니다.

Owing to the sharp decrease of the price, **we offer** you a special discount of 30% prevailing market price for this line.
가격의 폭락으로, 이 상품을 시가(時價)의 30%로 할인 Offer합니다.

We offer you the cost price for these lines of goods.
이 상품들을 원가로 Offer합니다.

We offer you favorable terms at D/A 30 days after B/L date.
선적일로부터 30일 후 인수도(引受渡) 조건이라는 유리한 조건으로 Offer합니다.

We firm offer you PVC plate, grey color, 1.0-2.0cm thickness, flame retardant at U$1,450 per metric ton FOB Inchon subject to our final confirmation.
PVC 후판(회색, 두께 1.0~2.0cm, 방염 처리)을 인천 본선인도 가격으로 톤당 단가 1,450달러에, 당사 최종 확인 조건으로 Firm Offer합니다.

We firm offer you 38,000 lbs of PVC clear film at U$ 0.75 per pound CFR, Los Angeles subject to your acceptance within 10 days.

투명 PVC 필름 38,000 파운드를 L/A 도착도 파운드 당 단가 75센트에, 귀사가 10일 이내 수락하는 조건으로 Firm Offer합니다.

- **We offer ~**
  Offer(견적 제시)합니다.

- **We firm offer ~**
  유효기일이 있는 확정 Offer합니다.

- **We are pleased to offer you firm ~**
  확정 Offer합니다.

- **We are please to firm offer you ~**
  확정 Offer합니다.

- **We are pleased to submit our firm offer ~**
  당사의 확정 Offer를 제출합니다.

- **We make an offer ~**
  Offer합니다.

다양한 바꿔보기

- **We are pleased to offer you firm** as followings subject to your written confirmation reaching us by March 31st.
  3월 31일까지 귀사의 서면 확인 조건으로 아래와 같이 Firm Offer합니다.

Section 03 — Offer와 협상

- **We are pleased to firm offer you** as our offer sheet No. HW- 412 as attached. Please let us have your acceptance within the time stated in the offer.

  첨부한 당사의 Offer 번호 HW-412와 같이 Firm Offer합니다. Offer 상에 명시된 기일 안에 수리하여 주시기 바랍니다.

- **We are pleased to submit our firm offer** as followings.

  아래와 같이 당사의 Firm Offer를 제출합니다.

- **We make an offer for** portable cassette/CD player as followings.

  아래와 같이 휴대용 카세트/CD 플레이어에 대하여 Offer합니다.

거래를 튼다? 거래를 한다?

"거래하다"라는 말은 다양하게 표현할 수가 있는데, 대표적인 예를 들어 보자면 do business with, deal in, open an account with, have business relation with, trade, transact with, traffic with 등등이다.

2. As (2) ~
~때문에, ~이므로

기본유형

As we have been receiving a rush of orders these days, we would advise you not to lose time in placing your order if prompt delivery is required.

주문이 쇄도하고 있기 때문에, 즉시 선적을 요하는 주문이라면 시간을 놓치지 말기를 권합니다.

As we are in the position to handle large quantities, we trust that you will make an effort to submit an offer on your most advantageous terms.

당사는 대량으로 물량을 취급(주문)할 수 있으므로, 귀사가 가장 최적의 조건으로 견적을 제시하도록 노력하리라 믿습니다.

As our annual requirements in metal sundries of all kinds are considerable, please send us your catalog and detailed specifications of your products.

당사의 철제 잡화 연간 수요량이 상당하므로, 귀사의 카탈로그와 귀 제품의 상세 규격을 보내 주시기 바랍니다.

As we have not yet received your order, we shall be delighted if you will place an initial order with us.

아직 귀사의 주문을 받지 않았으므로, 귀사가 시험 주문을 주신다면 감사하겠습니다.

As we have not received your L/C, we may be forced to cancel your order.

귀사 신용장을 받지 않았으므로, 귀 주문을 취소해야 할 수도 있습니다.

As we expect a considerable demand for this article, we would

Section 03 Offer와 협상

ask you to quote us your lowest prices.
이 품목에 대하여 상당한 수요가 예상되므로, 귀사의 최저 가격을 요청합니다.

As there is an increasing demand for this article, we should require special prices.
이 품목에 대해 수요가 증가하고 있으므로, 특별 가격이 필요합니다.

As we are prepared to place large orders, we look forward to a favorable quotation from you.
대량 주문을 할 준비가 되어 있어, 귀사의 적절한 견적을 기대합니다.

유사표현정리

- As ~ ~때문에, ~이므로
- Since ~ ~때문에, ~이므로
- For ~ ~때문에, ~이므로
- Because ~ ~때문에, ~이므로

다양한 바꿔보기

- **Since** we do not have this size in stock, we are sending you the closest, which is only the next size larger.
  이 사이즈는 재고가 없기 때문에 가장 근접한 사이즈를 보내 드리는데, 바로 한 치수 큰 것입니다.

- **Since** material and labor costs have been steadily rising since the beginning of this year, we recommend that you inform us of your requirement immediately.
  금년 초부터 원단과 임금 비용이 꾸준히 상승하였으므로, 귀사의 수요를 즉시 알려주실 것을 권합니다.

- **Since** the orange crop is late this year in Florida, our supplier is not in the position to quote yet.

  플로리다 주에서 금년 오렌지 수확이 늦었으므로, 당사 공급선이 아직 견적을 할 수가 없습니다.

- **For** our plant has been shut down for two weeks due to mechanical problems, most of orders are being delayed accordingly.

  당사 공장이 기계적인 문제로 인하여 2주간 가동 중단되고 있으므로, 그에 따라 거의 모든 주문이 지연되고 있습니다.

- As a matter of fact, we may soon have to raise our price **because** the price of raw material has been rising steadily for the past half year.

  사실, 원료 가격이 지난 반 년 동안 지속적으로 상승해 왔기 때문에, 조만간 가격을 인상해야 합니다.

- **Since** all the mills are working to capacity, we would like to inform you that our prices are the most favorable and the delivery will be the earliest possible.

  모든 공장이 생산능력대로 가동하고 있기 때문에, 당사의 가격이 가장 유리하며 당사의 인도조건이 가능한 가장 빠를 것임을 알려드립니다.

- **For** we are looking at stable and steady businesses in the future, we are in need of continuous support from you for some time period.

  미래에 안정적이고 지속적인 거래를 생각하고 있기 때문에, 일정 기간 동안은 귀사의 끊임없는 지원이 필요합니다.

> **Tip 포장**
>
> packing은 포장을 하는데 쓰이는 재료 혹은 포장 자재를 의미하며, package는 포장된 화물, 포장용 봉지 혹은 상자, 포장 용기 등을 의미한다.

3. If ~
～한다면, ～라면

기본유형

If your prices are competitive and the quality of your products is acceptable in our market, we will be able to give you large orders.
귀사의 가격이 경쟁력 있고 제품의 품질이 우리 시장에 먹힌다면, 대량 주문을 할 수 있을 것입니다.

If your quotation is competitive, we may place a substantial amount of order.
견적이 경쟁력 있으면, 상당량의 주문을 할 것입니다.

If you can guarantee prompt delivery and can quote really competitive prices, we may be able to place an order.
즉시 선적을 보장할 수 있고 정말 경쟁력이 있는 가격을 견적할 수 있다면, 주문을 할 수 있을 것입니다.

If you agree to this, we are prepared to make our order up to U$5,000.
이 점에 동의하신다면, 5천 달러까지 주문을 늘리겠습니다.

If your prices are satisfactory, we may place large orders.
가격이 만족스러우면, 대량 주문을 할 수 있습니다.

If the goods are up to the quality of the sample, we should be interested in an agency contract with you.
제품이 견본 품질 수준이라면, 대리점 계약에도 관심이 있습니다.

유사표현정리

- If ~

  ~한다면, ~라면

- In case ~

  ~한다면, ~라면

- Provided ~

  ~한다면, ~라면

다양한 바꿔보기

- **In case** you can place an order for more than 500 pieces, we would grant a special discount of 5% for settlement within 10 days from date of invoice.

  귀사가 500개 이상을 주문할 수 있다면, Invoice 일자로부터 10일 이내에 완불 하는데 대하여 특별 가격 인하 5%를 드리겠습니다.

- At present there is a very large market for low-price shirts here, and thus, **provided** your quotation is favorable, we shall probably require regular shipments.

  현재 저가 셔츠에 대해 아주 큰 시장이 있습니다. 따라서 귀사의 가격이 저렴하다면 정기적인 선적을 필요로 하게 될 것입니다.

Section 03 Offer와 협상

더 나은 멋내기

- **If** you are in the position to accept the colors and patterns as per our samples, we will make proper arrangements for production in time.

  색상과 패턴을 당사의 견본대로 수락할 수 있다면, 기일 내에 생산할 수 있도록 필요한 조치들을 취하겠습니다.

- **If**, however, you are in the position to extend the time of delivery to the end of June, we will accept this order.

  그러나 귀사가 6월 말까지 선적 기일을 연장해 주실 수 있다면, 본건 주문을 수리하겠습니다.

- **If** you study our catalogue, you will see that we explained in it that you had to order stating our model number in addition to the name of the article.

  당사의 카탈로그를 살펴보시면, 제품의 품명에 더하여 당사의 모델 번호를 명기하여 주문을 하여야 한다고 설명한 것을 아시게 될 것입니다.

- **If** your products command an excellent sale, we will do our best to sell them in our market.

  귀사의 제품이 잘 팔린다면, 당사는 이곳 시장에서 판매하기 위해 전력을 다하겠습니다.

4. We are not in the position to ~
당사는 ~할 수 없습니다.

기본유형

We are not in the position to make the shipment in time due to labor strike at the mill.
공장의 파업으로 인하여 기일 내에 선적을 할 수가 없습니다.

We are not in the position to supply the quantity you requested at this time due to shortage of raw material.
지금은 원자재 부족으로 요청하신 물량을 공급할 수가 없습니다.

We are not in the position to place an order for shipment in this month as our current inventory level is higher than our target.
현 보유재고가 목표보다 높기 때문에, 이달 선적 물량을 발주할 수가 없습니다.

We are not in the position to accept your P.O. No. HW-06123 as is for all of our production lines are fully booked by the end of this year.
금년 말까지 생산라인이 꽉 차있기 때문에, 귀사 주문번호 HW-06123을 그 조건대로는 수리할 수가 없습니다.

We regret to inform you that **we are not in the position to** receive the cargo in February due to space problem in our warehouse.
당사 창고의 공간 문제로, 유감스럽게도 2월에는 물품을 받을 수가 없습니다.

It is very regretful to say that **we are not in the position to** meet your requested price because of recent price hike of raw materials in our country.

Section 03 — Offer와 협상

최근 우리나라에서의 원자재 가격 상승 때문에, 유감스럽게도 귀사가 요청하신 가격을 맞출 수가 없습니다.

유사표현정리

- We are not in the position to ~
  당사는 ~할 수 없습니다.

- We are unable to ~
  당사는 ~할 수 없습니다.

- It is impossible at this moment to ~
  지금은 ~할 수 없습니다.

- It is not possible to ~
  ~할 수 없습니다.

- ~ not be able to ~
  ~할 수 없습니다.

- We regret our inability to ~
  당사는 ~할 수 없습니다.

다양한 바꿔보기

- We are unable to offer for prompt delivery as the products are out of stock.
  그 제품은 재고가 바닥났기 때문에 즉시 선적조건으로 Offer할 수가 없습니다.

- Under the circumstances, we are quite unable to allow any smaller reduction.

  이러한 사정 때문에 어떠한 가격인하도 할 수가 없습니다.

- It is impossible at this moment to accept your requested price as the supplier increased their ex-factory price early this month due to strong demand and tight supply in the market.

  시장에서 수요가 강세이고 공급이 부족하여 공급자가 출고 가격을 이달 초에 인상하였기 때문에, 귀사가 요청하신 가격을 지금은 수리할 수가 없습니다.

- The production in one of our plants was held up for a month from early April due to the strike of our manufacturing workers and thus, it is not possible to make the cargo ready for shipping in time.

  생산직원들의 파업으로 인하여 당사 공장 중의 한 곳에서 4월 초부터 1개월간 생산이 중단되었고, 따라서 기일 내에 선적 준비를 완료할 수가 없습니다.

- At the present time, it appears that we may not be able to effect shipment before September 15th.

  현재로서는, 9월 15일 이전에 선적을 이행하기는 불가능할 것으로 보입니다.

- We regret our inability to offer any further concession as our prices are rock bottom.

  당사의 가격이 최저 수준이므로 더 이상의 인하는 할 수가 없습니다.

5. Unless ~
만약 ~하지 않으면

● 기본유형

Please note that there is very little chance of doing business with you unless 5(five) percent discount off the list prices is granted.

귀사의 가격표로부터 5% 가격 인하를 해주지 않으면 귀사와 거래할 기회가 없을 것임을 양지 바랍니다.

Unless otherwise specified, the price is in US Dollars on the basis of L/C at sight.

달리 명시된 바가 없으면, 가격은 일람불 신용장 결제방식으로 미화 표시입니다.

Unless you are willing to reduce your quotation substantially, we shall have to place our order to other suppliers.

귀사가 가격을 충분히 인하하지 않으면, 당사는 다른 공급업체들에 발주를 해야 할 것입니다.

Unless otherwise expressly stated, all shipping documents are supposed to be made in English.

달리 명백하게 표명된 바가 없으면, 선적 서류는 영문으로 작성되어야 합니다.

Unless the account is settled by the end of June, we may have to take legal action against you.

만약 6월 말까지 외상이 정리되지 않으면, 귀사를 상대로 법적 조치를 취해야 할 것입니다.

Please ship the goods by ocean Unless we make specific request in writing.

서면으로 명확히 요청하지 않을 경우에는, 물품을 해상 편으로 선적해 주시기 바랍니다.

Unless we receive the L/C by the end of November, it would be very difficult to make the cargo delivered in time for the Christmas sale.

당사가 11월 말까지 신용장을 접수하지 못하면, 크리스마스 할인 기간에 맞추어 기일 내에 물품을 도착시키기가 매우 어려울 것입니다.

Unless we receive your objection in writing within ten days from today, we shall expect the delivery of all these goods as specified on our P.O. sheet.

금일로부터 10일 이내에 귀사의 서면상 거부가 없으면, 모든 물품을 당사 주문서에 명시된 바대로 선적할 것으로 기대하겠습니다.

유사표현정리

- Unless ~   만약 ~하지 않으면
- If ~ not ~   만약 ~하지 않으면

다양한 바꿔보기

- If the goods have not been shipped yet, you are requested to send them by air.

  물품이 아직 선적되지 않았다면, 항공편으로 발송하시기를 요청합니다.

- If the goods can not be shipped within this month, we have to cancel the order as the goods are for back-to-school season.

  물품이 이달 중에 선적될 수가 없다면, 개학 시즌용 물품인 관계로 주문을 취소하지 않을 수 없습니다.

6. We would like to point out that ~
~임을(~라고) 지적하고자 합니다.

기본유형

We would like to point out that our prices have already been reduced to the lowest possible, and that the key chains of the same quality as ours are unobtainable anywhere at our rates.

당사의 가격은 이미 가능한 최저로 인하되었으며, 당사 제품과 동일 품질 수준의 열쇠고리는 이 가격에는 어디에서도 구할 수 없음을 지적하고자 합니다.

We would like to point out that we could get back to you with our repeat order much earlier if we had more competitive price structure.

당사가 더 경쟁력 있는 가격구조를 가지고 있었다면, 2차 주문을 더 일찍 발주할 수도 있었을 것임을 지적하고자 합니다.

유사표현정리

- We would like to point out that ~

  ~임을(~라고) 지적하고자 합니다.

- We feel we must point out that ~

  ~임을 지적하지 않을 수 없다고 생각합니다.

- We feel to point out that ~

  ~임을(~라고) 지적하고자 합니다.

- We have to point out that ~

  ~임을 지적하지 않을 수 없습니다.

- We wish to invite your attention to ~

  ~에 주목해 주시기 바랍니다.

- We must point out that ~

  ~임을 지적하지 않을 수 없습니다.

- We remind you that ~

  ~임을 상기(想起)해 주시기 바랍니다.

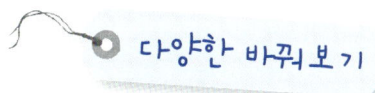

- **We feel we must point out that** our list prices have already been cut to the minimum possible, and that our goods are unobtainable elsewhere at our prices.

  당사 가격표상 가격은 가능한 최저 수준으로 이미 인하되었으며, 다른 곳에서는 당사의 가격에 구할 수 없음을 지적하고자 합니다.

- **We feel to point out that** your price is considerably higher than the prevailing market price.

  귀사 가격이 시장 가격보다는 상당히 높다는 것을 지적하고자 합니다.

- While thanking you for the promptness with which you executed the order, **we have to point out that** the pedals are missing from case No. 3.

  귀사가 주문을 즉시 이행해 주신 데 대해 감사하오나, 3번 박스에서 페달이 누락되어 있음을 지적하지 않을 수 없습니다.

- **We wish to invite your attention to** the following points.

  아래 사항들에 대하여 주목해 주시기 바랍니다.

- **We must also point out that** very fine attache cases are being imported here from several European manufacturers, and all of these are about 10% lower in price than yours.

  아주 품질이 좋은 서류가방이 몇몇 유럽의 제조업체로부터 수입되고 있고, 귀사 제품에 비해 모두가

Section 03 Offer와 협상

10% 가량 값이 저렴하다는 것을 지적하지 않을 수 없습니다.

- However, we remind you that your request to dispatch the goods by air was made at very short notice. We were unable to use the lighter packing materials suitable for airfreight.

  그러나, 항공편으로 물품을 발송하라는 귀사의 요청이 너무 급박하게 이뤄졌음을 상기해 주시기 바랍니다. 항공운송에 적합한 더 가벼운 포장자재를 사용할 수가 없었습니다.

> **Tip** 통상 복수형을 쓰는 명사 모음
>
> amends – 배상, 보상
> arrangement – 준비, 마련, 주선
> authorities – 당국
> bankers – 은행
> conditions(= circumstances) – 상황, 사정
> customs – 세관, 관세
> damages – 손해배상금
>
> dues – 사용료, 요금
> details – 세부 사항
> funds – 자금
> means – 재력, 수단
> particulars – 상세, 명세
> proceeds – (물건 판매·행사 등을 하여 받는) 돈, 수익금
> terms – 조건

7 We are willing to ~
(기꺼이) ~ 하겠습니다.

기본유형

We are willing to meet your requested prices and terms if you are in the position to accept our shipping schedule.

당사의 선적 일정을 수리할 수 있다면, 귀사가 요청하는 가격과 거래 조건을 맞추겠습니다.

We are willing to place an order with you in case your price is competitive.

귀사의 가격이 경쟁력이 있다면, 귀사에 주문하고자 합니다.

We are willing to allow 5% reduction in price on all orders over 10,000 pieces.

1만 개 이상의 모든 주문에 대하여 가격을 5% 인하하고자 합니다.

If you are prepared to leave the prices to our proposal, **we are willing to** do our utmost to further your interest.

가격 결정을 당사에 맡겨 주신다면, 귀사 이익 증진을 위해 최선을 다하겠습니다.

We will accept your new prices if you **are willing to** guarantee the regular supply of 3,000 sets per month.

매월 3천 세트의 정기적인 공급을 보장한다면, 귀사의 새로운 가격을 수리하겠습니다.

유사표현정리

- We are willing to ~

  기꺼이 ~ 하겠습니다.

Section 03 Offer와 협상

- We are prepared to ~
  기꺼이 ~ 하겠습니다.

- We are ready to ~
  ~ 하겠습니다.

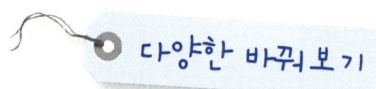

- If your price is competitive, we are prepared to place a trial order with you.
  가격이 경쟁력이 있다면, 시험 주문을 하겠습니다.

- We are ready to place an initial order for 100 units.
  초기 주문으로 100대를 발주하겠습니다.

- Please inform whether you are prepared to grant special terms for an annual trade of U$20,000,000 or more.
  연간 2천만 달러 이상의 거래에 대하여 특별 조건을 부여할 것인지 알려주시기 바랍니다.

- If you are prepared to leave the prices to our discretion, we will do our best to get the price as high as possible.
  가격 결정을 당사에 맡겨 주신다면, 가능한 한 높은 가격을 받기 위하여 최선을 다하겠습니다.

- As we would like to sell off this popular range of washing machines before next year's models are introduced in the market, we are willing to offer you a limited number to be sold at 20% below list prices.
  내년 모델들이 시장에 소개되기 전, 인기 있는 세탁기 기종들을 싸게 처분하고자 하기 때문에, 가격표에서 20% 인하한 가격에 한정된 수량을 Offer 하겠습니다.

8. We would strongly advise you to ~
~하도록(하기를) 권합니다.

기본유형

We would strongly advise you to place orders with us as soon as possible for there is every sign of sharp increase of the market price.

시장가격이 급등할 기미가 보이는 바, 가능한 조속히 주문하시도록 권합니다.

We would strongly advise you to order as soon as possible as our stock is running short owing to the rushing orders.

쇄도하는 주문으로 인하여 당사의 재고가 줄어들고 있으므로 가능한 조속히 주문하기를 권합니다

유사표현정리

- We would strongly advise you to ~

  ~하도록(하기를) 권합니다.

- We would highly recommend you to ~

  ~하도록(하기를) 권합니다.

- We would advise you to ~

  ~하도록(하기를) 권합니다.

- It is advisable for you to ~

  귀사가 ~하는 것이 좋겠습니다.

- We would like to advise you to ~

Section 03 Offer와 협상

~하도록(하기를) 권하고자 합니다.

- We want to encourage you to ~

  ~하도록(하기를) 권합니다.

- It would be necessary for you to ~

  귀사가 ~하는 것이 필요합니다.

- We advise you to ~

  ~하도록(하기를) 권합니다.

- We recommend that ~

  ~하도록(하기를) 권합니다.

- We suggest that ~

  ~하도록(하기를) 제안합니다

다양한 바꿔보기

- We would highly recommend you to accept this offer in time as the price of raw material is rising in the market.

  시장에서 원료 가격이 상승하고 있으므로, 기일 내에 본 Offer를 수락하기를 권합니다.

- We would highly recommend you to accept this offer not later.

  본 Offer를 늦지 않게 수락할 것을 권합니다.

- As our goods are the best in quality for the same price, we would advise you to keep them in your regular stock.

  당사 제품이 동일 가격대에서는 품질이 최상급이므로, 귀사의 정규 재고상품으로 비축하실 것을 권합니다.

- As our goods are really good value for the price, it is advisable for you to keep them in your regular stock.

당사 제품은 가격 대비 품질이 아주 좋으므로, 정규 재고상품으로 비축하실 것을 권합니다.

- As our goods are the best in quality for the same price, we would like to advise you to keep them in regular stock.

  당사 제품은 동일 가격대에서 품질이 최상급이므로, 정규 재고상품으로 비축하실 것을 권합니다.

- Within a few months the cost of material will increase. Therefore, we want to encourage you to place the order now.

  수개월 내에 원료 가격이 상승할 것입니다. 그러므로 지금 주문하실 것을 권합니다.

- It would be necessary for you to furnish us with best terms if you wish to maintain a certain level of sales in this market.

  이곳 시장에서 일정 수준의 판매를 유지하고자 한다면, 당사에 최상의 조건을 제공해 주실 것을 권합니다.

- Considering future prospect of the market, we advise you to place an order for the goods.

  시장의 향후 전망을 감안하여, 이 제품을 주문할 것을 권합니다.

- As we are going to raise our prices from next month, we would like to advise you to avail yourself this excellent opportunity.

  다음 달부터 가격을 인상할 예정이므로, 이번의 좋은 기회를 활용하시기를 권합니다.

- As we have been receiving a rush of orders lately, we recommend that you inform us of your requirement immediately.

  주문이 쇄도하고 있기 때문에, 귀사의 수요를 즉시 알려 주실 것을 권합니다.

- We suggest, therefore, that you place a claim with the insurance company. We will assist you whatever possible to process the claim.

  그러므로 귀사가 보험회사에 클레임을 청구하기를 권합니다. 클레임 진행을 위하여 가능한 모든 것을 도와드리겠습니다.

- The shipping company is supposed to be responsible for the shortage. We suggest that you take up the matter with the company.

  수량 부족에 대해서는 선박회사가 책임을 져야 합니다. 선박회사에 본건을 문제 삼으시기를 권합니다.

Section 03 Offer와 협상

- As this is far beyond our control due to force majeure, we suggest that you lodge this claim with insurance company.
  본건은 불가항력으로 당사의 통제를 완전히 벗어났으므로, 보험회사에 본건 클레임을 제출하시기를 권합니다.

Tip 싸다? 싸구려?

cheap은 싸다는 뜻이기는 하지만 shoddy(조잡한, 값싼), inferior(열등한), showy(겉만 번지르르한), unworthy(무가치한) 등의 의미 즉, "싸구려"라는 의미도 또한 내포하고 있기 때문에, 자기 회사 제품에 대해서 말하거나, 품질에 비해 값이 비싸지 않은 경우를 설명할 때에는 inexpensive goods(비싸지 않은 상품), low-priced goods, goods of better price라고 하는 것이 적절한 표현이라고 하겠다.

Please understand ~
~라고 해석(이해)해 주시기/양지(諒知)하시기 바랍니다.

기본유형

Please understand that we were unable to accept your request for price concession due to recent price hike of raw materials.

최근의 원재료 가격 상승으로 인하여, 귀사의 가격 인하 요청을 수락할 수 없었음을 양지 바랍니다.

Please understand our standpoint and let us have your acceptance on our proposal as is.

당사의 입장을 이해해 주시고, 당사의 제안을 있는 그대로 수락해 주시기 바랍니다.

Please understand that this is solely the matter of price, and is nothing to do with the product itself.

본건은 순전히 가격과 관련한 문제이며, 제품 자체와는 전혀 관계가 없다고 해석해 주시기 바랍니다.

Please understand that we have been doing our best to minimize the loss.

당사는 손실을 최소화하기 위해서 최선을 다해 왔다고 이해해 주시기 바랍니다.

Please understand that we placed this order subject to our confirmation on your color sample prior to the shipment.

귀사의 색상 견본에 대해, 선적 전에 당사가 확인을 하는 조건으로 본 주문을 발주하였음을 양지하시기 바랍니다.

Please understand our difficulties and open the L/C as soon as possible.

당사의 어려움을 이해하시어, 가능한 한 조속히 신용장을 개설해 주시기 바랍니다.

If the goods cannot be dispatched by October 31st, **please understand** that this order is to be cancelled automatically.

Section 03 Offer와 협상

물품이 10월 31일까지 발송될 수 없다면, 본 주문은 자동으로 취소되어야 함을 양지하시기 바랍니다.

Please understand that we will take your proposal into consideration and will keep you informed developments if any.

귀사의 제안을 감안할 것이며, 진행 사항이 있으면 연락을 할 것임을 양지 바랍니다.

Please understand that we are not in the position to accept your order in case you require shipment to be made by the end of November.

11월 말까지 선적되어야 한다면, 당사는 귀사의 주문을 수리할 수가 없음을 양지 바랍니다.

- Please understand ~

  ~라고 해석(이해)해 주시기(양지(미知)하시기) 바랍니다.

- We would like you to understand ~

  ~라고 해석(이해)해 주시기(양지(미知)하시기) 바랍니다.

- We are asking you to understand ~

  ~라고 해석해 주시기(양지(미知)하시기) 바랍니다.

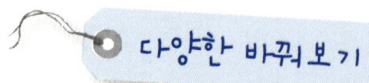

- **We would like you to understand** that there is very tough competition in our market among imported goods from various origins including China and Japan.

이곳 시장에서는 중국과 일본을 포함하여 다양한 지역으로부터 수입된 제품들 간에 경쟁이 매우 심하다는 점을 양지해 주시기 바랍니다.

- We are not saying that we cannot sell but we are asking you to understand that we might be able to move quicker and more volume if we have better price.

현재의 가격에 판매를 할 수 없다고 말하는 것이 아니라, 더 좋은 가격을 갖고 있다면 더 빨리, 더 많은 물량을 판매할 수가 있을 것임을 알아 달라는 것입니다.

> **Tip   비즈니스에 있어서 서면 확인(Confirmation in writing)은 필수**
>
> 전화 통화, 상담 등의 경우에 주요 사항들에 대해서는 사후에 서면으로 확인을 해 두는 것이 권장된다. 특히 양측 모두에게 영어가 외국어인 경우라면 더욱 그러하다. 주문(Purchase Order)이나 계약(Sales Confirmation)과 같이 중요한 사항의 경우 구두로 협의를 했더라도 그 내용을 서면으로 확인하여야 한다. 과거와 달리 E-Mail 이라고 하는 좋은 수단이 있으니 서면 확인이 한결 수월해지기는 했지만 그 중요성 자체가 가벼워진 것은 아니다. 중요 내용을 담은 E-Mail은 보관함의 중요 메일 폴더(folder)에 잘 관리하여야 하는 것은 물론이고, 필요 시에는 인쇄하여 파일링(Filing)해 두어야 한다. 이러한 방식은 개인적인 생활에서도 습관화해 두는 것이 유리하다.

10 In view of ~
~을 감안하면

기본유형

In view of steadily increasing material costs and freight rates, we should say this would be the very best price we could get for you at the moment.

지속적으로 상승하는 원료비와 운임을 감안하면, 현재로서는 이것이 귀사를 위해 당사가 확보한 최선의 가격입니다.

In view of the current market price here, your price is rather high.

이곳의 현재 시장 가격을 감안하면, 귀사의 가격은 다소 비싼 편입니다.

In view of our long business relationship, we accept your offer price only for this instance.

오랜 거래 관계를 감안하여, 이번에 한하여 귀사의 Offer 가격을 수락합니다.

In view of increasing demand for your products here, we would like to do business with you.

귀사 제품에 대한 이곳에서의 수요 증가를 감안하여, 귀사와 거래를 원합니다.

In view of expanding business with you, we quote especially low price, but we are unable to repeat it.

귀사와의 거래 증가를 감안하여 특별히 저렴한 가격을 제시합니다만, 반복해서 같은 가격을 제시할 수는 없습니다.

You will see that, **in view of** the fine quality and attractive designs, our goods are really of good value for the price.

우수한 품질과 매력적인 디자인을 감안할 때, 당사의 제품이 가격에 상응하는 좋은 가치가 있음을 아시게 될 것입니다.

유사표현정리

- **In view of ~** ~을 감안하면
- **Considering ~** ~을 고려하여
- **In consideration of ~** ~을 고려하여
- **Taking into consideration ~** ~을 고려하여

다양한 바꿔보기

- **Considering** the recent heavy demand for this article, we would recommend you to place an order without delay.

  최근 이 제품에 대한 수요가 많은 점을 고려하여, 귀사가 지체 없이 발주하기를 권합니다.

- **In consideration of** the very pleasant business relationship we have had with you for several years, we have decided to agree to your suggestion.

  수년간에 걸친 귀사와의 아주 유쾌한 거래 관계를 고려하여, 귀사의 제안에 동의하기로 정하였습니다.

- **Taking into consideration** the business relationship between you and us, we are willing to accept your proposal as stated on your fax message dated November 25th.

  귀사와의 거래 관계를 고려하여, 11월 25일자 팩스에 적힌 귀사의 제안을 수락하겠습니다.

- We can offer you any of these products firm for three weeks, but cannot promise anything definite beyond that period **considering** the heavy demand for them in our market.

Section 03 Offer와 협상

당사는 이 제품에 대하여 3주일 간 확정 Offer를 드릴 수가 있습니다만, 이곳 시장에서 이 제품에 대한 수요가 많은 점을 감안할 때, 그 이후에 대해서는 아무것도 확실히 약속할 수가 없습니다.

- **Considering** your rough situation, we have decided to compensate 50% of your loss as a token of pain-sharing. Please note, however, that this does not mean that we admit our mistake.

  귀사의 어려운 상황을 고려하여, 고통 분담 차원에서 귀사 손실의 절반을 보전하기로 결정하였습니다. 그러나 이것이 당사의 실수를 인정했음을 의미하는 것은 아닙니다.

> **Tip** 색상이 다를 때
>
> 색상이 다를 경우, 빨강색과 노랑색의 차이를 말할 때에는 "color"가 다르다고 하고, 색상이 차이가 날 경우에는 "shade"가 다르다고 한다. 예를 들어, The colors of the cloths are dissimilar to your original sample.(옷감의 색상이 원래 견본과 다릅니다.)

11. Subject to ~
~의 조건으로

기본유형

We are pleased to offer you firm for 1,000 sets of home theater system, our model No. HW-312 subject to your acceptance reaching us by September 20th as follows.

9월 20일까지 승락하는 조건으로, 홈씨어터 시스템 모델번호 HW-312 1천 대에 대하여 아래와 같이 Offer합니다.

We firm offer you for 3,000 metric tons of toluene, October lifting, subject to your reply in writing received here within today as follows.

금일 내로 귀사의 서면 회신이 이곳에 도착하는 조건으로, 10월 선적 톨루엔 3천 톤을 아래와 같이 Offer합니다.

This offer is subject to your reply by July 15th.

본 Offer는 7월 15일까지 귀사가 회신하는 조건입니다.

We are pleased to quote subject to our final confirmation as follows.

당사의 최종 확인 조건으로 아래와 같이 견적합니다.

Please note that our offer is subject to prior sale.

본 Offer는 선착순(아직 팔리지 않았을 경우에 유효한) 조건임을 양지 바랍니다.

We will accept your order till May 31st subject to your written confirmation reaching us.

귀사의 서면 확인이 도착하는 조건으로 5월 31일까지는 귀사의 주문을 수리하겠습니다.

The quantity to be shipped is subject to a variation of 10% plus or minus at seller's option

Section 03 Offer와 협상

선적 수량은 판매자의 선택에 따라 10%를 더하거나 감해질 수 있는 변동 폭을 용인하는 조건입니다.

Please note that this offer is subject to our receiving your written confirmation within 10(ten) days.

본 Offer는 귀사의 서면 확인을 열흘 이내에 당사가 접수하는 조건임을 양지 바랍니다.

Please understand that we are to accept this order subject to our starting the production within 10(ten) days from the date of your confirmation on our color sample.

당사의 색상 견본에 대한 귀사의 확인을 접수한 이후 10일 이내에 생산을 개시하는 조건으로 본 주문을 수리해야 함을 양해 바랍니다.

This offer is subject to your L/C opening within 10(ten) days from the date of sales confirmation.

본 Offer는 성약서(成約書) 일자로부터 10일 이내에 귀사가 신용장을 개설하는 조건입니다.

Please note that all prices are subject to change without prior notice according to the fluctuation of the international market price.

모든 가격은 국제 가격의 변동에 따라 사전 통지 없이 변동되는 조건임을 양지하시기 바랍니다.

12 Please quote us ~
견적(가격)을 제시하여 주십시오.

기본유형

Please quote us for the supply of 500 sets of 5.1 channel speakers for April shipment.

4월 선적으로 5.1 채널 스피커 500세트를 공급하는 데 대하여 가격을 제시하여 주십시오

Please quote us your best price for the following goods.

다음의 물품들에 대하여 귀사의 최선의 가격을 제시하여 주시기 바랍니다.

Please quote us for 100 units of your goods for August shipment.

귀사의 제품 100대에 대하여 8월 선적으로 가격을 제시하여 주십시오.

Please quote us your best discount for cash off for the quantity of 1,000 sets or more.

1천 세트 혹은 그 이상의 물량에 대한 현금 지불 조건 시의 최대 할인가격을 제시하여 주십시오

Please quote us your best price formula using USCP for the long-term supply of styrene monomer to be shipped 2,000 metric tons per month for one year period from March.

3월부터 1년의 기간 동안, 월 2천 톤씩 선적하는 스타이렌 모노머 장기공급에 대하여, USCP(United States Contract Price, 미국의 계약 가격)을 활용한 최선의 가격 공식(公式)을 제시하여 주시기 바랍니다.

Section 03　Offer와 협상

유사표현정리

- Please quote us ~

  견적(가격)을 제시하여 주십시오.

- Please let us have your quotation ~

  견적(가격)을 제시하여 주십시오.

- Please quote your best price ~

  최선의 가격을 제시하여 주십시오.

- Please quote your lowest price ~

  최저 가격을 제시하여 주십시오.

- We shall be glad if you let us know your lowest quotation ~

  최저 가격을 제시하여 주십시오.

- We shall appreciate your quoting us ~

  견적을 주시면 감사하겠습니다.

- Please offer ~

  Offer해 주십시오.

- Please let us have your offer ~

  Offer해 주십시오.

다양한 바꿔보기

- **Please let us have your quotation** for 6,000 units of ink-jet printers, your Model No. HW-323 to be shipped in fourth quarter in three even lots.

  4/4분기에 3회에 걸쳐 균등 분할 선적할 잉크젯프린터 귀사 모델번호 HW-323의 6천 대에 대하여 귀사의 가격을 제시하여 주시기 바랍니다.

- **Please quote your best price** per pound for brass scrap "Honey" for a container-load(38,000 lbs) to be shipped in August.

  8월 선적 황동 스크랩 "Honey" 컨테이너(38,000파운드)에 대하여 최선의 파운드당 가격을 제시하여 주시기 바랍니다.

- **Please quote your lowest prices** for CD-R, 50 pieces in a cake box, 600 pieces in a carton box, along with minimum quantity required.

  50장을 케이크 박스에 넣고, 600장(12 케이크 박스)을 수출용 카턴 박스에 포장한 공 CD에 대하여, 최소 주문 수량과 함께 가장 저렴한 가격을 제시하여 주시 기 바랍니다.

- **We shall be glad if you let us know your lowest quotation** for the bluetooth stereo headset, your Model No. HW-231 and bluetooth USB dongle, your model No. HW-235.

  블루투스 스테레오 헤드셋(귀사 모델번호 HW-231)과 블루투스 USB 동글(귀사 모델번호 HW-235)에 대하여 최저 가격을 알려주시면 정말 감사하겠습니다.

- **We shall appreciate your quoting us** for 30,000 metric tons of solar salt for food processing industry.

  식품 산업용으로 사용할 천일염 소금 3만 톤에 대하여 가격을 제시하여 주시면 감사하겠습니다.

- **Please offer** your price per dozen on CFR, Busan basis for 40 foot container-load.

  40피트 컨테이너 물량에 대하여, 부산 도착도 다스당 가격을 견적해 주시기 바랍니다.

- **Please let us have your offer** for 17 metric tons of clear PVC rigid film for vacuum forming, assorted gauges from 0.2mm to 1.0mm with width of 24 inches.

  진공 성형용 투명 경질 PVC 필름 (두께 0.2mm-1.0mm, 폭 24인치) 17톤에 대하여 견적을 제시하여 주십시오.

13. Please state ~
명시(명기, 표시)하여 주십시오.

기본유형

Please state your best prices and conditions for cash payment.
현금 지불에 대한 최선의 할인가와 조건을 말해 주십시오.

Please state your earliest delivery date on your offer sheet.
귀사의 Offer 상에 가장 빠른 선적 일자를 명시해 주십시오.

Please state the minimum quantity per size, per color on your offer sheet.
귀사의 Offer 상에 규격별, 색상별 최소 주문 수량을 명시하여 주십시오.

Please do not **state** the price or value of the contents on your label.
물표에는 내용물의 가격이나 가치를 명시하지 말아 주십시오.

유사표현정리

- Please state

  ~ 명시(명기, 표시)하여 주십시오.

- Please specify

  ~ 명시(명기, 표시)하여 주십시오.

- Please indicate

  ~ 명시(명기, 표시)하여 주십시오.

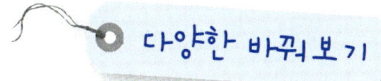

- On your purchase order, please specify the special requirements, if any, concerning packing and shipping of the goods.

  귀 발주서 상에, 제품의 포장 및 선적과 관련하여 특별한 요구 사항이 있으시면 명시하여 주시기 바랍니다.

- Please do not indicate the L/C number and the country of origin on the bills of lading.

  선하증권 상에 신용장 번호와 원산지 국명을 명시하지 말아 주십시오.

- Please indicate the following on your invoice. Samples of no commercial value. Not for resale. Prices are for customs purpose only.

  귀사 송장에 다음 사항들을 명기하십시오. 상업적 가치 없는 견본임. 재판매용 아님. 가격은 통관용에 한함.

- Please specify the price formula you are proposing in your draft of the contract.

  귀사의 계약서 초안에 귀사가 제안하는 가격 공식을 명기하시기 바랍니다.

- Please indicate our L/C number and purchase order number on each and every shipping documents.

  당사의 신용장 번호와 주문서 번호를 모든 선적 서류에 명기해 주시기 바랍니다.

- Please indicate our invoice number and date when you are remitting a payment.

  대금을 송금할 때에는 당사의 송장 번호와 일자를 명기하여 주시기 바랍니다.

14 We regret ~
유감입니다.

기본유형

We regret that we are not in the position to keep our prices low enough to meet your requirement.

귀사의 요구를 충족할 만큼 당사 가격을 저렴하게 유지하지 못하여 유감입니다.

We regret that Model No. HW-204 is sold out at present.

현재 모델번호 HW-204는 매진되어서 유감입니다.

We regret our inability to ship any of your requirements on account of the increased demand for these products.

이 제품에 대한 수요가 증가하여 귀사의 요구 물품 어느 것도 선적할 수가 없어서 유감입니다.

We sincerely regret that we are unable to serve you at this time due to strike at the mill.

공장의 파업으로 인하여 이번에는 주문을 받을 수 없어서 유감입니다.

We regret that we are unable to accept your order because the product is out of stock and will not be available by the end of this year.

제품 재고가 소진되었고 연말까지는 입고가 없기 때문에, 귀사의 주문을 수락할 수가 없어 유감입니다.

We regret that shipment is being delayed due to mechanical problem in our factory.

공장의 기계적인 문제로 인하여 선적이 지연되고 있어서 유감입니다.

We regret that we are unable to place an order at this time as we have sufficient inventories.

충분한 재고를 보유하고 있어 현재로서는 주문을 할 수가 없어서 유감입니다.

We regret having to refuse your proposal because the delivery date stipulated by you does not give us sufficient time to make the goods ready for shipment.

귀사가 제시한 선적 기일로는 물품을 선적 준비할 시간이 충분하지 않기 때문에, 귀사의 제안을 거절할 수밖에 없어서 유감입니다.

- We regret ~

  유감입니다.

- I am sorry ~

  유감입니다.

- We are very regretful ~

  유감입니다.

- We feel very regretful ~

  유감입니다.

Section 03 Offer와 협상

다양한 바꿔보기

- **I am sorry** that this unfortunate incident occurred.
  이러한 불행한 일이 벌어져서 유감입니다.

- **We are very regretful** that we are not in the position to supply the products to you as we already have distributors in your country.
  귀국에 이미 판매 대리점들이 있어서 귀사에 공급하지 못하여 유감입니다.

- **We feel very regretful** that we have to ask you to extend the shipping date and the expiry date on your L/C.
  귀 신용장 상의 선적 기일과 유효 기일을 연장해 달라고 요청할 수밖에 없어서 유감입니다.

Tip 값을 올린다

가격을 인상한다고 할 때, "인상하다"에 해당하는 말에는 raise, increase, reverse 등이 있고, 구어적인 표현으로는 hike, boost 등이 있다. raise는 타동사이므로 목적어와 함께 쓰이며 "(가격 등을)인상하다"로 해석되나, rise는 자동사이므로 목적어를 동반하지 않으며 "(가격 등이)인상되다"라는 의미로 쓰인다. 물가와 세금의 인상은 각각 price increase, tax increase라고 하며, 임금 인상은 wage increase, pay raise, salary raise 등으로 표현하기도 한다.

15. Owing to ~
~때문에, ~로 인하여

기본유형

Owing to the rush of orders, this is our maximum quantity we can supply at present.

주문이 급증하고 있기 때문에, 현재로서는 이것이 공급할 수 있는 최대한의 물량입니다.

Owing to the very heavy demand, we are receiving orders on a daily basis.

아주 많은 수요로 인하여, 매일 주문이 들어오고 있습니다.

Owing to the heavy demand for these materials, we would ask you to order without delay.

이 옷감들에 대한 수요가 많기 때문에, 즉시 주문하실 것을 요청합니다.

Owing to the pressure at the mills, we are afraid that we cannot guarantee delivery within the time stipulated.

공장의 일감이 너무 많아서, 명시된 기일 내에 선적을 보장할 수가 없을 것 같습니다.

Owing to your belated shipment, we have no alternative but to cancel the order.

귀사의 선적 지연 때문에, 주문을 취소하는 것 외에 방법이 없습니다.

- Owing to ~

    ~때문에, ~로 인하여

Section 03 Offer와 협상

- Due to ~
  ~때문에, ~로 인하여

- Because of ~
  ~때문에, ~로 인하여

- On account of ~
  ~때문에, ~로 인하여

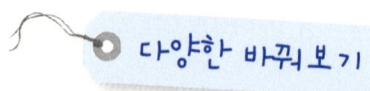

- **Due to** the sharp increase by the recent wage-hike, orders are rushing now.
  최근의 임금 상승에 따른 가격 급등으로 주문이 급증하고 있습니다.

- We are afraid that a certain portion of the goods may have to be shipped in the early of June, **due to** many rush orders.
  주문이 많이 급증했기 때문에, 물량 중의 일정 부분은 6월 초에나 선적되어야 할 것 같습니다.

- We are compelled to cancel the order **because of** your delayed shipment,
  귀사의 선적 지연 때문에, 부득이 주문을 취소해야만 합니다.

- We regret to inform you that shipment has to be done in December as the sailing of S/S "Princess Maru" scheduled to leave for New York on the November 23rd has been cancelled **because of** the engine problem.
  엔진 고장으로 인하여 11월 23일에 뉴욕으로 출항 예정이던 "Princess Maru"호의 항

해가 취소되어, 선적은 12월에 진행되어야 함을 알려드립니다.

- We are very sorry to advise you that it is impossible to execute the shipment of your order within the date stipulated on account of manufacturers' labor shortage.

  공장에서 일손 부족으로 인하여, 귀 주문의 선적을 정해진 기일 내에 수행하기가 불가능함을 알려드립니다.

- Owing to the increasing price in this line in the market, we are not in the position to offer you from our stock even at higher price.

  시장에서 이 제품의 가격이 상승하고 있기 때문에, 그 이상의 가격이라고 해도 Offer할 재고가 없습니다.

가격

price는 가격, 시세 등을 일컫는 일반적인 용어이며, quotation은 판매자가 구매자에게 상품의 가격을 제시하는 견적 혹은 견적서를, bid는 구매자가 역으로 얼마면 사겠다고 판매자에게 제시하는 가격을 말한다.

16 Please note that ~
~라고 양지하시기 바랍니다.

기본유형

Please note that this offer is subject to your order confirmation in writing by September 15th.

본 Offer는 귀사가 서면으로 9월 15일까지 주문 확인하는 조건임을 양지 바랍니다.

Please note that this offer is subject to prior sale.

본 Offer는 선착순(아직 팔리지 않았을 경우에 유효한) 조건임을 양지 바랍니다.

Please note that this offer is valid until September 15th.

본 Offer는 9월 15일까지 유효하다는 점을 양지 바랍니다.

Please note that if the international price fluctuates considerably, we will be compelled to adjust our prices.

국제 가격이 많이 변동한다면, 당사의 가격을 조정해야 할 것임을 양지 바랍니다.

Please note that your commission is not included in our price.

당사의 가격에는 귀사에 대한 수수료가 포함되어 있지 않음을 양지 바랍니다.

Please note that the place of delivery for this order is different from our previous orders.

이번 주문의 도착지가 이전 주문과는 다른 점을 양지 바랍니다.

Please note that the letter of credit covering your order No. HW-105 has not reached us in spite of our repeated requests.

수차례 요청했음에도 불구하고, 귀사의 주문번호 HW-105에 대한 신용장이 아직 도착하지 않았음을 양지 바랍니다.

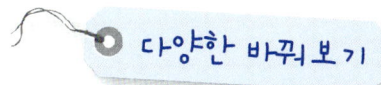

- Please note that ~

  ~라고 양지하시기 바랍니다.

- Please take note that ~

  ~라고 양지하시기 바랍니다.

- Please make note that ~

  ~라고 양지하시기 바랍니다.

- **Please take note that** we need these goods urgently as our regular supplier is not in the position to supply in this month.

  당사의 고정 공급처가 이달에 공급할 수 없기 때문에, 이 제품들이 긴급히 필요하다는 점을 양지 바랍니다.

- **Please make note that** the L/C advising bank is to be Industrial Bank of Korea, Seoul, Korea.

  신용장 통지은행이 기업은행이라야 함을 양지 바랍니다.

- **Please make note that** the goods are to be packed in individual inner package and then, one dozen is to be packed in a master carton.

  제품은 내부용 박스에 개별 포장되어, 1 다스가 수출용 카턴 박스에 포장되어야 함을 양지 바랍니다.

Section 03　Offer와 협상

- As you shipped the total quantity in one lot without keeping intervals between cargos as we specified on our P.O. sheet and shipping instructions, please note that we are suffering not only from warehouse space problem but also from financial damages such as financing cost, demurrage charges and inventory management fees and so forth.

  당사가 발주서와 선적지시서 상에 선적 물품간의 간격을 명시하였으나, 귀사가 지키지 않고 전체 물량을 한꺼번에 선적하였기 때문에, 당사는 창고 공간 문제뿐만 아니라, 금융 이자, 체선료, 재고 관리 비용 등등의 금전적인 손실로도 어려움을 겪고 있음을 양지 바랍니다.

 판다?

"판다"는 말은 put to sale, place a good on sale, start marketing(팔기 시작하다), sell off(방매하다), realize a consignment(솜씨 있게 팔다), be on sale(싸게 팔다), be on the market(시판 중이다) 등이 있다.

17. Even though ~
비록 ~하나(하지만)

기본유형

Even though we are satisfied with your samples, we are unable to place an order with you at this time as your prices are not workable.
귀사 견본에 만족하나, 가격이 맞지 않아서 지금은 주문을 할 수 없습니다.

Even though we are not in the position to supply the item HW-123 you required, we can offer the item HW-124 which is slightly superior in quality and available for prompt shipment from our stock.
귀사가 요청하신 품번 HW-123은 공급할 수 없으나, 품질이 조금 더 우수하며 재고가 있어 즉시 선적이 가능한 품번 HW-124는 공급할 수 있습니다.

Even though this is beyond our control, we are very sorry for the inconveniences that you have been put to.
당사의 통제 밖의 일이긴 하지만, 귀사가 겪은 불편함에 대하여 사과합니다.

We regret very much to inform you that we have not yet received your L/C opening advice **even though** your order has been confirmed on July 25th.
귀사의 주문은 7월 25일에 확정되었습니다만, 아직까지도 신용장 개설 통지를 받지 못했음을 알려드립니다.

We, if required by the producer, are willing to order 200 metric tons at a time **even though** our monthly consumption is far smaller.
생산업체가 요구한다면 당사의 월간 사용량은 훨씬 적지만, 1회에 200톤을 주문하겠습니다.

Even though we have sufficient inventory in our warehouse, we

Section 03 Offer와 협상

> **will place an order for the production in this month if the mill is planning to have an annual shutdown.**
> 창고에 충분한 재고를 보유하고는 있지만, 공장이 정기 조업 중단을 할 계획이라면 이번 달에 생산할 물량을 주문하겠습니다.

유사표현정리

- **Even though ~**
  비록 ~하나(하지만)

- **Although ~**
  비록 ~하나(하지만)

다양한 바꿔보기

- **Although** we have contacted most of major manufacturers in our country, we have been unable to get the design you requested.
  우리나라의 주요 생산업체 대다수를 접촉해 보았으나, 귀사가 요청하신 디자인은 구할 수가 없었습니다.

- **Although** the price of raw material has increased considerably, we decided to maintain our prices for you by the end of this year considering our long-standing business relationship with you.
  원료 가격이 상당히 상승했지만, 귀사와의 오랜 거래 관계를 고려하여 귀사에 대한 가격은 금년 말까지 유지하기로 하였습니다.

- **Although** we have been receiving similar proposals from many sources, we have decided to accept your offer in appreciation of your excellent services in the past.

많은 업체들로부터 비슷한 제안들을 받아 왔지만, 과거 귀사의 우수한 서비스를 인정하여 귀사의 Offer를 수락하기로 하였습니다.

- **Although** the cargo is ready for shipment at the moment, the vessel you nominated has not arrived yet.

  물품은 현재 선적 준비가 되어 있지만, 귀사가 지정하신 선박이 아직 도착하지 않았습니다.

- **Although** it was not stated on our P.O. sheet, please mark country of origin on each and every inner box, too.

  당사의 주문서 상에 명시되어 있지는 않지만, 내부 상자에도 빠짐없이 원산지 표기를 해 주시기 바랍니다.

선박회사

forwarder – forwarding agent 즉, 화물 주선업체를 말한다.
carrier – 선박회사 또는 직접 화물의 운송을 담당하는 운송업자를 말한다.
shipper – 화주(貨主) 즉, 선적 화물의 송화인(送貨人)을 가리키며, 일반적으로는 수출자를 가리킨다.)

18 While ~
~하나, ~하지만

● 기본유형

While the price of our product is a little higher than that of other in the market, orders are rushing owing to its excellent quality.
당사 제품의 가격이 시장의 타 제품보다 높지만, 탁월한 품질 때문에 주문이 쇄도하고 있습니다.

While your goods are ready for shipment since early this month, we have not received your L/C yet.
물품은 이달 초부터 선적 준비가 완료되어 있으나, 아직 귀사의 신용장을 받지 못했습니다.

While thanking you for your providing an offer to us, we would like to point out that your price is a little higher than the current market price.
Offer를 해 주시어 감사하오나, 귀사의 가격이 현재의 시장 가격 대비 조금 높다는 점을 지적하고자 합니다.

While appreciating your situation, we would rather not oversight the fact that your payment is so often delayed.
귀사의 상황은 이해하지만, 결제가 자주 지연되고 있는 사실을 묵과할 수는 없습니다.

While your market is silent, ours is vivid due to rushing orders from the U.S.A.
귀국의 시장은 한산하지만, 이곳 시장은 미국으로부터 주문이 쇄도하여 아주 활발합니다.

While appreciating excellent quality of your genuine leather briefcases, we find the prices you quoted rather expensive for the market we are planning to supply.
귀사 가죽 서류가방의 탁월한 품질은 압니다만, 귀사가 제시한 가격은 당사가 공급하고자 하는 시장에 대비해서 비싼 편입니다.

While your products meet our requirements both in price and quality, we would like to know whether you can complete the shipment within 30 days instead of 60 days as stated on your offer sheet.
귀사의 제품이 가격과 품질 모두 당사의 필요에 부합합니다만, Offer 상에 명기한 바 60일 대신에 30일 이내에 선적을 완료할 수 있는지를 알고 싶습니다.

While slight differences in color are unavoidable, we appreciate your standpoint and will make new delivery of the correct goods next week.
약간의 색상 차이는 피할 수 없는 것이지만, 귀사의 입장을 이해하고 다음 주에 올바른 제품을 새로 선적하겠습니다.

While every effort is being made to deliver the goods as requested, we have to ask you to understand that one-month delay of shipment might be unavoidable considering current situation of the factory.
요청대로 물품을 선적하기 위해 백방으로 노력하고 있으나, 공장의 현재 상황을 감안할 때, 1개월의 선적 지연은 불가피할 것인 바, 이해해 주시기 바랍니다.

- While ~
  ~하나, ~하지만

- While ~
  ~하는 한편, ~하는 동안

Section 03　Offer와 협상

다양한 바꿔보기

- Please note that this offer is valid only while our current inventory lasts.

  본 Offer는 당사의 현재의 재고가 있는 동안에만 유효한 것임을 양지 바랍니다.

- While we offer our apologies for the inconveniences that you have been put to because of our mistake, we are arranging the immediate shipment of the replacements.

  당사의 실수로 인하여 귀사가 겪게 된 불편함을 사과하는 한편, 대체품을 즉시 선적하기 위한 조치를 취하고 있습니다.

- While we are waiting for the test report from independent surveyor, please check with your factory whether there was any problem during the process of production or packaging.

  제3의 검사기관의 시험보고서를 기다리는 동안, 생산 혹은 포장 과정에서 문제가 있었는지 공장에 확인하시기 바랍니다.

- While four weeks went by as the goods were waiting for the customs clearance, we lost year-end sales opportunity.

  물품이 통관을 기다리느라 4주간이 지나는 동안, 연말 판매 기회를 상실하였습니다.

연·습·문·제

1. 이 Offer를 바로 수락하시리라 믿습니다.

2. 늦지 않게 이 Offer를 수락하시길 권합니다.

3. 지급으로 귀사의 결정을 알려주십시오.

4. 물가의 폭락 때문에 이 상품에 대하여 시장 가격의 30%를 할인하여 Offer합니다.

5. 500개 이상의 수량에 대해서는 표시 가격(List price)에서 5%를 할인해 드립니다.

6. 가격을 최대한 깎았기 때문에, 더 깎는다면 질의 저하를 초래할 것입니다.

7. 규격번호 8 흰색 셔츠지 50,000야드를 야드당 단가 홍콩 운임 포함 가격 2.75달러에, 귀사 수락이 10일까지 저희들에게 도착한다는 조건으로 Firm offer합니다.

8. 동판 28번을 평방미터당 단가 인천항 본선인도 가격 미화 1,250달러에, 2일 이내 매입 최종 확인 조건으로 Firm offer합니다.

9. 귀사는 당사의 가격이 매우 저렴하다는 것을 아시게 될 거라고 생각합니다.

10. 이곳 시장에서 이 물품에 대한 수요가 공급을 훨씬 웃돌고 있습니다.

11. 이 물건에 대한 수요가 급증했으므로, 저희들의 재고는 거의 바닥이 났습니다.

12. 추가 구성이나 포장을 바란다면, 특별 가격을 지불해 주시기 바랍니다.

13. 세일은 3주일 동안에만 시행하며, 재고가 일찍 소진되면 일찍 끝납니다.

14. 현 여건에서는 당사의 Offer 가격은 가장 저렴한 것이며, 납기도 이 이상 빠른 것이 없을 것입니다.

15. 실망하지 마십시오. 상황이 바뀌어 가격을 내릴 수 있게 되면 즉시 알려 드리겠습니다.

16. 시장 가격은 귀사가 지정하신 가격보다 10%가 높습니다.

17. 우리 시장의 일반적 가격에 비하면 귀사의 견적은 조금 높은 편입니다.

Section 03 Offer와 협상

18. 시장은 활발합니다. 상승의 기미가 많이 보입니다.

19. 시장은 강세입니다.

20. 귀사의 거래 조건이 너무 심해서 거래할 수가 없습니다.

21. 만일 거래 조건이 맞는다면 주문할 용의가 있습니다.

22. 가격을 30달러 깎아 준다면 다른 베스트셀러에 대항할 수 있다고 생각합니다.

23. 상품이 불량할 경우 상품을 거절해야 합니다.

24. 귀사의 Offer와 비교할 때, 당사의 정기 공급선의 가격이 보다 더 유리합니다

25. 당사의 제품 가격이 타사보다 약간 비쌀지 모르나 품질의 우수성 때문에 주문이 쇄도하고 있습니다.

26. 저희들의 이윤이 적어서 이 이상의 가격 인상은 곤란합니다.

27. 많은 수량을 주문하니 할인하여 주시면 고맙겠습니다.

정·답

1. We trust that you will accept this offer immediately.
2. We would highly recommend you to accept this offer in time.
3. Please let us know your decision promptly.
4. Owing to the sharp decrease of the price, we offer you a special discount of 30% prevailing market price for this line.
5. We would grant a special discount of 5% of list price on all orders of 500pieces or more.
6. (1) As our prices have been put to the absolute minimum, further reduction could not be possible without the sacrifice of the quality.
   (2) As our prices have been shaded as far as possible, further reduction could not be possible without the sacrifice of the quality.
7. We firm offer 50,000yards of No.: 8 white shirting at U$2.75 per yard CFR Hong Kong subject to your acceptance within 10(ten) days.
8. We firm offer you copper plate No.: 28 at U$450.00 per square meter FOB Inchon subject to your final confirmation within 2(two) days.
9. (1) We think that you will realize that our price is remarkably low.
   (2) We think that you will see that our price is considerably low.
10. The supply for this line is surpassed by the demand in this market.
11. (1) Owing to the increased demand for this line, our present stock is almost exhausted.
    (2) Owing to the increased demand for this line, our present stock has almost run out.
12. We will charge you special price for the additional make-up or packaging is required.
13. The sale will last three weeks only - less if stocks are cleared sooner.
14. In these circumstances, our offer is the lowest in the price and the quickest in the delivery.
15. You do not have to be discouraged. We will advise you soon when we are in the position to lower the price.
16. The prevailing market price is higher than your specified price by 10%.
17. Your quotation is a little higher than the prevailing market price.

Section 03 Offer와 협상

18. Market is active. There is every sign of rise in the market.

19. Market is strong.

20. Your terms are too hard to accept.

21. (1) If your price is reasonable and terms suit us, we will place an order with you.

   (2) If your price is competitive and terms suit us, we are willing to place an initial order with you.

   (3) If your price is reasonable and terms suit us, we are prepared to place a trial order with you.

22. We trust that your product can compete with other bestsellers in the market if you decrease the price by U$30.00.

23. We have to decline to accept the goods if they are not up to the standard.

24. Compared with your price, our regular supplier's prices are more workable.

25. While the price of our product is a little higher than that of other in the market, orders are rushing owing to its excellent quality.

26. Our profit is so trifle that further increase may not be acceptable.

27. As this is a large quantity order, please allow us some discounts.

지속적으로 진화하고 있는 E-Mail

Mimecast사의 컨설턴트이자 제품 마케팅 매니저인 Barry Gill이 일상적으로 E-Mail을 사용하고 있는 미국, 영국 그리고 남아공화국의 근로자들 2,600명을 대상으로 2012년에 조사한 내용을 하버드 비즈니스 리뷰(Harvard Business Review)에 발표한 바,* 사용자들은 평균적으로 1년에 11,680통의 E-Mail을 수신하고 있는데, 그 중의 3/4은 차단되어 스팸 메일함으로 보내지며, 메일함(in-box)으로 수신되는 E-Mail은 약 1/4이라고 한다. 수신 메일의 구성을 보면, 매우 중요한 업무 관련 사항 14%, 중요한 업무 내용 28% 등으로서 중요 업무의 비중이 42%에 달하는 것을 알 수가 있다. 나머지 약 60%는 통상적인 업무 관련 내용, 개인적인 내용 그리고 스팸 메일 등을 포함한다.

사용자들은 E-Mail을 작성하고 읽는데 약 25%, 검색·저장·관리하는데 약 20%의 시간을 쓰고 있고, 대다수 사용자들은 메일함(in-box) 내에서 필요한 서류를 찾는데 약 2분이 소요된다고 한다. E-Mail 사용자들은 서류 전달, 집단에게 정보 전달, 시간대가 다른 지역 거래 상대방과의 통신, 기록 유지용, 정보 검색 등을 위하여 E-Mail을 활용하고 있는 것으로 나타났다.

또 사용자들은 가장 효과적이고 신뢰할 수 있는 공동 작업 채널로 E-Mail을 꼽았는데, 그 중에서도 1:1로 보낸 E-Mail이 60%로서 1위를 차지하여, 다수의 수신자들 목록이나 팀원들에게 동시 발송한 E-Mail보다 더욱 신뢰하고 있는 것으로 나타났다. E-Mail 접근 방식은 회사와 가정의 컴퓨터가 대부분을 차지하고 모바일은 8% 수준인 것으로 나타났는데, 본 조사 이후로 모바일 기술이 발달하고 스마트폰의 보급이 급격히 증가하고 있으므로 앞으로는 모바일 기기의 비중이 더욱 커질 것으로 사료된다.

이렇듯 스팸 메일들이 넘치고, 중요하지 않은 메시지들 가운데서 필요한 메시지들을 분류하는데 많은 시간을 허비하게 하는 등 문제점도 있다고 하겠으나, 모바일 기기의 보급과 맞물려 E-Mail은 정보화 시대에 강력한 정보 전달자 역할을 수행하고 있고, 또 다수 사용자들이 가장 신뢰하고 선호하는 소통 수단으로 인식하고 있음을 알 수가 있다.

---

* Gill, Barry (2013), "E-Mail: Not Dead, Evolving," *Harvard Business Review*, 91(6), pp. 32-33.

Section 04 주문과 계약

1. If ~, please ~
~하다면, ~하여 주시기 바랍니다.

기본유형

If you are in the position to accept our terms, **please** confirm your order in writing as soon as possible.
당사의 거래조건을 수락하실 수 있다면, 즉시 서면으로 주문을 확인해 주시기 바랍니다.

If we can be of any further service to you, **please** let us know. We appreciate your patronage.
더 해드릴 일이 있으면 알려주십시오. 거래해 주셔서 감사합니다.

If we can be of further help, **please** let us know.
더 도울 수 있는 일이 있으면, 연락 주십시오.

If you have any further question, **please** do not hesitate to contact us.
추가 질의사항이 있으면, 주저하지 말고 연락 주시기 바랍니다.

If you have any further question, **please** feel free to contact us.
추가 질의사항이 있으면, 당사로 언제든지 연락 주시기 바랍니다.

If you are interested in doing business with us, **please** quote us your best terms.
당사와 거래하고자 하신다면, 최선의 가격을 견적해 주시기 바랍니다.

If our terms are acceptable, **please** confirm your order under the terms we have revised.

당사의 거래조건이 수락 가능하다면, 변경된 조건에 따라 주문을 확인해 주시기 바랍니다.

If you are in the position to accept the colors and patterns as per our samples, please let us have your confirmation immediately, and we will make proper arrangements for production in time.

색상과 패턴을 당사의 견본대로 수락할 수 있다면, 즉시 확인해 주시기 바랍니다. 그러면 기일 내에 생산할 수 있도록 필요한 조치들을 취하겠습니다.

유사표현정리

- If ~, please ~

  ~하다면, ~하여 주시기 바랍니다.

- In case ~, please ~

  ~하다면, ~하여 주시기 바랍니다.

- Provided ~, please ~

  ~하다면, ~하여 주시기 바랍니다.

- Should ~, please ~

  ~하다면, ~하여 주시기 바랍니다.

다양한 바꿔보기

- **In case** you can ship the cargo within this month, **please** let us have your quotation per dozen and send us a pro forma invoice.

  금월 중으로 선적을 할 수 있다면, 다스당 가격과 견적 송장을 보내 주십시오.

Section 04 주문과 계약

- **Provided** the sample meets your standard, **please** inform immediately so that we can start production.

  견본이 귀사 표준에 적합하면, 생산을 시작할 수 있도록 즉시 알려 주시기 바랍니다.

- **Should** the contents of the parcel be in imperfect condition when it reaches you, **please** let us know at once.

  소화물의 내용물이 귀사에 도착했을 때 결함이 있는 상태라면, 즉시 알려 주십시오.

 Tip 모르겠다?

미래의 일에 대하여 잘 모르겠다는 표현을 할 때 doubt와 wonder를 쓰기도 하는데, (약속을 지킬 수 있을지 없을지) 정말 잘 모를 경우에는 "We doubt if we can keep to this."라고 하고, (약속을 지킬 가능성보다는 그리)하지 못할 가능성이 더 크다고 보는 경우에는 "We wonder if we can keep to this."라고 한다.

2. We assure you that ~
~임을 보증(保證)합니다.

기본유형

We assure you that we shall always do our utmost to execute your orders to your complete satisfaction.
귀사의 완전한 만족을 위해 언제나 최선을 다하여 주문을 이행할 것임을 보증합니다.

We assure you that we are in an excellent position enough to establish your products in this market.
귀사 상품을 이 시장에서 아주 잘 인식시킬 수 있음을 보증합니다.

We assure you that we will give you no further reasons for complaint in the future business.
앞으로의 거래에서는 불만의 원인을 제공하지 않을 것임을 보증합니다.

We assure you that we will take every precaution against such trouble arising in the future.
앞으로는 이러한 문제가 발생하지 않도록 모든 예방조치를 취할 것임을 보증합니다.

We assure you that we will make every attempt to prevent such a recurrence in the future.
앞으로 재발을 방지하기 위하여 모든 조치를 취할 것을 보증합니다.

We will pay our most careful attention to your order and **we assure you that** we will give you no further reasons for complaint in the future business.
귀사 주문에 최대한의 주의를 기울일 것이며, 장래의 거래에서는 불만을 제기할 원인을 더 이상 제공하지 않을 것입니다.

Section 04 주문과 계약

유사표현정리

- We assure you that ~

  ~임을 보증(保證)합니다.

- We can promise you that ~

  ~을 약속할 수 있습니다.

- You might be assured that ~

  ~을 믿으셔도 좋습니다.

- Please be assured that ~

  ~임을 믿어주시기 바랍니다.

- You can be assured that ~

  ~임을 믿으셔도 됩니다.

- We are quite confident that ~

  ~을 자신합니다.

다양한 바꿔보기

- **We can promise you that** we are in an excellent position enough to sell your products in our country.

  우리나라에서 귀사 제품을 아주 잘 판매할 수 있음을 약속할 수 있습니다.

- **You might be assured that** any of your order will meet our very utmost to execute them promptly.

  귀사의 어떠한 주문도 즉시 이행되도록 최선을 다할 것임을 믿으셔도 좋습니다.

- **Please be assured that** we will offer our most careful attention to the execution of your order.

귀사 주문 이행을 위하여 최대한 꼼꼼히 주의를 기울일 것임을 믿어 주시기 바랍니다.

- **You can be assured that** the cargo can be ready for shipment by the end of this month as the factory already started the production yesterday.

  어제 공장에서 생산을 개시했기 때문에 이달 말까지는 선적 준비 완료될 것임을 믿으셔도 됩니다.

- **We can promise you that** the delivery can be made in six weeks if we receive your order confirmation within today.

  금일 중으로 귀사의 주문 확인을 받는다면, 6주일 이내 선적을 약속할 수 있습니다.

- **We are quite confident that** we can move much bigger volume if we have a certain level of price concession from your side.

  당사가 귀사로부터 일정분의 가격 인하를 받는다면, 훨씬 많은 물량을 취급할 수 있을 것을 자신합니다.

Tip 발주는 수동태보다는 능동태로

공식적인 문서에서는 수동태를 쓰는 것이 좋다고 하는데, 이는 수동태를 쓸 경우 개인적인 의견이 아니라 공식적인 의견이라는 느낌을 주게 되고, 행위의 주체를 명시하는 것이 중요하지 않거나 불필요할 수도 있기 때문이라는 것이다. 그러나, 비즈니스 세계는 이와 다르다. 특히 발주의 경우에는 A quantity order will be placed by us.(당사의 대량 주문이 발주될 것입니다)와 같은 수동태 문장보다는 We will place an order with you.(귀사로 발주를 하겠습니다)와 같이 능동태 문장으로 쓰는 것이 좋다.

3. We hope ~
~을 희망합니다, ~을 바랍니다.

기본유형

We hope that this order will be just the first of many orders and that we may have many years of pleasant relations together.
본 주문이 많은 주문들의 첫 번째가 되고, 더불어 유쾌한 관계가 오랜 기간 지속되기를 희망합니다.

We hope this order will be followed by many more in the future.
본 주문 이후 앞으로 많은 주문이 따르기를 희망합니다.

We hope you will fully understand the above situation.
위의 상황을 이해하실 것으로 기대합니다.

We do hope this arrangement will be satisfactory to you and your customers.
이 조치가 귀사와 귀사의 고객 회사들에게 흡족한 것이기를 바랍니다.

We hope that this concession will result in a considerable increase of your orders.
이 가격 인하가 귀사 주문을 상당량 증가시키는 결과를 가져올 수 있을 것으로 기대합니다.

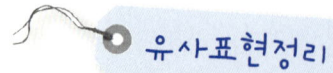

- We hope ~

  ~을 희망합니다, ~을 바랍니다.

- Hoping ~

  ~희망합니다.

- We trust that the documents will be found in order, and hope that the goods will arrive there in good condition.

  선적 서류들은 잘 작성되었다고 믿으며, 물품이 그쪽에 양호한 상태로 도착하기를 바랍니다.

- We hope that the goods will reach you in good condition and to your satisfaction so that you may place further orders with us.

  귀사가 추가 주문을 더 할 수 있도록, 물품이 양호하고 만족스러운 상태로 귀사에 도착하길 바랍니다.

- We hope this will meet your immediate acceptance so that we can execute the order in a most satisfactory manner.

  주문을 가장 만족스러운 방식으로 수행할 수 있도록, 귀사가 이것을 즉시 수락해 주실 것을 희망합니다.

- We hope that the matter is thus settled to our mutual satisfaction.

  본 건이 이렇게 쌍방 모두 만족스러운 상태로 해결되기를 희망합니다.

- Hoping that you will comply with our request,

  당사의 요청을 들어 주실 것을 희망합니다.

- Hoping that this will be the first step for our long-standing mutually beneficial relationship,

  이것이 오랜 기간 상호간에 이익이 되는 관계로 향하는 첫걸음이 되기를 희망합니다.

4. Confirming ~
~을 확인하여, ~을 확인하면서

기본유형

Confirming our telephone conversation this morning, we are pleased to send our P.O. sheet No. HW-322 as attached.
금일 오전에 전화 통화한 내용을 확인하여, 당사의 주문번호 HW-322를 첨부처럼 송부합니다.

Confirming our chatting on MSN messenger this afternoon, we are enclosing our proforma invoice for your making arrangement to open an L/C.
금일 오후 메신저를 통해 채팅한 내용을 확인하여, 신용장을 개설하기 위해 조치를 할 수 있도록 견적송장을 동봉합니다.

Confirming our telephone conversation this afternoon, we are sending some samples that will show you the difference in the shade of color between your original sample and your latest shipment.
금일 오후의 전화 통화 내용을 확인하여, 귀사의 원래 견본과 최근의 선적 물품 사이의 색조 차이를 보여 줄 견본 몇 점을 보내 드립니다.

Confirming our telephone conversation this morning concerning the age of the vessel we nominated, please be advised that we have chartered another tanker built in 2012 as our new vessel nomination as attached.
당사가 지명한 선박의 선령(船齡)과 관련한 금일 오전의 전화 통화 내용을 확인하여, 첨부한 신규 선박 지명서(Vessel Nomination) 내용과 같이 2012년에 건조한 다른 탱커선을 용선 계약하였음을 알려드립니다.

유사표현정리

- Confirming ~ ~을 확인하여, ~을 확인하면서
- This is to confirm ~

  ~을 확인하기 위한 서한입니다(위하여 이 서한을 씁니다.)

- This will confirm

  ~ 본 서한으로 ~을 확인합니다.

- In confirmation of ~

  ~을 확인하여, ~을 확인하면서

- We wish to confirm ~

  ~을 확인하고자합니다.

- To confirm ~

  ~을 확인하기 위하여

다양한 바꿔보기

- **This is to confirm** your verbal acceptance on our firm offer for 2,000 units of cordless phones, Model No. HW-102.

  무선전화기 모델번호 HW-102 2천 대에 대한 당사의 Offer에 대해 구두로 승락하신 것을 확인하기 위하여 이 서한을 씁니다.

- **This will confirm** our telephone conversation of January 10th regarding our order for 1,000 sets of electric power tools to be shipped in February.

  2월 선적 전동공구 1천 세트에 대한 당사의 주문과 관련한 1월 10일자 전화 통화를 확인합니다.

- **In confirmation of** our telephone conversation yesterday regarding our

Section 04 주문과 계약

remittance of the balance amount, we are sending a copy of bank statement as attached.
잔금의 송금과 관련한 어제 오후의 전화 통화 내용을 확인하여, 첨부와 같이 은행 계산서 사본을 송부합니다.

- **We wish to confirm** our telephone conversation this morning regarding the lot sizes and shipping schedule as followings: First Lot (600 metric tons) by March 15th, Second Lot (400 metric tons) by April 15th.
선적별 물량 규모와 선적 일정에 관한 금일 오전의 전화 통화 내용에 대하여 아래와 같이 확인하고자 합니다. 1차 선적 6백 톤은 3월 15일까지, 2차 선적 4백 톤은 4월 15일까지.

- **To confirm** our verbal order, we are sending our purchase order No. HW-201 including shipping instructions as attached.
당사의 구두 발주를 확인하기 위하여, 선적 지시 사항들을 포함하는 발주서 번호 HW-201을 첨부와 같이 송부합니다.

Tip 사정, 상황, 입장, 여건

처지, 입장, 견해, 태도, 위치 등을 나타내는 말로는 position, stand 등이 있는데, 공개적으로 나타난 태도나 의견의 의미를 내포하고 있고, 국소적인 상황을 나타낸다고 할 것이다. situation은 전반적인 상황이나 여건이라는 의미를 포함하고 있으며, circumstances, surroundings 등은 환경적인 여건이라는 의미를 내포하고 있다.

5. We will ~
(당사는) ~하겠습니다.

기본유형

If your price is reasonable and terms suit us, we will place an initial order with you.
가격이 합당하고 거래조건이 맞는다면, 귀사에 최초 주문을 하겠습니다.

If you can supply us with goods of superior quality at reasonable prices, we will give you a large order.
상질의 제품을 비싸지 않은 가격에 공급할 수 있다면, 대량 주문을 하겠습니다.

We will advise you immediately when we are in the position to lower the price.
당사가 가격을 인하할 수 있을 때 즉시 알려드리겠습니다.

If you place quotation to us, we will try our best to maximize your profit.
가격 결정을 당사에 맡겨 주신다면, 귀사의 이익을 극대화하기 위하여 최선을 다하겠습니다.

Upon receipt of your drawings, we will send samples for your approval and our firm offer.
귀사의 도면을 접수하는 즉시, 귀사의 승인을 위한 견본과 Offer를 보내겠습니다.

We will inform you as soon as we get the results of testing from the mill.
공장으로부터 시험 결과를 접수하는 즉시 알려드리겠습니다.

We will send you the right goods in exchange for the defective ones.
불량품과 교환하여 정상 제품을 발송하겠습니다.

Section 04 주문과 계약

Even though we find no difference between the shipping sample and the original sample, we will meet you half way by offering a discount of 5% considering our long business relationship.
선적품 견본과 원래 견본 사이의 차이를 발견하지는 못했지만, 오랜 거래 관계를 고려하여 5%의 가격 할인을 제안함으로써 중도 타협하겠습니다.

We will get back to you after checking the availability with the mill.
공장에 공급 가능 여부를 확인하고 답신하겠습니다.

We will send a check of U$25,000 to pay off the overdue amount.
기일이 경과한 금액을 청산하기 위해 2만 5천 달러 상당의 수표를 보내겠습니다.

Upon receiving your L/C, we will make arrangements for shipment as specified on your purchase order.
신용장을 받는 즉시, 귀사 주문서에 명시된 대로 선적을 위한 조치를 취하겠습니다.

가정법 현재와 미래

If the position changes, we will gladly be in touch with you. 상대방으로부터 이러한 E-Mail을 받았다면, 가능성이 있으므로 기다려 볼 필요가 있다고 할 것이다. Should the position change(=If the position should change), we will be in touch with you. 이 경우에는 가능성이 거의 없으므로 기대하지 말아야 할 것이다. 그러므로 상대방으로 하여금 공연한 기대를 가지지 않게 하기 위해서는 가정법을 정확히 구사하여야 할 것이다

6. Please ~, and we will ~
~해 주시면, ~하겠습니다.

기본유형

Please let us have your written confirmation within this week, **and we will** do our best to meet the delivery date as you requested.
금주 이내로 당사가 서면상으로 확인할 수 있도록 해 주시기 바랍니다. 그러면 귀사가 요청하는 선적 기일을 맞추기 위해 최선을 다하겠습니다.

Please send us color swatches as soon as possible, **and we will** get back to you with our confirmation immediately.
가능한 한 조속히 색상 견본을 보내 주시기 바랍니다. 그러면 즉시 확인해 드리겠습니다.

Please sign on the sales confirmation and return one copy, **and we will** make arrangements for immediate shipment.
성약서(成約書)에 서명하여 사본 한 장을 반송해 주시기 바랍니다. 그러면 즉시 선적될 수 있도록 조치를 취하겠습니다.

Please send us this necessary information, **and we will** execute your order exactly as you desire.
필요한 정보를 알려 주시기 바랍니다. 그러면 귀사의 주문을 귀사의 요구 조건에 꼭 맞춰 수행하도록 하겠습니다.

Please let us know whether you can make the cargo ready by the last week of this month, **and we will** charter a vessel accordingly.
귀사가 이달 마지막 주까지 선적 준비할 수 있을지 알려 주시기 바랍니다. 그러면 거기 맞추어 용선을 하도록 하겠습니다.

Please let us have your acceptance by fax or email, **and we will**

Section 04 주문과 계약

open an irrevocable L/C through the Bank of New York, New York.

팩스나 이메일로 수락해 주시기 바랍니다. 그러면 뉴욕 소재 뉴욕은행을 통하여 취소불능 신용장을 개설하겠습니다.

If our proposal is acceptable to you, please let us know, and we will dispatch substitutes in November.

당사의 제안을 수리하실 수 있으시면 알려주십시오. 그러면, 11월에 대용품을 발송하겠습니다.

Please inform if you are interested, and we will supply you with our samples for you to show to the potential customers.

관심이 있으시다면 알려 주십시오. 그러면 귀사가 가망 고객들에게 보여 줄 견본들을 제공하겠습니다.

Please let us have your firm offer, and we will send a bank check covering the total amount.

귀사의 확정 Offer를 보내 주시기 바랍니다. 그러면 총액에 상당하는 금액의 은행 발행 수표를 송부하겠습니다.

Tip 카탈로그와 팸플릿

Catalogue는 "목록, 일람표"를 말하며, brochure, booklet, pamphlet은 "소책자, 팸플릿"의 의미로 혼용이 가능하고, leaflet는 "광고용 전단, 광고지"를 말한다. 광고 인쇄물은 literature라고도 하는데, 단수로 취급한다.

7. Please confirm ~
~을 확인해 주시기 바랍니다.

기본유형

Please confirm your order at the price we quoted by our e-mail dated March 10th.
3월 10일자 이메일로 당사가 제시한 가격에 주문을 확인해 주시기 바랍니다.

Please confirm your receipt of purchase order No. HW-422 by return.
당사 주문번호 HW-422 주문서를 접수하였는지 지급으로 확인 바랍니다.

Please confirm if you are in the position to increase the quantity of your order to 10,000 pieces.
귀사의 주문 수량을 1만 개로 증량할 수 있는지 확인 바랍니다.

Please confirm whether you can make the cargo ready for shipment by the end of March.
3월 말까지 물품을 선적 준비 완료시킬 수 있는지 확인 바랍니다.

Please confirm whether you can ship these products immediately from your stock.
이 제품들이 재고가 있어서, 즉시 선적을 할 수 있는지 확인 바랍니다.

Please confirm whether you have received the copies of one set of shipping documents sent by DHL.
DHL편으로 발송한 선적 서류 사본 일습을 접수하였는지 확인 바랍니다.

Please confirm whether you have sent the sample to us by air.
당사로 견본을 항공편으로 발송하였는지 확인 바랍니다.

Please confirm whether you want us to dispatch the goods to your office or to your factory in China.

Section 04 주문과 계약

귀사로 물품을 발송하기를 원하는지 중국의 공장으로 발송하기를 원하는지 확인 바랍니다.

If our proposal is acceptable to you, please confirm by return so that we can make arrangements in advance for the production of the goods.

당사의 제안이 수락 가능하다면, 제품의 생산을 위하여 사전 조치를 취할 수 있도록 지급으로 확인하여 주시기 바랍니다.

Please confirm that you have inserted the User's Guide in each and every inner package.

모든 내부 포장 속에 사용자 안내서를 넣었는지 확인 바랍니다.

유사표현정리

- Please confirm ~

  ~을 확인해 주시기 바랍니다.

- Please let us have your confirmation ~

  ~을 확인해 주시기 바랍니다.

- We would like to ask you to confirm ~

  ~을 확인해 주시기 바랍니다.

다양한 바꿔보기

- If you can make three partial shipments as we requested, **please let us have your confirmation** together with shipping schedule.

  당사가 요청한 대로 3회 분할 선적을 할 수 있다면, 선적 일정과 함께 확인해 주시기 바랍니다.

- **We would like to ask you to confirm** on patterns and colors as soon as you receive the approval samples we are sending today.

  금일 발송하는 승인용 견본을 받는 즉시 패턴과 색상에 대하여 확인해 주시기 바랍니다.

- Please be advised that we are going to place an order in December as followings and **kindly let us have your confirmation** by return.

  12월에 다음과 같이 발주할 예정임을 알려 드리오니, 즉시 확인해 주시기 바랍니다.

 비용

cost는 (사업체에서 쓰는)원가 개념의 비용을 말하며, expenditure는 경상 비용 등을 비교적 격식을 차려 표현할 때 쓴다. expense는 (업무 상의)경비, 돈, 비용을, spending은 (특히 정부나 조직에서 쓰는)비용, outlay (새로운 사업이나 프로젝트를 시작하는 데 드는, 또는 추후 돈이나 시간을 절약하기 위해 들이는)비용을 나타낼 때 주로 쓰이는 말이다.

8. We are pleased to confirm ~
~을 확인합니다.

● 기본유형

We are pleased to confirm your order for 1,000 sets of nylon tote bags which amounts to U$30,000.
3만 달러에 상당하는 1천 세트의 나일론 가방에 대한 귀사의 주문을 확인합니다.

We are pleased to confirm our acceptance of your offer of July 15th for 3,000 units of digital wrist watches at U$75,000 CFR, Dubai subject to shipment within one month from our L/C opening.
디지털 손목시계 3천 개를 Dubai 도착도로 7만 5천 달러에 견적한 귀사의 7월 15일자 Offer에 대하여, 신용장 개설 후 1개월 이내에 선적하는 조건으로 수리함을 확인합니다.

We are pleased to confirm that one set of copies of shipping documents including B/L has been sent to you by DHL as soon as the cargo was shipped on board.
물품이 선적되자마자, 선하증권을 포함한 선적 서류 사본 일습이 DHL 편으로 귀사로 발송되었음을 확인합니다.

We are pleased to confirm that your order No. HW-332 has been shipped on March 15th per Hyundai Jewelry in good order.
귀사 주문번호 HW-332가 3월 15일, Hyundai Jewelry 편에 정히 선적되었음을 확인합니다.

We are pleased to confirm our willingness to appoint you as our sole and exclusive agent for our "Mach One" brand electric power tools in your country.
귀사를 당사의 "마하 원" 브랜드 전동공구에 대하여 귀국의 유일한 독점 대리점으로 지명할 것임을 확인합니다.

We are pleased to confirm that we can offer you monthly 3,000 metric tons of pure benzene for one year on the basis of term contract with price formula.

매월 벤젠 3천 톤을 1년 간, 가격 공식을 적용하는 장기 계약 방식으로 공급할 수 있음을 확인합니다.

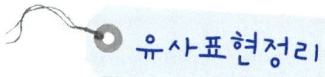

- We are pleased to confirm ~

  ~을 확인합니다.

- This letter will serve to confirm ~

  ~을 확인하고자 본 서한을 보냅니다.

- This is to confirm ~

  ~을 확인하기 위한 서한입니다.

- We confirm ~

  ~을 확인합니다.

- We would like to confirm ~

  ~을 확인하고자 합니다.

- We have the pleasure to confirm ~

  ~을 확인합니다.

Section 04 주문과 계약

다양한 바꿔보기

- **This letter will serve to confirm** our agreement regarding your purchase of 2,000 units of DVD players.

  귀사가 DVD 플레이어 2천 대를 구매하기로 한 합의를 확인하고자 본 서한을 보냅니다.

- **This is to confirm** our receipt of your payment of U$35,000 for our invoice No. HW-071002 covering 10,000 pieces of genuine leather wallets.

  10,000개의 가죽 지갑과 관련한 당사 송장번호 HW-071002에 대하여 대금 3만 5천 달러를 영수하였음을 확인합니다.

- **We confirm** our receipt of your remittance of U$15,000 by T/T for the goods shipped in September.

  9월에 선적한 물품에 대하여 귀사의 전신환 송금 1만 5천 달러를 영수하였음을 확인합니다.

- **We would like to confirm** that we have received your approval samples and that our customer has picked patterns No. 3312 and 3313 among them.

  귀사의 승인용 견본들을 받았으며, 고객이 패턴 번호 3312와 3313을 선택하였음을 확인합니다.

- **We have the pleasure to confirm** that we have received your payment and that the goods have been sent to you by air as attached airway bill.

  귀사의 대금을 영수하였으며, 첨부한 항공 하물 운송장과 같이 물품이 항공편으로 발송되었음을 확인합니다.

연·습·문·제

1. 4월 25일자 진공청소기에 대한 귀사의 주문을 감사히 잘 받았습니다

2. 귀사가 지정한 기일 내의 선적은 무리입니다

3. 선적 지연 때문에 부득이 주문을 취소하지 않을 수 없습니다

4. 만일 품질이 좋지 않으면 이후에는 주문을 할 수 없을 것입니다

5. 현재의 수요에 부응할 수 있도록, 그 상품이 필요합니다

6. 이곳에는 고급의 시장이 없으니 중급품에 대해서만 견적해 주십시오

7. 다량 주문이니 할인해 주시기 바랍니다.

8. 귀사가 낸 Offer는 당사의 손익분기점보다 5%나 높기 때문에 당사로서는 Counter offer를 낼 수 없습니다.

9. 우리 공장은 완전 가동 중이며, 생산 능력이 수요를 따를 수가 없으므로 현재로서는 주문을 받을 수가 없습니다.

10. 귀사가 주문한 상품은 재고가 떨어졌으나, No.: 85를 우수한 대체품으로 권합니다. 그 품질은 지정한 상품에 가깝지만 가격은 약간 높습니다.

11. 재주문(再注文)을 약속합니다.

12. 이 주문의 실행에 만족할 경우 이후로 귀사와의 거래를 증진시키겠습니다.

13. 귀 제품을 고맙게 받았으며, 주문서(P.O.=Purchase Order) 123호를 동봉합니다.

14. 우리 제품을 아래의 조건으로 판매할 것을 확인합니다.

15. 신용장에 의거하여 일람 후 환어음을 발행하겠습니다.

16. 오랜 동안의 거래 관계를 생각하여, 이번의 주문에 한하여 귀사의 Offer 가격을 승낙합니다.

17. 일반적 신용장 거래가 아닌 D/P 또는 D/A 조건으로 해 주시면 고맙겠습니다.

Section 04 주문과 계약

정·답

1. We have received your order of April 25th for vacuum cleaner with many thanks.
2. We doubt if we can make the shipment on time.
3. (1) Owing to your delayed shipment, we are compelled to cancel the order.
   (2) Owing to your belated shipment, we have no alternative but to cancel this order.
4. If we receive inferior goods, we cannot place further order with you.
5. We need your products to take advantage of the present demand in this market.
6. There is no market here for higher price, please quote us the medium price range.
7. (1) We feel to point out that we are entitled to ask you more workable and favorable concession for this quantity order.
   (2) We feel to point out that we are entitled to ask you more considerable concession for this quantity order.
8. We cannot make a counter offer as your quotation is 5% higher than our break-even point.
9. Because our factory is fully occupied and output capacity is surpassed by the demand, we would rather not accept any further orders at present.
10. Unfortunately your order goods are now out of stock. However, we recommend you No.: 85 as an excellent substitute whose quality is very similar and price is a little higher.
11. (1) We assure you to repeat the order.
    (2) We promise you to repeat the order.
12. If we are satisfied with your execution of this order, we are prepared to place further orders with you.
13. We have received your goods with thanks and herewith we are enclosing P.O. No.: 123.
14. We would confirm that we are prepared to supply you with our product under the following terms.
15. We are going to draw a draft at sight under L/C.
16. In view of our long business relationship, we accept your offer price only for this instance.
17. We would appreciate it if you allow us D/P or D/A without L/C.

Section 05 선적과 지불

1. We will do our best to ~
~하도록(~하기 위하여) 최선을 다하겠습니다.

기본유형

We will do our best to deliver the goods to your warehouse within two months.
2개월 이내에 물품을 귀사 창고에 도착시키도록 최선을 다하겠습니다.

With regard to the shipment, **we will do our best to** clear all the goods in May.
선적과 관련, 5월 중에 모든 물품을 완료하도록 최선을 다하겠습니다.

유사표현정리

- We will do our best to ~
  ~하도록(~하기 위하여) 최선을 다하겠습니다.

- We will do our utmost to ~
  ~하도록(~하기 위하여) 최선을 다하겠습니다.

- We will exert our best to ~
  ~하도록(~하기 위하여) 최선을 다하겠습니다.

- We shall take every care to ~
  모든 주의를 기울이겠습니다.

Section 05 선적과 지불

- We will do everything possible in our power to ~

  ~하기 위하여 가능한 모든 일을 하겠습니다.

- Every effort is being made to ~

  ~하기 위하여 모든 노력을 다하고 있습니다.

- We will spare no effort in our power to ~

  최선을 다하여 ~ 하겠습니다.

- We will desperate all our efforts to ~

  최선을 다하여 ~하겠습니다.

- We shall do our best to ~

  ~하기 위하여 최선을 다하겠습니다.

다양한 바꿔보기

- **We will do our utmost to** meet your required prices and delivery terms.

  요청하신 가격과 선적조건을 맞추도록 최선을 다하겠습니다.

- **We will do our utmost to** make you satisfied with our improved product in the near future.

  조만간 당사의 개선된 제품에 만족하시도록 만들기 위하여 최선을 다하겠습니다.

- **We will exert our best to** execute your order as stipulated on your P.O. sheet No. SH-0612.

  귀사 발주서 번호 SH-0612에 명시된 대로 실행하도록 최선을 다하겠습니다.

- **We shall take every care to** avoid such an error in the future.

  앞으로 이와 같은 실수가 없도록 모든 주의를 기울이겠습니다.

- **We will do everything possible in our power to** dispatch the goods within a

week.
1주일 이내에 물품을 발송하기 위하여 최선을 다하겠습니다.

- **Every effort is being made to** deliver the goods as requested.
물품을 요청하신대로 선적하기 위하여 모든 노력을 다하고 있습니다.

- **We will spare no efforts in our power to** persuade both parties to reach an amicable agreement regarding this quality problem.
본 건 품질 문제와 관련, 원만한 합의에 이르도록 최선을 다하여 양쪽을 설득하겠습니다.

- **We will desperate all our efforts to** persuade our supplier to accept your proposal as stated on your fax message dated November 27th.
11월 27일자 팩스에 명시한 바 대로 귀사의 제안을 수락하도록 최선을 다하여 공급자를 설득하겠습니다.

- We have always appreciated our friendly relations with your firm and **shall do our best to** maintain them.
귀사와의 우호적인 관계를 늘 감사하고 있으며, 이를 유지하기 위하여 최선을 다하겠습니다.

- If your product proves a best seller, **we will do our utmost to** establish your product in this market.
귀사의 제품이 잘 팔린다면, 이곳 시장에서의 판매에 전력을 다하겠습니다.

Please be advised that ~
~임을 알려드립니다.

● 기본유형

Please be advised that your order No. HW-123 was shipped on May 14th on board the M/S "Princess Aurora" that left Inchon for your destination on the following day.

귀 주문번호 HW-123이 5월 14일에 "Princess Aurora"호 편에 선적되었고, 다음날에 인천항을 출항하여 귀 목적지로 향하였음을 알려드립니다.

Please be advised that your consignment has been dispatched by M/S "Golden Crown" due to arrive at London on March 10th.

탁송품이 3월 10일에 런던에 도착할 예정인 "Golden Crown"호 편으로 발송되었음을 알려드립니다.

Please be advised that your goods are ready for shipment and we should be glad to have your shipping instructions immediately.

귀사 물품이 선적 준비가 완료되었음을 알려드리며, 즉시 선적 지시 사항(Shipping Instructions)을 보내 주시기 바랍니다.

Please be advised that we have shipped 5,000 rolls of PVC casting leather by M/S "Island Container V-823" of the Island Shipping Lines which left here today. As requested, two non-negotiable copies of the B/L and three copies of invoices have been sent to you by DHL.

금일 출항한 Island선사의 "Island Container 823" 항차 편으로 PVC제 인조가죽 5천 롤(Roll)을 선적하였음을 알려드립니다. 요청하신 대로, 선하증권 사본 2매, 상업송장 사본 3매를 DHL 편으로 발송하였습니다.

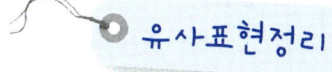

유사표현정리

- Please be advised that ~
  ~임을 알려드립니다.

- We are pleased to advise you that ~
  ~임을 알려드립니다.

- We wish to inform you that ~
  ~임을 알려드립니다.

- Please be informed that ~
  ~임을 알려드립니다.

- We are pleased to inform you that ~
  ~임을 알려드립니다.

다양한 바꿔보기

- **We are pleased to advise you that** we have duly shipped your order No. HW-100 this morning.
  오늘 아침에 귀사 주문번호 HW-100을 정히 선적하였기에 알려드립니다.

- **We wish to inform you that** the cargo covered by your order No. HW-123 will be shipped as follows:
  귀사 주문번호 HW-123에 의한 물품은 아래와 같이 선적될 예정임을 알려드립니다.

- **Please be informed that** an L/C covering our order No. HW-321 has been established today. Please find a copy of outgoing cable as attached.
  당사 주문번호 HW-321에 해당하는 신용장이 금일 개설되었음을 알려드립니다. 은행의 발송 전문 사본을 첨부합니다.

선적과 지불

- **We are pleased to advise you that** we will make a discount of 20% off list price to meet your requirement.

  귀사의 요구를 충족하기 위하여, 가격표로부터 20%를 할인할 것임을 알려드립니다.

- **We are pleased to inform you that** we will meet you half way by offering 10% of discount off list price.

  가격표로부터 10%를 할인하여 귀사와 중간선에서 양보할 것임을 알려드립니다.

 제품(製品), 상품(商品)

제조업체(manufacturer)의 경우에는 "products"라고 부르고, 무역업체(trader)의 경우에는 매매의 대상이 되는 유형물품이라는 의미에서 "goods"라고 칭하는 것이 보통이다. 그리고 merchandise, commodity 등은 goods와 구별 없이 사용할 수 있다. 다만, merchandise는 집합명사로서 복수의 의미를 가지나 단수로 취급되고, goods는 복수로 취급하여야 한다.

3. We would like to ask you to ~
~해 주시기 바랍니다.

기본유형

We would like to ask you to ship them as early as possible and pay your close attention to the packing of the goods.

물품을 가능한 한 빨리 선적하고, 제품의 포장에 각별한 주의를 기울여 주시기 바랍니다.

As the terms before was more workable, **we would like to ask you to** decrease the price.

전번의 거래조건이 더 좋았으니, 가격을 인하해 주시기 바랍니다.

In this regard, **we would like to ask you to** consider compensating half of our extra losses on the basis of goodwill and the spirit of pain-sharing.

이러한 점에서, 선의와 고통 분담 정신에 입각하여, 당사의 추가 손실의 절반을 귀사가 보상할 것을 검토해 주시기 바랍니다.

Owing to the heavy demand for these patterns, **we would like to ask you to** confirm your order without delay.

이 패턴들에 대한 수요가 많기 때문에, 즉시 주문을 확정해 주실 것을 요청합니다.

Under these circumstances, **we would like to ask you to** extend your Letter of Credit to the following effect: Shipping date: February 15, 2014, Expiry date: End of February, 2014.

사정이 그러하므로, 다음과 같은 취지로 귀 신용장을 연장해 주시기 바랍니다. 선적기일: 2014년 2월 15일, 유효기일: 2014년 2월 말일

Section 05 선적과 지불

유사표현정리

- **We would like to ask you to ~**
  ~해 주시기 바랍니다.

- **We would ask you to ~**
  ~해 주시기 바랍니다.

- **You are requested to ~**
  ~해 주시기 바랍니다.

- **We would like to solicit to you to ~**
  ~해 주시기 바랍니다.

- **We would like to request you to ~**
  ~해 주시기 바랍니다.

- **We would request you to ~**
  ~해 주시기 바랍니다.

- **We ask you to ~**
  ~해 주시기를 요청합니다.

- **We request ~**
  ~를 요청합니다.

- **We ask ~**
  ~를 요청합니다.

다양한 바꿔보기

- **We would ask you to** favor us with more workable terms as the market is rather quiet these days.

요즈음 시장이 한가한 편이므로 좀 더 유리한 조건으로 호의를 베풀어 주시기 바랍니다.

- **We would ask you to** let us receive our cargo as soon as possible.
  조속히 당사의 물품을 받을 수 있도록 해 주시기 바랍니다.

- **You are requested to** accept our shipping documents when presented through bank channel.
  당사의 선적 서류가 은행을 통하여 제시되면 수리해 주시기 바랍니다.

- **We would ask you to** supply us with your goods at the wholesalers' price for the quantity in spite of the list price.
  이 정도의 수량에 대해서는 가격표상의 가격과 상관없이 도매 가격으로 공급해 주기를 요청합니다.

- **We** are returning two of these by separate mail and **would ask you to** replace the whole in correct color.
  이 물품 2개를 별도 우편으로 반송하며, 올바른 색상으로 모든 제품을 대체할 것을 요청합니다.

- As the market is rather quiet, **we would like to solicit to you to** favor us with more workable terms.
  시장이 한산하오니, 조건을 완화해 주시기 바랍니다.

- **We** can now accept orders with the delivery of later than August and **would therefore ask you to** let us know your requirement as soon as possible.
  이제 8월 이후 선적 물량에 대하여 주문을 수락할 수 있습니다. 조속히 귀사의 필요량을 알려주시기 바랍니다.

- **We would like to request you to** do us a favor, offering us more competitive prices.
  더 경쟁력 있는 가격을 제시하는 호의를 베풀어 주시기 바랍니다.

- **We request** that you make a space booking at some date later than the original schedule.
  당초의 일정보다 며칠 늦게 선복(선박의 스페이스)을 예약해 주시기 바랍니다.

- **We ask** that you will accept this unavoidable delay.
  이런 피할 수 없는 지연에 대해 수용해 주실 것을 요청드립니다.

Section 05 선적과 지불

- While we presume that this was happened due to a clerical mistake on the part of your manufacturer, we would request you to contact them immediately to ascertain if this was actually the case.

  귀사 공장에서의 사소한 오기(誤記)에 의해 발생한 것으로 추정은 합니다만, 실제로 이 추정이 맞는지 공장에 즉시 확인하여 주시기 바랍니다.

- We ask you to consider making us a more favorable offer. As our order would be around U$20,000, you may think it worthwhile to make a concession.

  좀 더 유리한 조건을 고려해 달라고 요청합니다. 당사의 주문이 약 2만 달러가 되기 때문에, 양보(가격 인하)를 하실 가치가 있다고 생각하실 것입니다.

- We are sending you a new lot by air at once, and would ask you to return the defective goods at your convenience with freight forward, or you may keep them for sale at a reduced price of 30% discount.

  새로운 생산품을 항공편으로 즉시 보내 드리오며, 불량품은 운임 착불로 편리하신 때에 반송해 주시거나, 30% 할인된 가격으로 판매하시도록 보관 (30% 싸게 인수)하셔도 좋습니다.

- We ask you, therefore, to send us a check for U$40,000.00 covering the losses we paid for the import duty and survey fee including the charge for repair or to reship the items from new lot at your expense.

  그러므로 당사가 지불한 관세와 수리비용을 포함한 검사비를 충당하도록 4만 달러 상당의 수표를 발송하거나, 혹은 귀사 비용으로 새로운 품목을 재선적하기를 요구합니다.

4. Upon (~ing)
~하면, ~하자마자

기본유형

Upon receiving your L/C, we will make relevant arrangements to make the cargo ready for shipment within one week.

귀사의 신용장을 받으면, 1주일 이내에 물품이 선적 가능하도록 적절한 조치를 취하겠습니다.

Upon receiving the shipping documents including 3/3 of original Bills of Lading, we will remit the invoice amount as you instructed.

선하증권 원본 전부를 포함하여 선적 서류를 받자마자, 귀사가 지시한 바 대로 대금을 송금하겠습니다.

Upon unpacking the case, we found that the goods did not agree with the original sample.

케이스를 열어보고, 물품이 원래 견본과 일치하지 않음을 발견하였습니다.

Upon inspecting your goods, we appreciate the excellence of your products in both material and finish, but we have to tell you that your prices are substantially high compared with those of Italian make.

귀사 제품을 검사해 보고, 재질과 마감 모두 탁월한 점에 대하여 감사합니다. 그러나 이탈리아산과 비교하면 귀사의 가격이 상당히 높다고 말하지 않을 수 없습니다.

Upon opening the cases, we found that twenty units had been damaged by sea water and seemed to be a complete write-off.

케이스를 열어보니, 20대가 해수에 손상되어 수리불능임을 발견하였습니다.

We are familiar with general requirements of this market and shall serve you immediately **upon** hearing from you.

Section 05 선적과 지불

당사는 이곳 시장의 일반적인 수요를 잘 알고 있으니, 회신을 주시면 즉시 수행하겠습니다.

Upon arrival, we will return the cargo with freight forward.
도착하면, 운임 착불 조건으로 반송하겠습니다.

Upon receipt of your samples, if your prices are competitive and the merchandise is suitable for our trade, we will be placing a trial order.
패턴과 견본을 받아 보고, 귀사의 가격이 경쟁력 있고 상품이 당사가 취급하기에 적합하면 대량 주문을 할 것입니다.

Upon receipt of the sales confirmation countersigned by you, we will book the production space immediately.
계약서에 귀사의 서명을 해 주시면, 즉시 생산 라인을 확보하겠습니다.

Upon checking the special conditions stipulated in the L/C, we have found that there are discrepancies between the contract and the L/C.
신용장에 명시된 특별 조항을 확인해 본 바, 계약서와 신용장 사이에 일치하지 않는 점들이 있음을 발견하였습니다.

Five units of ink-jet printers we received from you pursuant to our P.O. No. HW-137 were found either dented or broken upon delivery.
당사 주문번호 HW-137에 따라 귀사로부터 받은 잉크젯프린터 5대가 도착 즉시 손상을 입었거나 부서진 것으로 판명되었습니다.

5. Regarding ~
~와 관련하여

기본유형

Regarding your order No. HW-123 dated November 25th, 2013, please be advised that we can ship the cargo in one lot in time.

2013년 11월 25일자 귀사 주문번호 HW-123과 관련, 물품을 기일 내에 한꺼번에 선적할 수 있음을 알려드립니다.

Regarding our latest order covering 1,000 metric tons of Newsprint, we are pleased to accept the shipping schedule as you suggested.

당사의 최근 신문용지 1천 톤 주문과 관련, 귀사가 제안한 선적 일정을 수락합니다.

In case you want to have references **regarding** our financial status, we would like you to contact Korea Exchange Bank in Seoul.

당사의 재정 상태에 관해 참조처를 원하신다면, 서울의 한국외환은행과 접촉하시기 바랍니다.

Regarding the outer diameter of the newsprint rolls, please note that we need 40 inch rolls instead of 47.2 inch rolls unless otherwise specified on the P.O. sheet.

신문용지 외경과 관련, 발주서 상에 달리 명시되어 있지 않으면 당사는 47.2인치 Roll이 아니라, 40인치 Roll을 필요로 함을 양지하시기 바랍니 다.

- Regarding ~

    ~와 관련하여

Section 05 선적과 지불

- Concerning ~
  ~와 관련하여

- As for ~
  ~에 대해서

- As to ~
  ~에 대해서

- With regard to ~
  ~와 관련하여

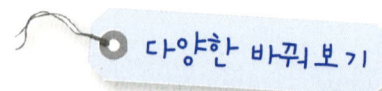 다양한 바꿔보기

- **Concerning** the terms of sale in the contract, we would like to point out that the goods are to be supplied on FOB basis.
  계약서상 판매 조건과 관련, 물품이 본선 인도 조건으로 공급되어야 함을 지적해 두고자 합니다.

- **Concerning** the air freight, we agree to pay the extra costs.
  항공 운임과 관련, 당사가 추가 비용을 지불할 것에 동의합니다.

- Thank you very much for your prompt response **concerning** our intention to sell Korean made eyeglasses to your country.
  한국산 안경을 귀국에서 판매하고자 하는 당사의 의향과 관련, 귀사의 신속한 회신에 감사를 드립니다.

- **As for** the terms of payment, we ask you to open an irrevocable L/C in our favor for the full invoice value upon sales confirmation.
  대금 결제 조건에 대해서는, 매매 계약 즉시, 대금 전액에 대해 당사를 수혜자로 하는 취소불능 신용장을 개설하기를 원합니다.

- **As to** our credit standing, we refer you to Industrial Bank of Korea, Head Office in Seoul, Korea.

당사의 신용상태에 대해서는, 한국 서울에 소재한 기업은행 본점에 조회해 보시기 바랍니다.

- **With regard to** the shipment, we will do our utmost to clear all the goods in May, but we are afraid that a certain portion of the goods may have to be shipped in the early of June due to many rush orders.

  선적과 관련, 당사는 5월에 전량을 선적하도록 최선을 다할 것입니다. 그러나 주문이 밀려오는 관계로 일부 물량은 (아쉽게도) 6월 초에 선적될 수도 있습니다.

Tip 거절하다

refuse는 부정사를 목적어로 하며, 개인적인 거절 내지는 강한 거절의 의사를 담고 있고, reject는 동명사를 목적어로 하며, 허락이나 승인의 거절 즉, 타당성이 있는 거절이라는 의미를 내포하고 있다. deny는 동명사를 목적어로 하며, turn down은 구어적인 표현이다. decline은 초대나 상대방의 제안을 정중하게 거절하는 경우 등에 쓰인다.

6. We are afraid that ~
~할까(~하지 않을까) 염려됩니다.

기본유형

We are afraid that a certain portion of your order may have to be shipped in the early of June due to many rush orders.
주문이 쇄도하여 귀사 주문 중 일부는 6월 초에 선적될 수도 있습니다(있어서 염려됩니다).

Owing to the labor dispute at the mill, **we are afraid that** we cannot guarantee delivery within the time as you requested.
공장의 노동 분규로 인하여, 귀사가 요청하신 시일 안에 선적을 보증할 수가 없습니다.

We are afraid there is very little chance of doing business with you unless a considerable price concession is made from your list prices.
귀사의 가격표로부터 가격을 많이 양보하지 않으면, 귀사와 거래할 기회가 없을 것입니다.

A rush of orders is coming every day and **we are afraid** we will be running out of stock very soon.
매일 주문이 쇄도하고 있어서, 머지않아 재고가 바닥날 것입니다.

We are afraid that the vessel may arrive at the port of destination later than the original schedule as it is typhoon season.
태풍이 있는 계절이므로, 선박이 원래 일정보다 늦게 목적지에 도착할 수도 있습니다.

We are afraid that we cannot afford any more delay because our customer is going to cancel their order to us unless the goods are not shipped within this month.

물품이 이달 중에 선적되지 않으면 당사의 고객 회사가 주문을 취소할 예정이므로, 당사도 더 이상의 지연을 받아들일 여유가 없습니다.

As the chartering market is very tight in winter, we are afraid that you may not be able to locate a suitable vessel for this cargo.

겨울에는 용선시장이 매우 빡빡하므로, 본 물품을 위한 적절한 선박을 수배하지 못할 수도 있습니다.

> **Tip** 기회
>
> 기회를 뜻하는 "chance"라는 말은 행운이나 우연의 의미를 내포하고 있기 때문에, "opportunity"라고 표현하는 것이 적절한 경우가 더 많다. 예를 들어, We would strongly like to advise you to avail yourself this excellent opportunity. (이번의 좋은 기회를 활용하시기를 권합니다)

7. We have received ~
~을 받았습니다.

기본유형

We have just received copies of the shipping documents covering the above order.

상기 주문에 대한 선적 서류 사본을 지금 막 받았습니다.

We have received your letter of May 28th and are very sorry that we have been unable to supply your order in time.

5월 28일자 서한을 받았으며, 기일 내에 귀사 주문을 공급하지 못하여 유감입니다.

We have received your letter of June 20th and thank you for your sending us the sample of defective goods for our examination.

6월 20일자 서한을 받았으며, 당사가 검사할 수 있도록 불량품 견본을 보내 주시어 감사합니다.

We have received with thanks your quotation of November 16th and the samples of genuine leather briefcases.

귀사 11월 16일자 가죽 서류가방 견적과 견본 감사히 잘 받았습니다.

We have received your letter dated May 11th, enclosing your catalog and price list.

귀사의 5월 11일자 서한과 동봉한 카탈로그, 가격표 잘 받았습니다.

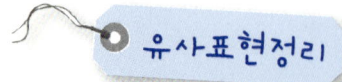

- We have received ~

    ~을 받았습니다.

- ~ have reached us ~

  ~가 (당사에) 도착하였습니다. ~를 받았습니다.

- We received ~

  ~을 받았습니다.

- ~ have been received ~

  ~을 받았습니다.

- Thank you very much for ~

  ~을 (감사히) 받았습니다.

- We are in receipt of ~

  ~을 접수(영수)하였습니다.

- We appreciate ~

  ~을 (감사히) 받았습니다.

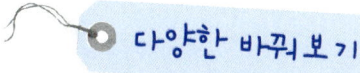

- We are pleased to inform you that the goods for our order No. HW-105 per M/S "Hyundai Explorer" **have reached us** in good order.

  "Hyundai Explorer"호 편에 선적된 당사 주문번호 HW-105는 양호한 상태로 당사에 도착하였기에 알려드립니다.

- With reference to your order No. HW-324, **we received** the following letter from our supplier, which, we thought, would be of interest to you

  귀사 주문번호 HW-324와 관련, 당사의 공급처로부터 귀사에게도 중요할 것으로 생각되는 아래 서한을 접수하였습니다.

- Your samples and price list of various coated abrasive cloths **have been received** with thanks.

  다양한 연마포에 대한 견본과 가격표를 감사히 잘 받았습니다.

Section 05 선적과 지불

- **Thank you very much for** your letter of July 20th, together with a parcel containing two samples of silk scarves.

  7월 20일자 귀사 서한을, 실크 스카프 견본 2장이 든 꾸러미와 함께 감사히 잘 받았습니다.

- **We received** your letter of July 30th, requesting us to quote the most competitive price on our office supplies.

  당사의 사무용품에 대해 경쟁력 있는 가격을 견적할 것을 요청하는 귀사의 7월 30일자 서한 잘 받았습니다.

- **We are in receipt** of your firm offer dated August 25th for 500 metric tons of Cyclohexanon in drum, at U$900 per metric ton, FOB European Main Port for September loading.

  드럼에 포장된 사이클로헥사논 9월 선적 물량 500톤에 대하여 유럽 주요 항구 본선 인도 조건으로 900달러에 제시하는 귀사의 8월 25일자 Offer를 접수하였습니다.

- **We appreciate** your letter of August 10th asking for our offer on wheat flour and are pleased to quote, subject to our final confirmation, as follows.

  밀가루에 대해 Offer해 줄 것을 요청하는 귀사 8월 10일자 서한 감사히 잘 받았으며, 당사의 최종 확인을 조건으로 아래와 같이 견적합니다.

> **Tip 요청(요구)하다**
>
> 거래 상대방의 요구 사항일 경우에는 requested, 객관적인 요구 사항일 경우에는 required를 쓴다. 예를 들어 requested terms는 상대방이 요청한 사항이나 조건을 말하며, required standards는 객관적인 관점에서 표준에 맞출 필요가 있다는 의미를 내포하고 있다고 할 것이다.

8. We would appreciate ~
대단히 감사하겠습니다.

기본유형

We would very much appreciate it if you could expedite L/C opening by this week.
금주 내로 신용장 개설을 조속히 처리해 주시면 대단히 감사하겠습니다.

We would appreciate it if you would return to us the check issued for the incorrect amount or credit us for that amount.
틀린 금액을 발행한 수표를 당사로 반환해 주시거나, 거기 상응하는 금액만큼 대변에 기입(불입(拂入)처리)해 주시면 감사하겠습니다.

We would appreciate it if you would introduce us to reliable distributors or agents who are interested in marketing our products in your area.
귀 지역에서 당사 제품들의 판매에 관심이 있는, 믿을 만한 판매업자나 주선업자를 소개해 주시면 감사하겠습니다.

We have submitted our January statement twice and regret that the amount of U$3,400 is still outstanding. **We would appreciate** an early settlement.
당사의 1월 계산서를 두 번이나 제출하였습니다만, 3천 4백 달러는 아직도 (결제되지 않고) 남아 있습니다. 조속히 결제해 주시면 감사하겠습니다.

We would appreciate it if you would look into the matter without delay.
지체 없이 본건을 조사해 주시면 감사하겠습니다.

Section 05　선적과 지불

유사표현정리

- We would very much appreciate ~
  대단히 감사하겠습니다.

- We shall be grateful ~
  감사하겠습니다.

- We should be obliged ~
  감사하겠습니다.

- We shall appreciate ~
  감사하겠습니다.

- ~ would be appreciated.
  감사하겠습니다.

- We sincerely appreciate ~
  진심으로 감사하겠습니다.

다양한 바꿔보기

- **We shall be grateful** if you can grant us the same terms as our previous order.
  귀사가 당사의 지난 번 주문과 같은 조건을 제공해 주신다면 감사하겠습니다.

- **We should be obliged** for your immediate amendment of the L/C as requested by us.
  당사가 요청한 대로, 신용장을 즉시 정정해 주신다면 정말 감사하겠습니다.

- **We shall appreciate** it if you supply us with the specifications of your products, your price list and your best terms.

귀사 제품의 규격과 가격표, 그리고 최상의 거래조건을 주시면 정말 감사하겠습니다.

- We are satisfied with the design of your handbag and the prices you quoted, and shall appreciate your sending us 100 sets of item No. HW-303 as a trial order.

  귀사 핸드백의 디자인과 귀사가 견적한 가격에 만족하고 있으며, 시험 주문으로서 품목번호 HW-303 100세트를 송부해 주시면 감사하겠습니다.

- Your prompt attention to this matter would be greatly appreciated.

  본건에 즉시 주목해 주시면 대단히 감사하겠습니다.

- Your favorable consideration would be appreciated.

  긍정적으로 고려해 주시면 감사하겠습니다.

- We sincerely appreciate your order and hope that this will be the first step toward our long-standing relationship.

  귀사의 주문에 감사하오며, 이 주문이 양사 간 오랜 관계의 첫걸음이 되기를 희망합니다.

~ 하기 쉽다, ~ 하는 경향이 있다 (긍정의 의미 내포)

be likely to ~ 가 ~ 하기 쉽다, ~ 하는 경향이 있다는 뜻으로 사용되며, 긍정의 의미를 내포하고 있다.

be apt to ~ 에는 상식적으로 그렇다는 의미가, be liable to ~ 에는 막연하나마 그럴 수 있다는 의미가 내포되어 있다.

9. As soon as ~
~하자마자, ~하는 즉시

> 기본유형

As soon as the shipment is completed, we will send you one set of copies of the shipping documents by DHL.
선적 완료 즉시, 선적 서류 사본 일습(一襲)을 DHL편으로 송부하겠습니다.

As soon as you establish a letter of credit, please let us have a copy of outgoing cable by fax.
신용장을 개설하는 즉시, (은행의) 발송 전문 사본을 팩스로 보내 주시기 바랍니다.

As soon as we receive your confirmation that the credit has been established, we will start the production of your order.
신용장이 개설되었다는 귀사의 확인을 접수하는 즉시, 귀사 주문 물량의 생산을 개시하겠습니다.

If you would e-mail us your confirmation **as soon as** you receive our offer, we could dispatch the goods right away.
당사의 Offer를 접수하는 즉시 메일로 확인해 주시면, 물품을 즉시 발송할 수 있습니다.

As soon as the decision is made, we will send our purchase order and shipping instructions at once.
결정만 되면 즉시, 발주서와 선적지시서를 보내 드리겠습니다.

We will get back to you **as soon as** we receive an answer from our customer.
당사의 고객 회사로부터 답변을 접하는 즉시 답신하겠습니다.

Please get back to us **as soon as** you review our drawings and samples sent today.

금일 보낸 당사의 도면과 견본을 검토하시는 대로 답신을 주시기 바랍니다.

Our new catalogues are now being printed and will be sent to you as soon as it is available.

신규 카탈로그가 인쇄 중에 있으며, 나오는 대로 보내 드리겠습니다.

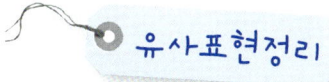

- **As soon as ~** ~하자마자, ~하는 즉시
- **As soon as (possible)** 가능한 한 빨리
- **As early as (possible)** 가능한 한 빨리

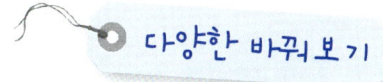

- As your account is now 15 days overdue, please remit the total amount of U$35,000 by wire transfer **as soon as** possible.
  외상 계정이 15일 기일 경과하였으므로, 3만 5천 달러 전액을 가능한 한 빨리 전신환으로 송금해 주시기 바랍니다.

- As this offer is subject to prior sale, we would recommend you buying your requirements, if any, **as early as** possible
  본 Offer는 선착순 판매 조건이므로, 필요한 물품이 있다면 가능한 한 조기에 구매하실 것을 권합니다.

10. According to ~
~에 의하여, ~에 따라, ~대로

● 기본유형

According to the L/C we received, the payment is to be made at 120 days after sight instead of at sight as expressly mentioned in your order sheet.

접수한 신용장에 의하면, 대금 결제는 귀사의 발주서에 명확히 적힌 대로 일람불 조건이 아니라, 120일 후에 이행되기로 되어 있습니다.

Please understand that the amount of credit varies **according to** several factors such as terms of payment, volume of business, payment history and so forth.

신용 금액은 결제 조건, 거래량, 결제 이력 등과 같은 몇 가지 요소들에 따라 달라짐을 양지하시기 바랍니다.

We would like to point out that, **according to** the original contract, the order goods were to be shipped on or before the end of November.

당초의 계약서에 의하면 주문품이 11월 말일 혹은 이전에 선적되기로 되어 있었음을 지적하고자 합니다.

According to our banker, the L/C was established last Tuesday as attached cable copy and thus, should have been advised to you by now.

거래 은행에 의하면, 첨부한 케이블 사본과 같이 지난 화요일에 신용장이 개설되었으며, 따라서 지금쯤은 귀사로 통지(도착)되었어야 한다고 합니다.

As the goods were not contaminated by fresh water but by seawater **according to** the survey report from SGS, we trust that they were damaged during the voyage.

SGS의 검사보고서에 의하면 담수가 아니라 해수에 의해 제품이 오염되 었으므로, 항해 중에 손상을 입었다고 생각합니다.

According to our forwarder, the vessel left from Busan on January 10th and due to arrive at the port of discharge on or about February 5th.

화물 주선 업체에 의하면, 선박은 1월 10일에 부산항을 출항하여 2월 5일에 양륙항(도착항)에 도착하기로 되어 있습니다.

According to the production manager at the mill, your goods can be ready for shipment within this month as they are going to put your order into production early next week.

공장의 생산 과장에 의하면, 귀사 주문을 다음 주초에 생산 투입할 예정이기 때문에 이 달 말까지 선적 준비를 완료할 수 있다고 합니다.

According to our supplier, the factory is fully occupied by the end of third quarter.

공급선에 의하면, 공장이 3분기 말까지 (주문으로) 꽉 차있다고 합니다.

As the goods are to be loaded every month **according to** our long-term supply contract, please charter a tanker for January lifting and send the vessel nomination immediately.

장기 공급 계약에 의하면 물품이 매월 선적되어야 하는 바, 즉시 1월 선적을 위한 탱커를 용선하시어 선박 지명서를 즉시 보내 주시기 바랍니다.

Regarding the colors and the patterns, we have requested to our supplier to produce the goods strictly **according to** the original samples.

색상과 패턴에 관해서는, 공급선에게 정확히 원래 견본대로 제품을 생산 하도록 요청하였습니다.

11. We wish to ~
~하고 싶습니다, ~하고자 합니다, ~하기를 희망합니다.

기본유형

We wish to request you to extend the shipping date and the expiry date on your L/C to August 15th and August 30th respectively.
귀 신용장상의 선적 기일과 유효 기일을 각각 8월 15일과 8월 30일로 연장하여 주시기를 요청하고자 합니다.

We wish to inform you that our bank opened an L/C today. A copy of outgoing cable will be sent to you by fax in the afternoon.
당사 거래은행이 금일 신용장을 개설하였음을 알려드리고자 합니다. 발송 전문 사본을 오후에 Fax로 송부하겠습니다.

We wish to point out that we are exclusive distributor of this brand in Asia and that you will not be able to obtain an offer any place else.
당사가 이 브랜드의 아시아 내 독점 대리점임과 다른 곳에서는 Offer를 구할 수가 없을 것임을 지적하고자 합니다.

We wish to introduce ourselves as importers and distributors of foodstuffs having branch offices and warehouses in major cities in our country.
당사가 우리나라 주요 도시에 지사와 창고를 보유한 식품 수입 및 유통업체라고 자기 소개를 하고자 합니다.

With reference to your request for trade references, **we wish to** refer you to Reachman International Corporation, Inter-Gen Corporation and Henry Rosenfeld Incorporated.
귀사의 조회 거래처 요청과 관련, 당사는 Reachman사, Inter-Gen사 및 Henry Rosenfeld사에 조회하시기 바랍니다.

We wish to acknowledge our receipt of your letter dated October 20th together with your check for U$5,000 covering the amount due in this month.

귀사의 10월 20일자 서한과 금월에 결제할 금액에 상당하는 5천 달러의 귀사 수표를 정히 영수하였음을 확인하고자 합니다.

We wish to keep well-assorted stock of this line by importing some sizes which are not available from local producers.

국내 생산업체로부터 구입할 수 없는 몇몇 규격들을 수입함으로써 이 제품의 구색을 갖추기를 원합니다.

We wish to have your kind attention on this matter.

본건에 대하여 관심을 기울여 주시기 바랍니다.

We wish to export direct to your company as our company policy requires doing business with endusers only.

당사의 규정이 오로지 최종 수요처들과만 거래할 것을 요구하고 있기 때문에, 귀사에 직접 수출하기를 희망합니다.

Tip 말하다

speak는 (자신의 의사를)전달한다는 의미이며, say는 말하다, tell은 수여 동사로서 (피전달자에게 자신의 의사를)전달한다는 의미이다. talk는 대화를 주고 받는다는 의미로 쓰이며, state는 (자신의 의사나 의견을)표시 혹은 천명한다는 의미, insist는 (자신의 의견을)고집한다는 의미를 내포하고 있다.

12 Please ~
~해 주시기 바랍니다.

기본유형

Please understand our standpoint and extend the shipping date and expiry date on your L/C No. LA-06112 up to June 30th and July 20th respectively.
귀 신용장 번호 LA-06112 상의 선적 기일과 유효 기일을 각각 6월 30일과 7월 20일로 연장해 주시기 바랍니다.

Please find our inventory list as attached and let us know your requirements while the supply lasts.
첨부 재고 목록을 보시고, 재고가 있는 동안에 귀사의 필요 물품을 알려 주시기 바랍니다.

Please review the draft of the long-term contract as attached and let us know your opinions by return.
첨부한 장기계약 초안을 검토하시고, 즉시 귀사의 의견을 알려주시기 바랍니다.

Please check again with your forwarder and inform us the exact date when the cargo arrives at the port of destination.
귀사의 운송 주선 업체에 다시 한 번 확인하시어, 화물이 목적지 항구에 도착하는 정확한 날짜를 통보해 주시기 바랍니다.

Please refer to the enclosed price list and e-mail us your requirements by return.
동봉한 가격표를 참조하시고, 귀사의 필요 물품을 이메일로 즉시 알려주시기 바랍니다.

Please discuss the matter with the people in the mill and let us have the confirmation whether the cargo can be shipped within this month.
공장과 협의하시고, 금월 중으로 물품이 선적될 수 있는지 확인해 주시기 바랍니다.

김상무님의 비즈니스 영작문 기본문형 60 — Part 02

If you are interested in any of these products, please do not hesitate to call or e-mail us.

다음 중 어느 제품에라도 관심이 있으시면, 사양 마시고 전화를 걸거나 혹은 이메일을 보내 주십시오.

If you have any question or suggestion, please feel free to call or e-mail us.

질문이 있거나 제안하실 사항이 있으시면, 언제든지 전화를 걸거나 이메일을 보내 주십시오.

Tip 출장의 성패는 Follow-up에 달려 있다.

거래처를 방문하여 상담을 하는 도중, 즉답이 어려운 사항인 경우에는 추후에 연락을 하겠다(We'll get back to you.)는 말을 하게 된다. 출장의 성패는 follow-up에 달려있다는 말은 약속한 것은 꼭 지켜서 상담의 결과를 실현하여야 한다는 의미이다. 지킬 수 있는 것만 약속해야 하고, 회답이 늦어질 것 같으면 사전에 연락을 해 두어야 한다. Better late than never.라는 말이 있듯이, 답신이 예정보다 늦어졌더라도 연락을 취하는 것이 좋다.

13 We trust that ~
~라고 믿습니다, ~라고 생각합니다.

기본유형

We trust that your goods will reach you safely and that you will favor us with further orders.

물품이 안전하게 귀사에 도착하고, 귀사가 추가 주문을 주실 것으로 믿습니다.

We trust that this arrangement will meet your wishes and we hope to receive further orders from you in the future.

이 조치가 귀사의 기대를 충족할 것으로 믿으며, 장래에 귀사로부터 추가 주문을 받기를 희망합니다.

We trust that you will agree that the price is extremely low for this excellent quality.

이런 우수한 품질에 비하여 가격이 극히 저렴하다는 것에 동의하시리라 믿습니다.

We trust that you will take advantage of this seasonal opportunity.

귀사가 이번 계절적 기회를 활용할 것으로 믿습니다.

유사표현정리

- We trust that ~

  ~라고 믿습니다, ~라고 생각합니다.

- We think that ~

  ~라고 생각합니다.

- We are convinced that ~

  ~라고 믿습니다.

- We believe that ~

  ~라고 믿습니다.

- We are confident that ~

  ~라고 믿습니다.

- We are certain that ~

  ~라고 믿습니다.

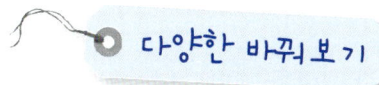

- **We think that** you are well aware of the recent price hike of raw materials.

  최근의 원료 가격 상승에 대하여 잘 아시고 계시리라 믿습니다.

- **We are convinced that** the market will be bullish by the end of the year due to shortage of feedstock and seasonal demand.

  원료 부족과 계절적인 수요로 인하여 연말까지는 시장이 강세일 것으로 믿습니다.

- **We believe that** your doing business with us will prove to be most profitable.

  당사와의 거래가 큰 이익이 되실 것으로 믿습니다.

- **We believe that** your doing business with us will bring you the best profits.

  당사와 거래하시면 최고의 이익을 가져다 드리리라 믿습니다.

- **We believe that** the goods will reach you in good order and to your satisfaction so that you will place further orders with us.

  귀사가 만족하여 추가 주문을 하게 될 만큼 물품이 양호한 상태로 도착할 것으로 믿습니다.

Section 05 선적과 지불

- As we are in a position to handle large quantities, **we trust that** you will make an effort to submit an offer on your most advantageous terms.

  당사는 많은 물량을 취급할 수 있으므로, 가장 유리한 조건으로 오퍼를 제시하기 위해 애써 주실 것으로 믿습니다.

- At present the market is very active and thus, **we are confident that** you will see a fine sale considering the excellent quality of our goods.

  지금 시장이 아주 역동적이며, 따라서 당사 제품의 우수한 품질을 감안할 때 아주 잘 팔릴 것으로 믿습니다.

- **We trust that** all the documents are in good order and you will obtain the original as soon as possible.

  모든 선적 서류가 제대로 작성되었고, 귀사가 조기에 원본을 받을 것으로 믿습니다.

- **We are confident that** you will want to take advantage of our low prices to build up your stocks in time for the Christmas sale, and we look forward to receiving orders from you in the very near future.

  크리스마스 세일을 위해 적기에 재고량을 증대시키는데 당사의 저렴한 가격을 활용하시리라 믿으며, 조만간 귀사로부터 주문을 받기를 기대합니다.

- **We are certain that** these goods will meet your requirements, and hope to receive your order.

  이 물품들이 귀사의 요구를 충족할 것으로 확신하며, 귀사의 주문을 받기 희망합니다.

연·습·문·제

1. 귀사의 주문대로 선적할 수 있도록 신용장을 즉시 개설해 주시면 고맙겠습니다.

2. 계약대로 1만 달러의 신용장을 열어 주십시오

3. 귀사의 입장은 알겠으나, 이렇게 자주 지불이 늦춰지는 사실을 묵과할 수는 없습니다.

4. 지불을 위해서 5만 달러의 수표를 동봉합니다.

5. 이 물품에 대하여 그 대금을 지불해 주실 수 있다면, 지급으로 확인하여 주시기 바랍니다.

6. 일주일 이내에 전신 송금하여 본건 해결하도록 귀 은행에 지시해 주십시오.

7. 수금 때문에 전력을 기울이고 있으나 입금이 늦어지고 있으니, 부득이 10일간의 지불 유예를 부탁 드립니다.

8. 당사의 기한 경과 계정에 대한 지불로서 이 수표를 드립니다.

9. 귀 주문 100호에 대한 신용장을 받았습니다.

10. 우리는 귀사가 매입한 상품 전량에 대한 지불로서 일금 12,500달러를 받고 여기에 영수증을 동봉합니다.

11. 신용장의 금액이 500달러 부족하오니 즉시 이 금액을 수정하시도록 부탁 드립니다.

12. 선적일자를 7월 31일로 연장하거나 환적(換積=Transshipments)할 수 있도록 신용장의 수정을 부탁 드립니다.

13. 이 송장의 결제를 위해서 수표를 보내 주시기 바랍니다.

14. 바로 결제해 주실 것을 강하게 요청합니다.

15. 즉각 송금해 주시면 고맙겠습니다.

16. 귀사의 화물이 안전하게 도착할 것이며, 차후로도 주문을 해 주시리라 믿습니다.

Section 05　선적과 지불

17. 귀사의 주문번호 1234 화물이 오늘 아침에 선적되었기에 이를 알려드립니다.

18. 최근 현지의 항만 파업(Dockers' strike) 때문에 당사가 요청한 선적이 다소 지연되고 있습니다. 유감스럽게도 귀사의 주문품도 선적이 보류되고 있습니다.

19. 귀사의 주문품은 선적 완료 직전입니다. 시급히 선적 지시(Shipping instructions)를 보내 주시면 고맙겠습니다.

20. 귀사의 선적 물품은 5월 10일 런던 도착 예정인 Golden Princess호로 발송되었습니다.

21. 납기가 다가오고 있으니 신용장을 개설하여 주시고, 선적 지시(Shipping instructions)를 통보해 주시기 바랍니다

정답

1. (1) We would ask you to open an L/C so we can make the shipment accordingly.
   (2) We would ask you to open an L/C so we can make the shipment in accordance with your order.
2. As contracted, we would ask you to open an L/C for the amount of U$10,000.
3. While appreciating your situation, we would rather not oversight the fact that your settlement is so often delayed.
4. We enclose our bank check for U$50,000 for settlement.
5. (1) Please confirm immediately whether you can make the payment for these goods.
   (2) If you are in the position to pay for these goods, please confirm immediately.
   (3) We are wondering whether you are in the position to settle the amount for these goods.
6. We would ask you to have your banker settle the matter by T/T within a week.
7. (1) We made every efforts for collection. But regretfully the money is coming so slowly that we are compelled to ask you to favor us with ten day extension for the payment.
   (2) We made every efforts for collection. But regretfully the money coming is so slow that we have to ask you to favor us with ten day extension for the settlement.
8. We would like to give you this check in lieu of the payment for past-due account.
9. We thank you for your L/C covering your order No. 100.
10. We confirm our receipt of your remittance by the check of U$12,500 in the fulfillment for the goods you purchased.
11. Your credit is short by U$500 in amount, so we have to ask you to amend the amount immediately.
12. Please extend the shipping date on your L/C up to July 31st or allow transshipments.
13. Please send a check for the settlement of this invoice.
14. (1) It is strongly requested to effect the payment immediately.
    (2) A prompt payment is strongly requested.
15. We would appreciate it if you remit the payment immediately.
16. We trust that your goods will reach you safely and that you will favor us with further orders.

Section 05 선적과 지불

17. We are pleased to inform you that we have duly shipped your order number 1234 this morning.

18. The recent dockers' strike here has caused some delay in the shipment of a number of our orders, and we regret that yours, too, is held up.

19. (1) Your goods are nearly ready for dispatch and we should be glad to have your immediate instructions.

(2) The goods are ready for shipment, so please let us have your detailed instructions.

20. We are pleased to inform you that your consignment has been dispatched by M/S Golden Princess due to arrive at London on May 10th.

21. As the shipping date is fast approaching, we would ask you to establish an L/C and to send the shipping instructions by e-mail immediately.

Section 06 클레임

1. We found that ~
~라고 알게 되었습니다, ~임을 발견하였습니다.

기본유형

Upon unpacking the case, we found that the goods are not in accordance with your shipping sample.
케이스를 열어 보니, 물품이 귀사의 선적 견본과 일치하지 않음을 알게 되었습니다.

As soon as we opened the cases, we found that the quality differs from the original sample.
케이스를 열어 보자마자, 품질이 본래 견본과는 상이함을 알게 되었습니다.

On receiving the cargo, we found that the quality is inferior to the original sample.
물품을 받아보니, 본래 견본보다 품질이 열등한 것을 알게 되었습니다.

When we opened the case, we found that the quality does not correspond to the original sample.
케이스를 열 때에, 품질이 본래 견본과 일치하지 않음을 알게 되었습니다.

유사표현정리

- We found that ~

  ~라고 알게 되었습니다, ~임을 발견하였습니다.

- We find to our regret that~

Section 06 클레임

(유감스럽게도)~라고 알게 되었습니다, ~임을 발견하였습니다.

- **We find that ~**

  ~라고 알게 되었습니다, ~임을 발견하였습니다.

- **We have found that ~**

  ~라고 알게 되었습니다, ~임을 발견하였습니다.

- **We are surprised to find that ~**

  (놀랍게도)~라고 알게 되었습니다, ~임을 발견하였습니다.

다양한 바꿔보기

- **We have received our order no. HW-123 per "Kwang Yang Glory" and find to our regret that all the cases were short in weight.**

  "Kwang Yang Glory"호 편으로 당사 주문번호 HW-123을 받았으며, 유감스럽게도 모든 케이스가 중량 부족임을 알게 되었습니다.

- **On examination, we find that two pieces do not correspond with the original sample.**

  시험해 본 바, 2개가 본래 견본과 일치하지 않음을 발견하였습니다.

- **On inspection, we have found that the color is not satisfactory.**

  검사해 보니, 색상이 만족스럽지 못함을 발견하였습니다.

- **We are surprised to find that some of the goods have been damaged.**

  놀랍게도 몇몇 물품이 손상되었음을 발견하였습니다.

- We would like to draw your attention to the defective goods shipped by the M/S "Morning Glory" on July 23rd. Upon unpacking the cases, we found that the quality was much inferior to the sample for which we placed the order.

7월 23일 "Morning Glory"편에 선적된 불량품에 주목해 주시기 바랍니다. 케이스를 열어 보고, 당사 주문의 기준 견본보다 품질이 많이 열등함을 발견 하였습니다.

Upon tracing our records, we find that our shipping clerk shipped pattern No. 105 of PVC floor coverings instead of those of pattern No. 150 for which your order was given.

당사의 기록을 추적해 본 바, 당사의 선적담당이 귀사가 주문하신 패턴 번호 150번이 아니라 패턴 번호 105번 PVC 장판지를 선적하였음을 발견하였습니다.

We have received your letter of March 26th and on examination, we find that your claim is apparently due to a misunderstanding.

3월 26일자 귀사 서한은 잘 받았으며, 조사해 보니 귀사의 클레임은 명백히 오해로 인한 것임을 발견하였습니다.

- Looking into the matter, we find that we shipped the goods equivalent to the original sample. Therefore, we are unable to accept your request for a discount.

본 건을 조사해 본 바, 원래 견본과 동등한 물품을 선적하였음을 확인했습니다. 그러므로 귀사의 할인 요청을 수락할 수 없습니다.

2. We regret to learn that ~
(유감스럽게도)~임을 알게 되었습니다, ~임을 알았습니다.

기본유형

We regret to learn from your fax dated January 10th **that** you are not satisfied with the printing quality of the wall coverings we supplied as per your Order No. HW-133.
유감스럽게도 귀사 1월 10일자 팩스를 통해 귀 주문번호 HW-133에 의해 당사가 공급한 벽지의 인쇄 품질에 만족하지 못하고 있음을 알게 되었습니다.

We regret to learn that the cargo has been sold to other customer already and that there will be no availability by the end of next month.
유감스럽게도 물품이 이미 다른 거래처에 판매되었으며 다음 달 말까지는 공급 물량이 없음을 알게 되었습니다.

We regret to learn that you are already represented here in our country.
유감스럽게도 우리나라에 이미 귀사의 대리점이 있음을 알게 되었습니다.

유사표현정리

- We regret to learn that ~
  (유감스럽게도)~임을 알게 되었습니다, ~임을 알았습니다.

- We regret to hear that ~
  (유감스럽게도)~라고 들었습니다.

- We are sorry to learn that ~
  (유감스럽게도)~임을 알게 되었습니다.

- We are extremely sorry to hear that ~

    (유감스럽게도)~라고 들었습니다.

- We are surprised to hear that ~

    (놀랍게도)~라고 들었습니다.

- It is very regretful to learn that ~

    (유감스럽게도)~라고 알게 되었습니다, ~임을 알았습니다.

- It was distressing to learn that ~

    (애통하게도)~라고 알게 되었습니다, ~임을 알았습니다.

다양한 바꿔보기

- **We regret to hear that** we have to wait one more week to have your final confirmation on our proposal concerning agency contract.

    유감스럽게도 대리점 계약과 관련해서 당사의 제안에 대한 귀사의 최종 결정을 1주일 더 기다려야 한다고 들었습니다.

- **We are sorry to learn that** you are not in the position to meet the shipping date as required on our P.O. sheet due to labor dispute at your mill.

    유감스럽게도 귀사 공장의 노동 분규로 인하여 당사의 주문서 상에 요구된 선적일자를 귀사가 맞추지 못함을 알게 되었습니다.

- **We regret to learn** from your letter of August 28th **that** you consider the price of the shipped goods too high.

    유감스럽게도 8월 28일자 귀사 서한을 통해 귀사가 선적물품의 가격이 너무 높다고 생각한다는 것을 알게 되었습니다.

- **We are extremely sorry to learn** from your letter **that** you are not satisfied with our shipment.

    유감스럽게도 귀사의 서한을 통하여 귀사가 당사의 선적물품에 만족하지 못함을 알게 되었습니다.

Section 06 클레임

- **We are surprised to hear that** you have to increase your price by 10% effective from this month's lifting.

  유감스럽게도, 이번 달 선적 물량부터 귀사가 가격을 10% 인상해야 한다고 들었습니다.

- We are pleased that you have sufficient stock to make immediate delivery but **we are surprised to hear that** you still demand payment by L/C.

  귀사가 충분한 재고를 보유하고 있어 즉시 선적할 수 있어 다행이지만, 유감스럽게도, 아직도 당사에 신용장에 의한 결제방식을 요구하고 있다고 들었습니다.

- **We are very sorry to learn** from your letter of August 25th **that** our shipment covering your order No. HW-167 was found defective.

  유감스럽게도, 귀사 8월 25일자 서한을 통해 귀사 주문번호 HW-167에 의한 당사의 선적물품에 결함이 있다는 것이 밝혀졌음을 알게 되었습니다.

- **It is very regretful to learn** from your letter of October 5th **that** our shipment of your Order No. HW-100 was found inferior in quality.

  유감스럽게도, 귀사 10월 5일자 서한을 통해 귀사 주문번호 HW-100에 의한 당사의 선적물품이 품질 불량으로 밝혀졌음을 알게 되었습니다.

- **It was distressing to learn that** the cargo we have shipped to you early this month arrived in totally damaged condition.

  애통하게도, 당사가 이달 초에 선적한 물품이 완전히 부서진 상태로 도착하였음을 알게 되었습니다.

3. We have to ~
~하지 않을 수 없습니다, ~해야만 합니다.

기본유형

If the goods have not been shipped so far, we have to ask you to send them by air.
물품이 아직도 선적이 되지 않았다면, 항공편으로 발송하기를 요청하지 않을 수 없습니다.

Unless the goods can be shipped at once, we have to cancel the order.
물품이 즉시 선적될 수가 없다면, 주문을 취소하지 않을 수 없습니다.

유사표현정리

- We have to ~

    ~하지 않을 수 없습니다, ~해야만 합니다.

- We shall have to ~

    ~하지 않을 수 없습니다, ~해야만 합니다.

- We are compelled to ~

    ~하지 않을 수 없습니다.

- We must ~

    ~하지 않을 수 없습니다, ~해야만 합니다.

- We are bound to ~

    ~하지 않을 수 없습니다, ~해야만 합니다.

Section 06 클레임

- It is inevitable for us to ~

  ~할 수 밖에 없습니다, ~해야만 합니다.

다양한 바꿔보기

- If the present stock has run out, **we shall have to** raise the price.

  현재의 재고가 매진되고 나면, 가격을 올려야 할 것입니다.

- If the present stock is exhausted, **we are compelled to** raise our price.

  현재의 재고가 소진되면, 가격을 올리지 않을 수 없습니다.

- As the goods are urgently required, **we must** ask you to dispatch the cargo by airfreight.

  물품이 긴급히 필요하기 때문에, 항공편으로 발송할 것을 요청할 수밖에 없습니다.

- **We shall have to** increase it by another 10% within two months.

  2개월 이내에 가격을 10% 추가 인상해야 할 것입니다.

- We regret that **we are bound to** say that about half of your goods are different from your original sample.

  유감스럽게도 귀사 물품의 절반 정도가 귀사의 원래 견본과 다르다고 말해야만 합니다.

- As the goods were specially ordered for Christmas sale, **we must** ask you to accept our cancellation of the order in case you are unable to meet the shipping date.

  크리스마스 세일용 특별 주문이기 때문에, 선적 기일을 맞출 수가 없다면 주문 취소를 수락해 달라고 요청할 수밖에 없습니다.

- **It is inevitable for us to** increase the price to make up for a portion of recent rise of cost owing to the wage-hike and the increased price of raw material.

  임금 인상과 원료가격 상승으로 인한 최근의 비용 상승의 일부를 보전하기 위하여, 부득이 가격 인상을 할 수밖에 없습니다.

- Thank you for your confidence in our ability to serve you. **We must** say that it was one of the largest orders we have ever received.

  당사의 역량을 믿어 주시어 감사합니다. 귀 주문은 당사가 받은 가장 큰 주문 중의 하나라고 말씀드립니다.

- If you insist on a discount of 50 percent for the damaged goods, **we shall have to** submit the case to Korean Commercial Arbitration Board for arbitration.

  손상된 물품에 대하여 50%의 할인을 주장한다면, 당사는 대한상사중재원에 중재를 신청할 수밖에 없습니다.

Tip 확실하고 간명하게

완곡한 표현을 하기 위하여 형용사를 사용하는 것보다는 확실한 명사를 쓰는 것이 좋을 것이다. 즉, erroneous decision(잘못된 결정)이 아니라 mistake(실수)가 낫다는 것이다. 또, 표현의 강약 조절을 위해 약한 표현을 찾는 경우도 있는데, 표현하고자 하는 바로 그 단어를 쓰는 것이 좋다. 예를 들어, have intention → intend(의도(작정)하다), have not succeeded → failed (실패하였다).

4. Despite ~
~에도 불구하고

기본유형

Despite all efforts, it is quite impossible to execute your order in time.
백방으로 노력했음에도 불구하고, 기일 내에 귀 주문을 수행하기가 불가능합니다.

Despite steadily increasing market price in recent weeks, we are glad to inform you that we could manage to maintain our prices for one more month.
최근 수주간 동안에 지속적으로 상승한 시장 가격에도 불구하고, 1개월간 더 가격을 유지할 수 있게 되었음을 알려드립니다.

Despite the tough competition among imported goods in our market, we trust that we can handle a considerable volume if your prices are competitive.
이곳 시장에서 수입품 간의 심한 경쟁에도 불구하고, 귀사의 가격이 경쟁력 있으면 상당한 물량을 취급할 수 있을 것으로 믿습니다.

Upon investigation, we have found that defective goods sometimes filter in **despite** severe preloading inspection. We requested to the factory to apply more strict criteria for quality control.
조사해 본 바, 엄격한 선적 전 검사에도 불구하고 불량품이 가끔씩 통과 된다는 것을 발견하였습니다. 공장에 더욱 엄격한 품질 관리 기준을 적용하도록 요청하였습니다.

Despite our repeated requests, we regret that your L/C is not established yet.
당사의 반복되는 요청에도 불구하고, 귀사의 신용장이 아직 개설되지 않아 유감입니다.

유사표현정리

- Despite ~
  ~에도 불구하고

- In spite of ~
  ~에도 불구하고

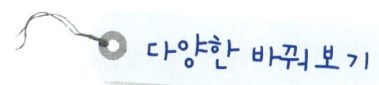

- **In spite of** your willingness of increasing the order quantity up to 10,000 pieces, we are afraid that we are unable to meet the prices you requested.
  귀사가 수량을 1만 개로 증량하고자 함에도 불구하고, 귀사가 요청하신 가격을 맞출 수가 없습니다.

- **In spite of** our repeated reminders, our invoice No. HW-07115 is over 30 days past due.
  당사의 반복되는 독촉에도 불구하고, 당사의 송장번호 HW-07115는 30일 이상 만기 경과하고 있습니다.

- We are unable to make any further price concession **in spite of** our eagerness to continue doing business with you.
  귀사와 거래를 지속하고자 열망하지만, 가격을 더 이상 인하할 수는 없습니다.

5. We offer our apologies to you for ~

~에 대하여 귀사에 사과드립니다.

기본유형

We offer our apologies to you for the inconvenience the delay has caused you.

본건 지연으로 끼친 불편에 대하여 사과드립니다.

유사표현정리

- We offer our apologies to you for ~

    ~에 대하여 귀사에 사과드립니다.

- We must straightway apologize for ~

    ~에 대하여 사과드립니다.

- We must apologize for ~

    ~에 대하여 사과드립니다.

- Please accept our apologies for ~

    ~에 대한 당사의 사과를 받아 주시기 바랍니다.

- We apologize for ~

    ~에 대하여 사과드립니다.

- We are very sorry ~

    유감입니다, 사과합니다.

- We want to offer our sincere apologies for ~

    ~에 대하여 진심으로 사과하고 싶습니다.

- We deeply apologize for ~

  ~에 대하여 깊이 사과드립니다.

- We apologize sincerely for ~

  ~에 대하여 진심으로 사과드립니다.

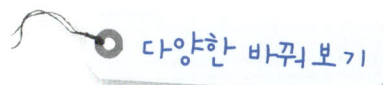

- **We must straightway apologize for** sending you the goods of inferior quality.

  품질이 불량한 제품을 발송하여 사과드립니다.

- **We must apologize for** the inconvenience caused both you and your customers through this error.

  본 실수로 인하여 귀사와 귀사의 거래업체들에 끼친 불편에 대하여 사과드립니다.

- **Please accept our apologies for** this error.

  본 실수에 대하여 사과드립니다.

- **We apologize for** failing to perfect the goods you required.

  요청하신 제품을 완벽하게 하지 못하여 사과드립니다.

- **We apologize for** the most regrettable mistake you are complaining.

  귀사가 불만을 호소하고 계신, 이 가장 유감스러운 실수에 대하여 사과드립니다.

- **We are very sorry** that we have been unable to supply your order in time.

  귀사의 주문을 기일 내에 공급해 드릴 수 없어 유감입니다.

Section 06 클레임

- **We want to offer our sincere apologies for** the most unfortunate error that has occurred in the execution of your order.

  귀사 주문을 수행하는 과정에서 발생한 가장 불행한 실수에 대하여 진심으로 사과드리고자 합니다.

- Although this is beyond our control, **we deeply apologize for** the inconvenience you have been put to.

  비록 우리 능력 밖의 일이지만, 귀사가 겪으신 불편함에 대하여 깊이 사과드립니다.

- **Please accept our apology for** your trouble and we promise to execute your order in the future with maximum care and efficiency.

  번거롭게 하여 사과드리며, 앞으로는 최대한의 주의를 기울여 효율적으로 귀사 주문을 수행할 것을 약속합니다.

- **We apologize sincerely for** the trouble caused to you and will take all possible steps to ensure that such a mistake is not made again.

  번거롭게 하여 사과드리며, 이와 같은 실수가 재발하지 않도록 하기 위하여 가능한 모든 조치를 취하겠습니다.

- **We apologize for** failing to perfect the goods you required but we will do our utmost to make you satisfied with our improved products in the near future.

  귀사가 요구하는 상품을 완벽하게 만들지 못한 것에 사과하며, 가까운 장래에 개선된 제품에 만족하실 수 있도록 하기 위해 최선을 다하겠습니다.

연·습·문·제

1. 포장품 전부가 중량 부족임을 발견했습니다.

2. 품질이 견본과 다릅니다.

3. 오랜 거래 관계를 감안해서 표시 가격에서 10% 할인함으로써 양보하고자 생각합니다.

4. 보내주신 감정보고서(鑑定報告書=Survey report)를 통해 나무통이 어느 것이나 약간씩 샌다는 것을 알았습니다.

5. 즉시 대체품으로 바꿔 드리겠습니다.

6. 틀린 원인을 밝혀내고, 시급히 상품이 도착하도록 수배하였습니다.

7. 다른 상품을 보내 주십시오. 우리도 자세히 조사해 보고 방안을 찾아보겠습니다.

8. President Taft호에 적재된 헤어드라이어의 품질 불량을 호소합니다.

9. 수량 부족을 증명하기 의해서 공인검량인(公認檢量人=Sworn weigher)의 증명서를 동봉합니다.

10. 규격이 틀려서 각각의 길이가 2.5인치나 짧습니다.

11. 주문 100호에 대해서 보내 주신 상품은 견본과 일치하지 않습니다.

12. 이 물건이 6월 10일까지 우리 손에 들어오지 않는다면 주문을 취소할 것입니다.

13. 잘못 보내드린 물건은 운임 도착불(Carriage forward 혹은 Freight collect)로 편하실 때에 보내 주시기 바랍니다.

14. 품질 불량에 대해서 설명을 받고 싶으며, 또한 어떻게 취급해 줄 것인가를 듣고자 합니다.

15. 귀사의 곤란한 입장을 감안하여 10% 할인으로 서로 양보하기로 할까 합니다

16. 유감스럽게도 귀사 제품이 많은 불평을 받고 있음을 알려드립니다. 많은 물건이 반품됐습니다.

17. 귀사의 퍼스널 컴퓨터가 심각한 불평을 듣고 있습니다.

18. 선박회사의 말로는 그쪽으로 가는 화물이 쇄도해 귀 주문번호 100의 전량을 선적하지 못했다고 합니다.

Section 06 클레임

19. 그것에 대한 교환 상품으로 좋은 물건을 보내 드리겠습니다.

20. 이 상태로는 고객에게 상품을 넘길 수가 없을 것 같습니다.

21. 화물의 일부, 거의 절반이 해수에 침수되어, 품질이 상당히 손상되어 있음을 알려 드립니다.

22. 귀사의 요구에 따라 20% 할인하여 드리겠습니다.

23. 이것은 불가항력이니, 보험회사에 보상을 청구하시기 바랍니다.

24. 본 상품의 품질에 대해서는 아직 한 번도 불평을 들은 적이 없음을 특히 알려 드립니다.

25. 폐를 끼친 점에 대하여 사과드리며, 앞으로의 주문에 대해서는 최대한 주의를 기울이겠습니다.

26. 본건에 대한 귀사의 입장을 잘 알았습니다. 가능한 한 4월 20일 이전에 상품을 발송할 수 있도록 최선을 다하겠습니다.

27. 품질의 중요성을 지적했음에도 불구하고, 선적물품이 원래의 견본보다 훨씬 못해 심히 유감스럽습니다.

28. 선적 견본과 가지고 있는 원본의 차이는 거의 없으나, 귀사와의 오랜 거래 관계를 고려하여 10%를 할인함으로써 양보해 드리겠습니다.

29. 반송 운임을 절약하기 위하여 귀사가 물품을 30% 인하한 가격으로 판매할 수 있도록 권한을 드립니다.

30. 이 손상은 분명히 사물을 거칠게 다뤘기 때문에 생긴 것입니다.

31. 선적 통지(Shipping advice)를 받은 지 1개월이 되도록 선박회사로부터 아무연락이 없습니다.

32. 톤당 50달러를 할인해 드리고, 5,000달러를 대변(貸邊)에 기입하겠습니다.

33. 최선을 다해서 주문대로 선적하겠습니다.

34. 잘못을 바로 잡을 기회를 주셔 감사합니다.

김상무님의 비즈니스 영작문 기본문형 60   Part 02

정·답

1. (1) We have found all the cases shortage in weight.
   (2) We have found that all the cases were short in weight.
   (3) We find every bale weights short.
   (4) We find that every bale shows a shortage in weight.

2. (1) The goods are not in accordance with your sample.
   (2) The quality of the goods differs from the original sample
   (3) The quality of the goods is inferior to the original sample
   (4) The quality of the goods does not correspond to the original sample

3. In view of our long and present business relationship, we will meet you half way by offering 10% of discount off list price.

4. From the survey report sent by you, we admit that each cask leaks more or less.

5. We will replace the wrong goods with right ones at once.

6. Steps have already been taken to discover the cause of this error and to get the right merchandise to you as soon as possible.

7. Please send the wrong goods by return, and we will examine it carefully and see what can be done.

8. We have to complain the bad quality of hair dryers per M/S President Taft.

9. To prove the shortage in quantity, we are enclosing the certificate of sworn weigher.

10. (1) There is difference in size that each length is shorter by 2.5inches.
    (2) The size is wrong. The length of each article is short by two and a half inches.

11. We have to remind you that the goods sent in execution of our order No.: 100 does not agree with your sample.

12. (1) We would like to cancel this order unless the goods are in our hands by June 10.
    (2) We are compelled to cancel this order unless the goods are in our hands by June 10.

13. We hope you will return the goods sent in error, carriage forward, at your own convenience.

14. We would like to receive your explanation of this inferior quality and to know what you propose to do in the matter.

15. Realizing that you are in an awkward situation, we will meet you half way by a 10% reduction.

16. We regret having to inform you that we had numerous complaints concerning your goods.

Section 06 클레임

The greater part of them has been returned.

17. We have received serious complaints in regard to your personal computers.
18. The shipping company says that your order No.: 100 has been short shipped owing to the rushing of the cargoes for your port.
19. We will let us have the right goods in exchange for them.
20. We cannot possibly deliver the goods in this condition to our customers.
21. We have to inform you that a part of the goods, nearly half, have lost a good deal of its quality by wetting from sea water.
22. We will make a discount of 20% off list price to meet your requirement.
23. As this is far beyond our control due to force majeure, we suggest that you lodge this claim with insurance company.
24. We would specially point out that no complaint has so far been made against us concerning this article.
25. We apologize for the inconvenience this business has caused and assure you of our best attention to your orders.
26. We fully appreciate your position in this matter, and will do our very utmost to send off the goods before April 20th, if possible.
27. To our regret, the shipments are found much inferior to the original samples, despite our indication of the special importance attached to the quality.
28. Though we find no difference between the shipping sample and the original sample in our hands, we will meet you half way be offering a discount of 10% in view of our long business relationship.
29. To save the return freight, we authorize you to keep them for sale at a reduced price of 30% discount.
30. It is quite clear that the damage was due to rough handling.
31. More than a month has passed since receiving your shipping advice, yet we have not heard from the shipping company anything about shipment.
32. We will allow you a discount of U$50.00 per ton and credit your account with U$5,000.00.
33. We will exert our best efforts to make the shipment as instructed on your Purchase Order.
34. Thank you for your giving us an opportunity of correcting our error.

서류 명칭 모음

서류를 나타내는 명사는 가산명사이므로 부정관사를 앞에 붙이도록 한다.

- acknowledgement – 영수증
- advice – 통지서(예를 들어, shipping advice, L/C advice)
- agreement – 합의서, 협정서(예를 들어, commission agreement)
- application – 신청서(예를 들어, credit application, L/C application)
- certificate – 확인서(예를 들어, certificate of origin, inspection certificate)
- confirmation – 확인서(예를 들어, sales confirmation, order confirmation)
- contract – 계약서(예를 들어, sales contract)
- credit – 신용장(L/C=letter of credit)
- estimate – 견적서
- invoice – 송장, 청구서(예를 들어, commercial invoice, proforma invoice)
- license – 승인서, 허가서(예를 들어, export license, import license)
- list – 명세서, 목록(예를 들어, packing list, price list)
- note – 전표(예를 들어, credit note – 대변표(貸邊票), debit note – 차변표(借邊票))
- notice – 통지서(예를 들어, arrival notice, notice of readiness)
- order – 주문서(예를 들어, purchase order)
- permit – 허가서, 면장(免狀)(예를 들어, export permit)
- policy – 보험증서, 보험 증권(=insurance policy)
- receipt – 영수증
- recommendation – 추천서
- report – 보고서
- request – 요청서, 의뢰서(예를 들어, shipping request)
- statement – 계산서, (입출금 내역을 인쇄한)명세서

E-mail 훔쳐보기

Part 03
김상무님의 비즈니스 영작문
응용샘플 101

- Section 01　거래제의 및 조회
- Section 02　응답
- Section 03　Offer와 협상
- Section 04　주문과 계약
- Section 05　선적과 지불
- Section 06　클레임

Section 01 거래제의 및 조회

1. Duplex Board 수출 거래제의

Dear Sirs,

Your name was given to us by Korea Trade-Investment Promotion Agency(KOTRA).

We are trading windows of Han-A Group which is one of top 10 company-conglomerates in Korea and are well-established exporters of all kinds of paper products having good relations with the leading manufacturers here.

We would like to introduce "Swan" brand duplex boards made by Dong-An Paper Corporation whose excellent quality is well known in major Asian countries. We can supply in reels as well as in sheets. Upon your request, we will send sample books covering entire line of their products.

Looking forward to your reply,

Best regards,

해설

귀사의 이름은 대한무역투자진흥공사를 통해서 알게 되었습니다.

당사는 한국에서 10대 기업집단의 하나인 한아그룹의 수출입 창구이며, 일류의 제조업체들과 좋은 관계를 가지고 모든 종류의 종이 제품을 수출하는 탄탄한 업체입니다.

아시아 주요국에서 그 우수한 품질이 잘 알려진 동안제지의 "Swan" 표 판지를 소개하고자 합니다. 시트(Sheet) 형태의 판지뿐 아니라 롤(Roll) 형태의 판지도 공급 가능합니다. 요청하시면 이 회사의 전 제품을 망라하는 견본집을 보내 드리겠습니다.

회신을 기다리겠습니다.

문형

Your name was given to us by ~
~를 통해서 귀사를 알게 되었습니다.

We are ~
당사는 ~입니다.

We would like to introduce ~
당사는 ~를 소개(판매)하고자 합니다.

We will ~ (당사는)
~하겠습니다.

Looking forward to ~
~를 기다립니다.

단어

conglomerate 복합 기업(체)
established 인정된, 정평이 나 있는, 확립된, 확정된
duplex board (양면의)판지

2 인조가죽 수출 거래제의

Dear Sirs,

Your name has been given by the Chamber of Commerce of your city as one of the reputable importers of plastic products in your country.

We are large manufacturers and exporters of various kinds of artificial leathers in Korea. Our PVC leather is famous for its excellent quality and durability not only in domestic market but in the countries such as Japan, China and U.S.A.

In order to diversify our existing market, we are considering supplying our quality products to you on favorable terms.

Please inform if you are interested, and we will send our samples by air parcel immediately.

Awaiting your reply as soon as possible,

Best regards,

해설

귀 지역의 상공회의소를 통하여 귀사가 귀국의 이름 있는 플라스틱 제품 수입업체들 중의 하나임을 알게 되었습니다.

당사는 한국에서 다양한 인조가죽을 제조, 수출하는 대형업체입니다.
당사의 PVC 인조가죽은 탁월한 품질과 내구성으로, 국내 시장뿐만 아니라 일본, 중국 및 미국 등과 같은 국가들에서도 유명합니다.

당사의 기존 시장을 다변화하기 위하여, 양질의 당사 제품을 저렴한 가격에 귀사로 공급할 것을 고려하고 있습니다.

관심이 있다면 알려주시기 바라며, 즉시 항공 소포로 견본을 발송하겠습니다.

조속한 회신을 기다립니다.

문형

Your name was given to us by ~
~를 통해서 귀사를 알게 되었습니다.

We are ~
당사는 ~입니다.

Please ~, and ~
~해 주시면, ~하겠습니다.

Awaiting ~
~를 기다립니다.

단어

reputable 평판이 좋은, 훌륭한, 존경할 만한
artificial 인공의, 인조의, 모조의
durability 내구성, 내구력
diversify 다양화하다, 다각화하다

3. 음료 생산업체에 수입 거래제의

Dear Sirs,

Your name has been given to us by the Chamber of Commerce in your city as one of the largest manufacturers and exporters of various kinds of beverages and soft drinks in your country.

We are one of leading food trading companies in Korea having offices or representatives in all major cities and towns in the country and are interested in your line of products as we are planning to expand and diversify our business to meet varying taste of Korean consumers.

If you are in the position to supply your products, please let us have your catalogue showing varieties of your products along with some samples.

Your prompt reply would be much appreciated.

Best regards,

김상무님의 비즈니스 영작문 응용샘플 101

해설

귀 지역 상공회의소를 통하여 귀사의 이름과 귀사가 다양한 음료수와 소프트 드링크를 제조 및 수출하는 대형업체 중의 하나임을 알게 되었습니다.

당사는 전국의 모든 주요 도시에 사무소나 대리점을 가신 뛰어난 식품 무역 회사이며, 변화하는 한국 소비자들의 취향을 맞추기 위하여 사업을 확장하고 다변화할 계획을 가지고 있어, 귀사 제품들에 관심이 있습니다.

귀사 제품을 공급하실 수 있다면, 귀사 제품의 다양성을 볼 수 있는 카탈로그와 몇몇 견본을 보내 주시기 바랍니다.

즉시 답장을 주시면 감사하겠습니다.

문형

Your name has been given to us by ~
~를 통해서 귀사를 알게 되었습니다.

We are ~ 당사는 ~입니다.

We are interested in ~
당사는 ~에 관심이 있습니다(구매하고자 합니다).

~ are in the position to ~
~할 수 있습니다.

Please let us have ~
~를 보내 주시기 바랍니다.

~ would be appreciated. 감사하겠습니다.

단어

beverage 음료, 마실 것
representative 대표자, 대리인, 대변자
variety 다양성, 갖가지 다른 것

4 업체 소개로 카탈로그, 기술자료 및 가격 요청

Dear Sirs,

Messrs. Melville International Corporation recommended you as a reliable supplier of various kinds of coating materials.

We are looking for U.V. coating materials for our sister company who is manufacturing high-class floor coverings.

Please let us have your catalogue, technical data and MSDS along with your price indication of each and every grade of your coating material for this application.

Looking forward to hearing from you,

Best regards,

해설

귀사를 신뢰할 만한 코팅 물질 공급업체라고 멜빌 인터내셔널사(社)가 추천 하였습니다.

고급 장판재를 제조하는 자매회사를 위하여 당사는 자외선 코팅 물질을 구매하고자 합니다.

귀사의 카탈로그, 기술석인 자료, MSDS(물질안전 보건자료), 그리고 이러한 용도로 사용되는 코팅 물질 각각의 그레이드에 대한 예시 가격을 제공해 주시기 바랍니다.

회신을 기다립니다.

문형

~ recommended you as ~
~가 귀사를 ~라고 추천하였습니다.

We are looking for ~
당사는 ~를 찾고(구하고) 있습니다.

Please let us have ~
~를 보내 주시기 바랍니다.

Looking forward to ~
~를 기다립니다.

단어

MSDS (Material Safety Data Sheet) 물질안전 보건 자료
along with 함께, 더하여
coating 칠, 도장(塗裝)
application 적용, 이용, 사용, 용도

5. 주소록에 실린 업체에 EVA 신제품 소개

Dear Sirs,

As your name and address were listed in the Modern Chemicals Directory, we are writing to you with a desire to open an account with you.

We are one of the leading exporters of plastic raw materials in Korea and are enjoying an excellent reputation through thirty years' business experience. We would like to introduce our EVA of new grade, HW-132, which was developed solely for shoe sole manufacturing.

We are sure that you will be quite satisfied with the excellent operation efficiency and appearance of this grade. For more information including the specifications and physical properties of HW-132, please stop by our website, www.han-a.co.kr

Looking forward to your favorable reply,

Best regards,

해설

귀사의 이름과 주소는 Modern Chemicals Directory에서 알게 되었으며, 귀사와 거래를 시작하고자 이 서한을 씁니다.

당사는 한국의 주요 플라스틱 원료 수출업체 중 하나이며, 30년의 사업 경험을 통하여 좋은 명성을 얻고 있습니다. 신발 바닥 생산만을 위하여 개발된 당사의 새로운 EVA 그레이드인 HW-132를 소개하고자 합니다.

이 그레이드의 탁월한 작업 효율과 외관에 아주 만족하실 것으로 확신합니다. HW-132의 규격과 물리적 특성을 포함한 추가 정보를 위해서는, 당사의 사이트 (www.han-a.co.kr)를 들러 보시기 바랍니다.

긍정적인 답변을 기다립니다.

문형

Your name and address were listed in ~
~에 귀사의 이름과 주소가 실려 있었습니다.

We are writing ~
(~하기 위하여) 이 서한을 씁니다.

We are ~ 당사는 ~입니다.

We would like to introduce ~
당사는 ~를 소개(판매)하고자 합니다.

Looking forward to ~ ~를 기다립니다.

단어

directory 주소록, 인명록
open an account with ~와 거래를 트다, ~와 거래를 시작하다
EVA (ethylene vinyl acetate) 에틸렌 비닐 아세테이트
efficiency 효과적인 작용, 능률
appearance 외관, 겉보기
specifications 명세 사항, 세목, 내역, 설계 명세서, 시방서
property 고유성, 특성, 속성

6 황동 공예품 광고를 보고 가격, 견본 요청

Dear Sirs,

We have seen your advertisement in "The Bride" and are interested in your various types of brassware.

Please quote us your best prices on the basis of CFR, Busan for the supply of the items listed on the attached query form.

Please state your delivery date, terms of payment and discount on regular purchases.

Since our annual requirements in brass handicrafts of all kinds are considerable, please also send us your catalogue showing the complete lines of your products along with the price list.

Looking forward to hearing from you soon,

Best regards,

김상무님의 비즈니스 영작문 응용샘플 101

해설

"The Bride"지에 실린 귀사의 광고를 보았으며, 귀사의 다양한 황동 제품에 관심이 있습니다.

첨부 조회 양식에 기재된 품목들에 대하여 부산 도착도 가격을 견적해 주시기 바랍니다.

선적 기일과 결제 조건, 정기적인 구매에 따른 할인율도 명기하시기 바랍니다.

모든 종류의 황동 공예품에 대한 당사의 연간 수요량이 상당하므로, 귀사 제품 전체를 실은 카탈로그와 가격표도 또한 보내 주시기 바랍니다.

조속한 답신을 기대합니다.

문형

We have seen your advertisement in ~
~에 실린 귀사의 광고를 보았습니다.

We are interested in ~
당사는 ~에 관심이 있습니다(구매하고자 합니다).

Please quote us ~ 견적(가격을 제시)하여 주십시오.
Please state ~ 명시(명기, 표시)하여 주십시오.
Since ~ ~때문에, ~이므로
Please send us ~ ~를 보내 주시기 바랍니다.
Looking forward to ~ ~를 기다립니다.

단어

advertisement 광고
on the basis of ~을 기초로 하여.
query 의문, 질문
form (빈 칸에 기입하게 된)양식, 서식, 용지
delivery date 선적 기일
regular purchase 정기적인 구매
handicraft 수공예품, 수세공(手細工)품
considerable 상당한, 적지 않은

7. 고급 수제품(手製品)에 대하여 가격, 견본 요청

Dear Sirs,

We learn from the Korean Embassy in your city that you are producing hand-made gloves, belts and accessories with genuine leather and various kinds of natural materials.

There is a steady demand for high-end goods in these lines in our country. Even though the volume may not be big, good prices are paid depending on designs, materials and finish.

Please send us your catalogue and the export price list showing the terms of payment for regular orders together with some of your latest samples.

Looking forward to hearing from you soon.

Best regards,

김상무님의 비즈니스 영작문 응용샘플 101

해설

귀 지역의 한국대사관으로부터 귀사가 가죽과 다양한 종류의 천연 원단으로 수제(手製) 장갑, 벨트, 액세서리 등을 생산함을 알았습니다.

한국에서는 이러한 품목에서 고급품에 대한 고정적인 수요가 있습니다.

물량은 많지 않을 수도 있으나, 디자인, 재질 그리고 마감 처리에 따라 높은 가격을 받을 수 있습니다.

귀사의 카탈로그와 고정적인 주문에 대한 거래 조건이 표시된 수출 가격표를 최신 견본 몇 점과 함께 보내 주시기 바랍니다.

귀사의 조속한 회신을 기다립니다.

문형

We learn from ~ that ~
~라고 ~로부터 알았습니다.

Even though ~
비록 ~하나(하지만)

Please send us ~
~를 보내 주시기 바랍니다.

Looking forward to ~
~를 기다립니다.

단어

high-end 최고급의, 고액의, 고성능의
volume 양, 분량
finish 끝손질, 끝마무리한 모양, 훌륭한 만듦새

8. 재고 보유 확인, 미보유시 생산 기간 확인 요청

Dear Sirs,

Your name has been recommended by Messrs. Manville Corporation whom we have been representing in our country for more than ten years.

We are looking for 2,500 yards of crepe de Chine (16mm), natural white as per sample enclosed.

Please let us know whether you have the products in your stock. If out of stock, please inform how soon you can complete the production.

Awaiting your reply,

Best regards,

김상무님의 비즈니스 영작문 응용샘플 101

해설

Manville사가 귀사를 추천하였습니다. 당사는 10년 이상 한국에서 이 회사의 대리점 역할을 하고 있습니다.

당사는, 동봉한 견본과 같은 천연 백색의 크레이프드신(16mm) 2천 5백 야드를 구매하고자 합니다.

본 제품을 재고로 보유하고 있는지 알려주시기 바랍니다.
재고가 떨어졌다면, 얼마나 빨리 생산할 수 있는지 알려주시기 바랍니다.

답신을 기다립니다.

문형

Your name has been recommended by ~
~가 귀사를 추천했습니다.

We are looking for ~
당사는 ~를 찾고(구하고) 있습니다.

Please let us know ~
~를 통보하여 주시기 바랍니다.

Please inform ~
~를 통보하여 주시기 바랍니다.

Awaiting ~
~를 기다립니다.

단어

recommend 추천하다, 천거하다
represent ~을 대표하다, ~의 대리를 맡아 하다
crepe de Chine 얇은 비단 크레이프

9. CD/DVD 수입 의향, 카탈로그 및 가격 요청

Dear Sirs,

Your name was given to us by Guangzhou Chamber of Commerce as manufacturers and exporters of various storage devices.

We are interested in import of CD-R's and DVD-R's, 25 pieces in a cake box, and would appreciate your sending us your catalogue and price list indicating your lowest prices on CFR, Busan and minimum order quantity.

Covering the whole country through our own sales network, we are in good position to order large quantities regularly, so please do your best to offer your most favorable terms.

Awaiting your reply,

Best regards,

김상무님의 비즈니스 영작문 응용샘플 101

해설

귀사가 다양한 저장 장치 생산 수출업체임을 광저우 상공회의소로부터 알게 되었습니다.

당사는 CD-R과 DVD-R (25개 들이 박스 포장) 수입에 관심이 있으며, 귀사의 카탈로그와 가격표를 부산 도착도 최저 가격과 최소 주문 수량을 표시하여 보내 주시면 감사하겠습니다.

당사 자체 판매망을 통하여 전국을 Cover(담당)하므로, 당사는 정기적으로 다량 주문을 할 수 있으며, 그러므로 가장 좋은 거래 조건을 제시하기 위해 최선을 다해 주시기 바랍니다.

귀사의 답변을 기다립니다.

문형

Your name was given to us by ~
~를 통해서 귀사를 알게 되었습니다.

We are interested in ~
당사는 ~에 관심이 있습니다(구매하고자 합니다).

We would appreciate your sending us ~
~을 보내 주시면 감사하겠습니다.

We are in good position to ~
(당사는) ~할 수 있습니다.

Please ~
~해 주시기 바랍니다.

Awaiting ~
~를 기다립니다.

단어

storage 저장, 보관
device (기계적) 장치
minimum order quantity 최소 주문 수량

회사의 제품 및 사이버 전시실 소개, 수입의향 타진

Dear Sirs,

Your name has been given to us by the Chamber of Commerce of your city as one of the most reputable importers of plastic floor products in your country.

We are large manufacturers and exporters of plastic resins and processed goods in Korea. We are producing various kinds of plastic products including PVC floor materials.

Our heavy-duty floor coverings for commercial area are famous in many Asian countries for fashionable designs and excellent durability. For demonstration and simulation of our products, please look around our cyber showroom at www.cyber-demo.co.kr.

Upon your request, we will send our sample books and price list to you immediately.

Best regards,

김상무님의 비즈니스 영작문 응용샘플 101

> **해설**
>
> 귀 지역의 상공회의소로부터, 귀사가 가장 평판이 좋은 플라스틱 바닥재 수입상이라고 소개 받았습니다.
>
> 당사는 한국의 플라스틱 레진(원료) 및 가공 제품 제조 및 수출업체 입니다.
>
> 당사는 PVC 바닥재를 포함하여 다양한 종류의 플라스틱 제품을 생산하고 있습니다.
>
> 상업지역용으로 사용되는 당사의 고강도 바닥재는 많은 아시아 국가들에서 최신의 디자인과 탁월한 내구력으로 유명합니다. 당사 제품의 전시(展示)와 모의(模擬) 사용을 보시려면, 당사의 사이버 전시실을 둘러보시기 바랍니다.
>
> 요청하시면, 당사의 견본집과 가격표를 즉시 보내 드리겠습니다.

문형

Your name has been given to us by ~
~를 통해서 귀사를 알게 되었습니다.

We are ~
당사는 ~입니다.

Please ~
~해 주시기 바랍니다.

Upon ~
~하면, ~하자마자

We will ~
(당사는) ~하겠습니다.

단어

heavy-duty 강력한, 튼튼한 (여기서는 신발을 벗지 않고 사용하는 경우를 지칭)
commercial area 매장(賣場) 등 상업용도로 사용되는 장소
demonstration 실물 설명, (제품 등의) 실물 선전, 실연(實演)
simulation 모의실험

11. 광고를 보고 수입 거래제의, 카탈로그 송부 요청

Dear Sirs,

Your advertisement in the January issue of "Newsmaker" indicated that your electronic dictionary HW-280 has been put on sale in Korean market.

We are interested in this type of products, and would like to ask you to send us your catalogue or illustrative brochure showing more detailed information of this item.

As we have our own distribution network for stationery and office supplies throughout the country, we are sure that we are always prepared to collaborate with you in the marketing of your electronic goods here.

Your prompt attention to this matter would be very much appreciated.

Best regards,

해설

1월호 "뉴스메이커"지의 광고에 귀사의 전자사전 HW-280이 한국 시장에 출시(出市)되었다고 나왔습니다.

이런 유형의 제품에 관심이 있으며, 본 제품에 대하여 좀 더 상세한 정보를 보여주는 귀사의 카탈로그 혹은 상세 설명서를 요청합니다.

당사는 전국적으로 문방구와 사무용품의 자체 판매 네트워크를 가지고 있기 때문에, 귀사의 전자 제품들을 우리나라에서 판매함에 있어 언제라도 귀사와 협력할 준비가 되어 있다고 생각합니다.

본건에 즉시 주목하여 주시면 대단히 감사하겠습니다.

문형

We are interested in ~
당사는 ~에 관심이 있습니다(구매하고자 합니다).

We would like to ask you to ~
~해 주시기 바랍니다, ~해 주시기를 요청드립니다.

As ~ ~때문에, ~이므로

We are always prepared to ~
(기꺼이) ~하겠습니다, ~할 준비가 되어 있습니다.

~ would be very much appreciated.
대단히 감사하겠습니다.

단어

electronic dictionary 전자 사전
illustrative 실례(實例)가 되는, 설명적인, 명백히 하는
brochure 팸플릿
distribution 유통(기구), 판매망
stationery 문방구

12 종이 생산업체에 견본집 요청

Dear Sirs,

Your name is familiar to us as manufacturers of various kinds of printing papers.

We are importers and stockists of paper products in Korea and are interested in adding Indian-made papers to our existing lines.

We are looking for wood-free coated and uncoated papers in sheet, packed in reams. Please send us your sample books covering complete range of your products.

For more information about our Han-A Group and Han-A Trading Corporation, please stop by our website www.han-a.co.kr.

Awaiting your reply,

Best regards,

김상무님의 비즈니스 영작문 응용샘플 101

해설

귀사의 이름은 다양한 인쇄용지 생산업체라고 익히 알고 있습니다.

당사는 한국에 있는 종이 제품 수입 판매업체이며, 당사의 기존 품목에 인도산 종이를 추가하고자 합니다.

500매 묶음으로 포장한, 시트(Sheet)형태의 아트지와 백상지를 찾고 있습니다. 귀사 제품 전체를 담은 견본집을 보내 주시기 바랍니다.

우리 한아그룹과 한아무역에 대해 더 정보가 필요하시면, www.hana.co.kr 사이트를 들러 보시기 바랍니다.

답신을 기다립니다.

문형

Your name is ~ 귀사의 이름은 ~
We are ~ 당사는 ~입니다.
We are interested in ~ 당사는 ~에 관심이 있습니다(구매하고자 합니다).
We are looking for ~ 당사는 ~를 찾고(구하고) 있습니다.
Please send us ~ ~를 보내 주시기 바랍니다.
Awaiting ~ ~를 기다립니다.

단어

printing paper 인쇄용 종이, 인쇄용지
existing lines 기존의 취급 제품(상품)
line (모양, 크기, 가격, 품질이 다양한) 재고 상품, 구입품, 그런 종류의 것
ream 연(蓮) = 500매(제지 및 인쇄업계에서 사용되는 용어)
stockist (특정 상품을 사들이는) 업자
wood-free uncoated paper 백상지(白上紙)
wood-free coated paper 아트지(紙)

13 명부(名簿)에서 알고 거래제의 및 견적과 견본 요청

Dear Sirs,

Your name and address were listed in the membership directory of National Safety Council as one of leading manufacturers of gas equipments in the U.S.A.

We are manufacturers and importers of various gas equipments and are currently supplying our products to all the major city-gas operators and suppliers through our well-established sales network throughout the country.

Among the items that you manufacture, we are interested in your models HW-290 and HW-300. Please let us have your best prices and descriptive brochures by return. If possible, please also send us samples of above items for our demonstration to our customers.

Looking forward to hearing your early reply,

Best regards,

김상무님의 비즈니스 영작문 응용샘플 101 — Part 03

해설

NSC의 회원 명부에서 귀사를, 미국의 선도적인 가스 장비 제조업체라고 알게 되었습니다.

당사는 다양한 가스 장비 제조 및 수입업체이며, 전국적으로 확립되어 있는 당사의 판매망을 통하여 현재 당사의 제품을 국내의 모든 도시가스 운영업체 및 공급업체에 공급하고 있습니다.

귀사의 생산제품 중에서 귀사 모델 HW-290과 HW-300에 관심이 있습니다.
최선의 가격과 제품 설명서를 즉시 보내 주시기 바랍니다.
가능하다면, 당사의 고객들에게 보여 줄 견본들도 보내 주시기 바랍니다.

빠른 답장을 기다립니다.

문형

Your name and address were listed in ~
~에 귀사의 이름과 주소가 실려 있었습니다.

We are ~
당사는 ~입니다.

We are interested in ~
당사는 ~에 관심이 있습니다(구매하고자 합니다).

Please let us have ~
~를 보내 주시기 바랍니다.

Please send us ~
~를 보내 주시기 바랍니다.

Looking forward to ~
~를 기다립니다.

단어

membership directory 회원 명부
currently 현재는, 지금은
operator 운영업체
supplier 공급업체
descriptive 서술적인, 기술(記述)적인, 묘사적인, 설명적인

14. 수입 제의, 가격 및 견본 요청, 시험주문 의향

Dear Sirs,

Having heard from KOTRA in New Delhi that you are a leading firm specialized in leather goods, we wish to make a purchase of lady's fashion belts from you.

We would appreciate it if you send us your lowest CFR, Busan prices with earliest delivery schedule. We would also like to have your samples and color swatches by DHL.

As soon as we review your samples and quotation, we are willing to place an order of 500 dozens as a trial. If your goods are found satisfactory, we will be repeating orders regularly in the future.

Looking forward to your reply,

Best regards,

김상무님의 비즈니스 영작문 응용샘플 101

해설

뉴델리 소재 대한무역투자진흥공사를 통하여 귀사가 가죽 제품에 특화된 선도업체임을 알았으며, 숙녀용 패션 벨트를 수입하고자 합니다.

귀사의 부산 도착도 최저 가격을 최단 선적 기일과 함께 알려주시면 감사하겠습니다.
DHL편으로 견본들과 색상 견본도 보내 주시기 바랍니다.

귀사의 견본과 견적을 검토하는 대로 시험 주문 500 다스를 발주하겠습니다.
귀사 제품이 만족스러운 것으로 판명되면, 장차 정기적으로 재발주를 하게 될 것입니다.

답신을 기다립니다.

문형

Having heard from ~ that ~
~로부터 ~라고 알게 되었으며

We wish to ~
~하고 싶습니다, ~하고자 합니다, ~하기를 희망합니다.

We would appreciate ~ 감사하겠습니다.

We would like to have ~
~를 보내 주시기 바랍니다.

As soon as ~ ~하자마자, ~하는 즉시

We are willing to ~ (기꺼이) ~ 하겠습니다.

If ~ ~한다면, ~라면

We will ~ (당사는) ~하겠습니다.

Looking forward to ~ ~를 기다립니다.

단어

swatch 견본
as a trial 시험적으로, 시험 주문으로
repeat orders 재발주(再發注)하다

15. 다량 주문 가능성 설명, 최선의 견적 요청

Dear Sirs,

We are interested in the latest model of your wireless telephone, model number HW-777.

We wish to have your best price on CFR, Busan basis together with more detailed information about the features of this model.

We are importers and distributors of various electronic goods having 30 years of business background with our own network throughout the country. Therefore, if your product is competitive in price, design and quality, we are quite confident that we can place quantity orders regularly.

We look forward to having an early reply from you.

Best regards,

해설

귀사의 무선전화기 최신 모델, 모델번호 HW-777에 관심이 있습니다.

이 모델의 특성에 대한 좀 더 상세한 정보와 함께, 최선의 부산 도착도 가격을 제시하여 주시기를 희망합니다.

당사는 전국적인 자체 판매망을 가지고 있고 30년의 사업 경력을 가진, 다양한 전자제품의 수입 및 판매업체입니다.

그러므로 귀사 제품이 가격, 디자인, 품질 면에서 경쟁력이 있다면, 정기적으로 대량 주문을 할 수 있을 것으로 자신합니다.

빠른 답신을 기다립니다.

문형

We are interested in ~
당사는 ~에 관심이 있습니다(구매하고자 합니다).

We wish to ~
~하고 싶습니다, ~하고자 합니다, ~하기를 희망합니다.

We are ~
당사는 ~입니다.

We are quite confident that ~
~을 자신합니다.

We look forward to ~
~를 기다립니다.

단어

wireless telephone 무선전화기
feature 두드러진 점, 특징, 특질
competitive 경쟁력 있는, 남에게 지지 않는
quantity order 대량 주문, 상당히 많은 양의 주문

16. 카탈로그와 견본, 가격 및 선적조건 통보 요청

Dear Sirs,

We are one of leading importers and distributors of stationery goods and office supplies in Korea, and **are interested in** your computer accessories and peripheral devices.

We would appreciate it if you send us your catalogues and samples along with your best prices and delivery terms.

If your products are competitive and suitable for our market, **we will** be placing regular orders with you.

Hoping that this will meet your prompt attention and **looking forward to** receiving your reply soon,

Best regards,

김상무님의 비즈니스 영작문 응용샘플 101

해설

당사는 한국의 선도적인 문구류 및 사무용품 수입 판매업체 중의 하나이며, 귀사의 컴퓨터 액세서리 및 주변기기에 관심이 있습니다.

귀사의 카탈로그, 견본과 함께 최선의 가격과 선적 기일을 보내 주신다면 감사하겠습니다.

귀사의 제품들이 경쟁력이 있고, 우리나라 시장에 적합하다면 정례적인 주문을 하게 될 것입니다.

본건에 즉시 주목하여 주시기를 희망하며, 조기에 귀사의 답신을 받기 기대합니다.

문형

We are ~ 당사는 ~입니다.

We are interested in ~
당사는 ~에 관심이 있습니다(구매하고자 합니다).

We would appreciate ~ 감사하겠습니다.

If ~ ~한다면, ~라면

We will ~
(당사는) ~하겠습니다.

Hoping that ~
~을 희망합니다, ~을 바랍니다.

Looking forward to ~ ~를 기다립니다.

단어

office supplies 사무용품
computer accessories 컴퓨터 액세서리
peripheral devices 주변기기

17 저가 제품 수요 증가, 시장 진입 위한 특가 요청

Dear Sirs,

Recently, we have been receiving inquiries from our customers here about the supply of imported cotton goods.

Please quote your best CFR, Inchon prices for 500 pieces of cotton white shirts.

As there is a large demand for low-priced shirts at present, if your quotation is favorable, we will probably need regular shipments.

In view of this, we would appreciate your special offer enabling us to put your products on our market.

Best regards,

김상무님의 비즈니스 영작문 응용샘플 101

해설

최근 들어 우리나라의 고객사들로부터 수입산 면제품의 공급에 대한 문의를 계속 접하고 있습니다.

면 와이셔츠 500장에 대하여 인천 도착도 최저 가격을 견적해 주시기 바랍니다.

지금 저가의 셔츠에 대해 많은 수요가 있어, 만약 가격이 저렴하다면 아마도 정기적인 선적이 필요(정기적으로 발주)하게 될 것입니다.

이러한 점을 감안하여, 이곳 시장에 귀사의 제품을 출시할 수 있도록 특별 가격을 주시면 감사하겠습니다.

문형

Please quote ~
견적(가격을 제시)하여 주십시오.

As ~ ~때문에, ~이므로
If ~ ~한다면, ~라면
We will ~ (당사는) ~하겠습니다.
In view of ~ ~을 감안하면
We would appreciate ~ 감사하겠습니다.

단어

inquiry 조회, 문의
favorable 알맞은, 적합한, 호의적인, 찬성하는, 긍정적인
quotation 시세 매기기, 시가(時價) 견적

18. 정기고객 결제조건 확인, 견본 휴대 방문 요청

Dear Sirs,

We have learned from an article in the "A/V Journal" that you are representing Messrs. Rheinland Digital of Germany in the international market.

Please send us catalogues and price list of all the products that Rheinland Digital is exporting. Regarding the payment, please inform us what kind of special terms you are in the position to grant us for an annual volume of U$10,000,000.

If possible, please dispatch a representative to us for further discussions. He/she may bring Rheinland's synthesizers and other musical instruments to show us.

Awaiting your reply,

Best regards,

김상무님의 비즈니스 영작문 응용샘플 101

해설

"A/V Journal"지의 기사를 보고, 귀사가 수출 시장에서 독일 Rheinland Digital사의 대리점임을 알게 되었습니다.

Rheinland Digital사가 수출하고 있는 모든 제품들에 대하여 카탈로그와 가격표를 보내 주시기 바랍니다.

대금 결제와 관련, 연간 1천만 달러 이상의 매출에 대하여 당사에 어떠한 특별 조건을 제공할 수가 있는지 알려주시기 바랍니다.

가능하다면, 더 협의할 수 있도록 직원을 보내 주시기 바랍니다. 당사에게 보여 줄 Rheinland사의 신시사이저와 다른 악기들을 휴대하고 오시는 것도 좋겠습니다.

귀사의 답신을 기다립니다.

문형

We have learned from ~that ~
~라고 ~로부터 알았습니다.

Please send us ~
~를 보내 주시기 바랍니다.

Regarding ~ ~와 관련하여

Please inform us ~
~를 통보하여 주시기 바랍니다.

Please ~ ~해 주시기 바랍니다.
Awaiting ~ ~를 기다립니다.

단어

article (신문)기사
annual volume 연간 매출(매상)
musical instrument 악기(樂器)

19 카탈로그, 가격표 요청 및 대리점 계약 제의

Dear Sirs,

You may recall that we used to buy miniature automobiles, ships and airplanes from you several years ago. We are now ready to resume the business as we expect the demand for these products will be picking up here.

Please send us your catalogue and price list covering your latest products including those items advertised in the October issue of "Asian Buyer's Guide."

In case you are not represented in Korea, we are interested in an agency contract with you. Through our own distribution network around the country, we are in good position to handle your products regularly. Please let us have your comments on this.

Looking forward to your reply,

Best regards,

김상무님의 비즈니스 영작문 응용샘플 101 — Part 03

> **해설**
>
> 당사가 수 년 전에 귀사로부터 모형 자동차, 선박 및 비행기를 구매하였던 것을 기억하실 것입니다. 우리나라에서 이러한 제품들에 대한 수요가 증가할 것으로 기대하므로, 당사는 지금 이 사업을 재개하려고 합니다.
>
> "아시아 구매가이드" 10월 호에 광고하신 제품들을 포함하여 최신 제품들을 망라하는 카탈로그와 가격표를 송부해 주시기 바랍니다.
>
> 만약 한국에 귀사의 대리점이 없다면, 귀사와 대리점 계약을 체결하는 데에도 관심이 있습니다. 전국에 있는 당사 자체 판매망을 통하여 귀사의 제품을 정례적으로 취급할 수가 있습니다. 이 건에 대하여 의견 주시기 바랍니다.
>
> 귀사의 답변을 기다립니다.

문형

We are ready to ~   ~ 하겠습니다, ~하고자 합니다.
As ~   때문에, ~이므로
Please send us ~   ~를 보내 주시기 바랍니다.
In case ~   ~한다면, ~라면
We are in good position to ~   당사는 ~할 수 있습니다.
Please let us have ~   ~를 보내 주시기 바랍니다.
Looking forward to ~   ~를 기다립니다.

단어

recall   ~을 상기하다, ~을 (사람 마음에) 생각나게 하다
miniature   축소 모형
agency   대리점, 특약점, 남의 일을 대행하는 회사
contract   계약(서), 약정
comment   논평, 비평, 의견

자신의 강점 설명, 대리점으로 선정할 것을 요청

Dear Sirs,

We understand that you have no representative or agent in our country and would like to offer our services.

We are importers and distributors of various durable goods. We have been selling to wholesalers and discount stores around the country and have built a nationwide network showing excellent sales records.

Now, we are trying to expand our business volume through diversifying our business lines. We will do our best to establish your products in Korean market if you agree to grant us a sole agency.

If you are interested in our proposal, please let us know by return, and our bank and trade references will be provided immediately.

Best regards,

 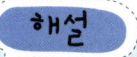

해설

귀사는 우리나라에 대리점이 없다고 알고 있으며, 당사가 서비스를 제공하고자 합니다.

당사는 다양한 내구재를 수입 판매하고 있습니다.
전국의 도내업체와 할인섬에 판매하여 왔으며, 탁월한 매상고를 올리고 있는 전국적인 판매망을 수립하여 왔습니다.

당사는 취급 제품을 다양화함으로써 외형을 확장하고자 노력 중에 있습니다.
귀사가 당사에 독점 대리권을 부여해 주신다면, 한국 시장에서 귀사의 제품이 자리 잡도록 하기 위하여 최선을 다하겠습니다.

당사의 제안에 흥미가 있다면 즉시 알려주시기 바라며, 즉시 당사의 은행 및 거래처(=신용 조회처(信用照會處))들을 알려드리겠습니다.

문형

We are ~
당사는 ~입니다.

We will do our best to ~
~하도록(~하기 위하여) 최선을 다하겠습니다.

If ~
~한다면, ~라면

Please ~, and ~
~해 주시면, ~하겠습니다.

단어

durable goods 내구재(耐久財)
discount store 할인점
by return 지급(至急) 답신으로, 지급으로
proposal 제안
reference 조회처

제품 소개, 독점판권 제의, 의향 타진

Dear Sirs,

We have been in contact with the Chamber of Commerce in your city, who recommended your company as a possible candidate for our agent in your country. We manufacture "Astro" brand computer accessories that have proven bestsellers in domestic market, and wish to extend our sales to overseas market.

As enclosed, please find our catalogue showing the full range of our products, and we trust that a glance at it will let you know that they will command a fine sale in your country, too.

To start up the business, we would like you to keep a certain level of inventory to entertain the orders requiring prompt delivery. As for your commission, we offer 10 percents for the initial stage of business development.

Please advise if you are interested in representing us and if you think that you can handle the volume that would warrant our appointing you as our sole and exclusive agent in your country.

Best regards,

김상무님의 비즈니스 영작문 응용샘플 101

해설

귀 지역의 상공회의소로부터 귀사가 당사의 대리점으로 가능한 업체라고 소개받았습니다. 당사는 "Astro" 브랜드의 컴퓨터 액세서리를 제조하는데, 국내 시장에서는 아주 잘 팔리고 있고 해외 시장으로 판매를 확장하고자 합니다.

당사 제품을 망라하고 있는 동봉한 카탈로그를 한 번 보시면, 귀국에서도 잘 팔릴 것임을 아실 수 있을 것으로 생각합니다.

사업을 시작하기 위해서는 즉시 공급이 필요한 주문에 맞추기 위하여, 일정 물량을 재고로 보유하시기를 원합니다. 귀사의 커미션은 사업 개발 초기에는 10%를 제안합니다.

당사의 대리점에 관심이 있고, 그리고 귀국에서 당사의 유일하고 독점적 대리점으로 선정될 만큼 충분한 물량을 취급할 수 있다고 생각하시면 알려주시기 바랍니다.

문형

We wish to ~
~하고 싶습니다, ~하고자 합니다, ~하기를 바랍니다.

As enclosed, please find ~ ~을 동봉합니다.

We trust that ~
~라고 믿습니다, ~라고 생각합니다.

Please advise ~
~를 통보하여 주시기 바랍니다.

단어

candidate 입후보자, 지망자, 지원자
command a fine sale 잘 팔리다
entertain 대접하다, 환대하다, 향응을 베풀다, 맞이하다
prompt delivery 즉시 선적
commission 수수료, 구전(口錢), 커미션
initial 처음의, 최초의, 초기의
warrant ~을 보증하다, 확약하다
appoint ~을 임명하다, 지명하다
exclusive 배타적인, 유일한, 혼자만의, 독점적인

22 독점 대리점 계약시 중요사항 확인 요청

Dear Sirs,

With reference to our telephone conversation of today, we are glad that we could reach an agreement regarding your appointing us as your sole agent in our country.

As we are to prepare a draft of the agreement, we would like to confirm the chief conditions of the agreement as follows,

1. You appoint us as your sole and exclusive agent in Korea for a period of two(2) years from the date of signature on this agreement.

2. We handle no other foreign products of same line and competitive type(s).

3. We receive a commission of 10 percents on all sales of your products in Korea.

We look forward to your confirmation by return.

Best regards,

김상무님의 비즈니스 영작문 응용샘플 101

해설

금일 전화 통화와 관련, 당사를 우리나라에서 귀사의 독점 대리점으로 선정하는 것에 대하여 합의에 도달할 수 있어서 기쁘게 생각합니다.

합의서 초안을 작성해야 하므로, 나음과 같은 주요 합의 조건들을 확인하고자 합니다.

1. 귀사는 당사를 본 계약서 서명일로부터 2년간, 한국에서 유일하고 독점적인 대리점으로 지명한다.
2. 당사는 외국산 동일군(群)의 제품이나 경쟁 상품을 취급하지 않는다.
3. 당사는 한국에서 판매되는 귀사의 모든 매출에 대하여 10%를 커미션으로 지급받는다.

즉시 회신해 주시기를 기대합니다.

문형

With reference to ~
~와 관련하여

Regarding ~
~와 관련하여

As ~
~때문에, ~이므로

We would like to confirm ~
~을 확인하고자 합니다.

We look forward to ~
~를 기다립니다.

단어

agreement 협정, 계약
draft 초고(草稿), 초안(草案)
confirmation 확인, 승인

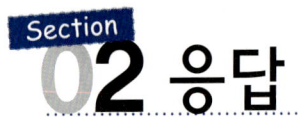

Section 02 응답

1. 거래제의에 답하여 MP3 Player 가격과 견본 요청

Dear Sirs,

Thank you very much for your interest in establishing business relations with us. With the prospects of great success, we wish to start off with an initial order for 1,000 units of your MP3 player, Model No. HW-123.

As the demand for simple and inexpensive MP3 players is increasing here, we expect a successful sale if the price is reasonable and the design suits the taste of the youth.

We would appreciate it if you send us your latest catalogue and price list together with a sample of HW-123.

Awaiting your reply,

Best regards,

김상무님의 비즈니스 영작문 응용샘플 101

해설

당사와의 거래에 관심을 가져 주시어 대단히 감사합니다. 대성공을 전망하면서, 귀사 MP3 플레이어 모델번호 HW-123 1천 대를 초기 주문하는 것으로 거래를 개시하고자 합니다.

우리나라에서는 단순하고 저렴한 MP3 플레이어에 대한 수요가 증가하고 있기 때문에, 가격이 적정하고 디자인이 젊은층의 취향에 맞으면 성공적으로 판매할 것으로 기대합니다.

HW-123 견본과 함께 귀사의 최신 카탈로그와 가격표를 보내 주시면 감사하겠습니다.

답신을 기다립니다.

문형

Thank you very much for ~
~(에 대하여) 감사합니다.

We wish to ~
~하고 싶습니다, ~하기를 바랍니다.

As ~
~때문에, ~이므로

We would appreciate it if you send us ~
~를 보내 주시면 감사하겠습니다.

Awaiting ~
~를 기다립니다.

단어

establish a business relations with
~와 거래 관계를 수립하다

prospect
가망, 공산, (장래에 대한) 전망

start off
출발하다

reasonable
합당한, 비싸지 않은

2. 거래제의에 답하여 크라프트지 가격과 견본 요청

Dear Sirs,

Thank you very much for your letter of July 21st in which you expressed your willingness to open an account with us.

We are pleased to learn that you are in good position to supply kraft paper in reels. We would appreciate receiving your best CFR, Busan quotation for kraft paper for shopping bags, bleached and unbleached, together with sample books as soon as possible.

If your prices are competitive and the quality of your goods meets the market standards here, we trust that we will be able to place large orders in the future.

We look forward to hearing from you soon.

Best regards,

김상무님의 비즈니스 영작문 응용샘플 101 Part 03

해설

당사와의 거래 시작 의향을 적어주신, 7월 21일자 서한 감사합니다.

크라프트지(紙) 롤(Roll)을 공급하실 수 있음을 알게 되어 기쁘게 생각합니다. 쇼핑백 제작용으로 흰색 및 갈색의 크라프트지에 대하여 부산 도착도 가격을, 견본집과 함께 가능한한 빨리 보내 주시면 감사하겠습니다.

귀사의 가격이 경쟁력이 있고 품질이 이곳 시장의 기준에 적합하면, 장차 대량 주문을 할 수 있을 것으로 생각됩니다.

조속한 답신을 기다립니다.

문형

Thank you very much for ~
~(에 대하여) 감사합니다.

We are pleased to learn that ~
~라고 알게 되어 반갑습니다.

We would appreciate receiving ~
~를 보내 주시면 감사하겠습니다.

If ~ ~한다면, ~라면

We trust that ~
~라고 믿습니다, ~라고 생각합니다.

We look forward to ~
~를 기다립니다.

단어

willingness 기꺼이 자진해서 하기, 흔쾌히 하는 마음
bleached 백색의(표백 처리된)
unbleached 갈색의(표백 처리되지 않은)

3. 카탈로그, 판촉물, 가격표 요청받고, 송부

Dear Sirs,

Thank you very much for your inquiry of January 15th.

As requested, we are sending our catalogue, price list and promotional literature by DHL.

Also enclosed is our price list which will show you our best quotations on CFR, Sydney.

Regarding the delivery terms, we can ship in five(5) weeks after receipt of your order confirmation in writing.

Best regards,

김상무님의 비즈니스 영작문 응용샘플 101

해설

귀사 1월 15일자 구매의향(Inquiry) 서한 잘 받았습니다.

요청하신 대로 당사의 카탈로그와 판촉 인쇄물, 그리고 가격표를 보내 드립니다.

당사 최선의 시드니 도착도 가격을 보여 주는 가격표 또한 동봉하였습니다.

선적조건과 관련, 귀사의 서면(書面) 주문 확인을 접수한 후 5주일 이내에 선적할 수가 있습니다.

문형

Thank you very much for ~
~(에 대하여) 감사합니다.

As ~
~한 대로

We are sending ~
~를 보내 드립니다.

Regarding
~ 와 관련하여

단어

promotional 판촉의
literature 인쇄물, 전단(傳單)
in writing 서면으로

4 요청에 따라 카탈로그와 가격표 송부

Dear Sirs,

Thank you very much for your letter dated October 15th.

As requested, we are sending our catalogue and price list by DHL. You may visit our website, www.han-a.co.kr, for more detailed information about our production facilities. We hope that some of our products suit your needs.

Upon receipt of your specific inquiries, we will quote our best prices and terms.

Looking forward to hearing from you.

Best regards,

김상무님의 비즈니스 영작문 응용샘플 101

해설

귀사의 10월 15일자 서한 잘 받았습니다.

요청하신 대로 카탈로그와 가격표를 DHL편으로 송부합니다.
당사 생산 설비에 대하여 더 상세한 정보를 원하시면 당사 사이트를 방문하시기 바랍니다.
당사의 몇몇 제품이 귀사의 용도에 적합하기를 바랍니다.

구체적인 구매의향(Inquiry)을 받게 되면(보내 주시면), 최선의 가격과 거래 조건을 견적하도록 하겠습니다.

답신을 기다립니다.

문형

Thank you very much for ~
~(에 대하여) 감사합니다.

As ~ ~한 대로

We are sending ~
~를 보내 드립니다.

We hope ~
~을 희망합니다, ~을 바랍니다.

Upon ~
~하면, ~하자마자

We will ~
(당사는) ~하겠습니다.

Looking forward to ~
~를 기다립니다.

단어

facilities 설비, 시설
suit 어울리다, 편리하다, 만족할 만하다
specific 명확한, 분명하게 한정된, 특정적인, 명백한, 특정의

5 가격 견적 및 확인 요청

Dear Sirs,

We appreciate your inquiry of March 25th and we are pleased to quote you as followings,

Model number HW-201 U$35.00 / unit
Model number HW-301 U$45.00 / unit

Prices are on the basis of CFR, Amsterdam including your commission 3%.
Shipment can be done within four(4) weeks after receipt of your L/C.

Please confirm your acceptance by return.

Best regards,

김상무님의 비즈니스 영작문 응용샘플 101

해설

귀사 3월 25일자 구매의향 서한에 감사하며, 다음과 같이 견적합니다.

모델번호 HW-201 대당 35달러
모델번호 HW-301 대당 45달러

가격은 암스테르담 도착 가격이며, 귀사 알선 수수료 3%가 포함되어 있습니다.
귀사의 신용장을 접수한 후 4주일 이내에 선적 가능합니다.

즉시 확인해 주시기 바랍니다.

문형

We appreciate
~ 감사하겠습니다.

We are pleased to quote
~ 견적합니다.

Please confirm ~
~을 확인해 주시기 바랍니다.

단어

quote ~의 값을 어림잡다, ~의 시세를 매기다, 시세를 말하다
receipt 인수, 수령, 영수.
acceptance 받아들임, 수납, 가납(嘉納), 승인, 수용, 용인, 수용, 수락

6. 카탈로그, 가격표 송부, 조기발주 권유

Dear Sirs,

Thank you very much for your letter dated July 5th inquiring about our leather goods.

As you requested, we are sending our samples, color swatches and price list by DHL. A glance at our price list will let you know that we have cut our prices to the rock bottom in order to develop our sales in your country.

As the market is slow these days, you can buy at very competitive prices at this time. If, however, orders from the U.S. and Europe rush in, we can not maintain our prices any more. Therefore, we would like to strongly advise you to confirm your purchase within the validity which is two weeks from today.

Looking forward to hearing from you soon,

Best regards,

해설

당사의 가죽 제품에 대해 문의하는 귀사 7월 5일자 서한 잘 받았습니다.

요청하신 대로, 견본과 색상 스와치(견본 조각), 가격표를 DHL편으로 발송합니다.
가격표를 한 번 훑어보시기만 해도 귀국에서 당사의 판매를 개척하기 위하여 가격을 최저선까지 인하하였음을 알게 될 것입니다.

요즈음 시장이 한산하므로 지금은 아주 경쟁적인 가격에 구매하실 수가 있습니다.
하지만, 만약 미국과 유럽의 주문이 몰려오면 당사는 가격을 더 이상 유지할 수가 없습니다. 그러므로 가격의 유효 기일인 금일로부터 2주간 이내에 주문을 확정하실 것을 권합니다.

조속한 회신을 기다리겠습니다.

문형

Thank you very much for ~
~(에 대하여) 감사합니다.

As ~
~한 대로

We are sending ~
~를 보내 드립니다.

As ~
~때문에, ~이므로

We would like to strongly advise you to ~
~하기를 권합니다.

Looking forward to ~
~를 기다립니다.

단어

glance 일견, 흘끗 보기, 일별
rock bottom 최저선, 최하선, 맨 밑바닥
rush in 난입하다, 쉴 새 없이 들어오다
validity 유효, 효력

7. 카탈로그, 가격표 송부 및 제품 자랑, 발주 권유

Dear Sirs,

Thank you very much for your inquiry of April 5th. As requested, we are sending you the catalogue, sample book and price list of our PVC sponge leather as enclosed.

On our price list, our CFR, New York prices are shown along with detailed particulars of our artificial leathers.

For your reference, our products have been selling extremely well in many foreign countries as well as domestic market. Please understand that they are well accepted by most major producers of auto furniture, home furnishings, luggage and handbags and so forth.

As we have been receiving quantity orders recently, if you want any of them shipped immediately, we would strongly advise you to place your order without delay.

Best regards,

김상무님의 비즈니스 영작문 응용샘플 101

해설

귀 4월 5일자 구매의향(Inquiry) 서한 잘 받았습니다.

요청하신 대로, 첨부와 같이 당사의 PVC 인조가죽에 대한 카탈로그, 견본집 및 가격표를 보내 드립니다.

당사의 가격표 상에는 당사 인조가죽 제품에 대한 상세한 특성과 함께 뉴욕 도착도 가격이 표시되어 있습니다.

참고로, 당사의 제품은 국내 시장뿐만 아니라 많은 해외 국가에서도 아주 잘 팔리고 있습니다. 자동차용 내장재, 가구, 여행용 가방 및 핸드백 등의 주요 생산업체 대부분으로부터 인정받고 있음을 알아주십시오.

최근 대량 주문을 받고 있으므로 즉시 선적되기를 원하는 물품이 있다면 바로 발주하시기를 권합니다.

문형

Thank you very much for ~
~(에 대하여) 감사합니다.)

As ~ ~한 대로

We are sending ~ ~를 보내 드립니다.

Please understand ~
~라고 해석(이해)해 주시기 바랍니다.

As ~ ~때문에, ~이므로

We would strongly advise you to ~
~하도록(하기를) 권합니다.

단어

PVC sponge leather 발포 비닐 인조 가죽(가방, 소파 등의 원단으로 사용)
particulars 상세한 사항, 명세(明細)
artificial leather 인조 가죽
furnishings 가구, 비품, 세간

8. 견본집 송부, 재고판매 요청 및 조기발주 권유

Dear Sirs,

Thank you very much for your inquiry of March 20th for our PVC sponge sheet. As enclosed, we are pleased to send you our sample book showing full range of our products.

As you may know, our products have been enjoying an excellent sale for a long time and are superior to any other products in the market since the patterns and embossments are very unique.

Therefore, we trust that it would be very good for your expansion of sales if you keep them in your regular stock.

As the material costs have been increasing since the end of last year, we would recommend you to conclude the business immediately.

Best regards,

김상무님의 비즈니스 영작문 응용샘플 101

해설

2월 20일자 당사의 PVC 발포 시트에 대한 귀사의 구매의향(Inquiry) 서한 잘 받았습니다. 동봉한 대로, 당사 제품 전부를 망라한 견본집을 송부합니다.

아시다시피 당사 제품은 문양과 엠보싱이 아주 독특하기 때문에 오랜 세월 동안 아주 잘 팔리고 있으며, 시중의 어느 제품보다도 우수합니다.

그러므로 귀사의 정기 재고품목으로 보유하신다면, 귀사 매출 증대에 아주 유익할 것으로 생각합니다.

원료비가 작년 말 이래 상승하고 있기 때문에, 즉시 거래를 결말짓기를 권합니다.

문형

Thank you very much for ~
~(에 대하여) 감사합니다.

As ~ ~한 대로

We are pleased to send ~
~를 보내 드립니다.

Since ~ ~때문에, ~이므로

We trust that ~
~라고 믿습니다, ~라고 생각합니다.

As ~ ~때문에, ~이므로

We would recommend you to ~
~하도록(하기를) 권합니다.

단어

PVC sponge sheet 발포 비닐 쉬트(장판용, 식탁용 place mat 원단 등으로 사용)
superior to 나은, 고급의, 상질의
pattern 무늬, 도안, 무늬 있는 장식
embossment 부조(浮彫)로 함, 도드라지게 함, 부조, 세공, 양각 무늬
material cost 원료비

9 가격 견적과 견본집 송부, 조기발주 권유

Dear Sirs,

With reference to your inquiry of May 10th, we are pleased to inform you that a volume of our sample book showing a complete range of our patterns has been sent to you by DHL. For the prices and the terms of sale, please find our detailed quotation as attached.

Please be advised that we can guarantee any of these patterns can be shipped within three(3) weeks from the receipt of your order. However, we would strongly advise you to release your order without delay in view of recent heavy demand and tight schedule of our production line.

For the quantity orders over 10,000 yards, we will allow 5% discount from the prices as indicated in our quotation.

Awaiting your reply,

Best regards,

김상무님의 비즈니스 영작문 응용샘플 101

해설

5월 10일자 귀사의 구매의향(Inquiry)과 관련, 당사의 모든 패턴들을 실은 견본집 1권을 DHL 편으로 발송하였음을 알려드립니다.
가격과 판매 조건에 대해서는 견적서를 첨부하였습니다.

(견본집의) 어떠한 패턴이라도, 발주일로부터 3주일 이내에 선적할 수 있음을 알려드립니다. 그러나 최근의 수요 강세와 생산 라인의 타이트한 스케줄 등을 감안하여 지체하지 않고 주문 하시기를 권합니다.

1만 야드 이상의 대량 주문에 대해서는 위 견적서 상의 가격으로부터 5% 할인해 드리겠습니다.

답신을 기다립니다.

문형

With reference to ~ ~와 관련하여
We are pleased to inform you that ~
~임을 알려드립니다(알려드리게 되어 기쁩니다).

Please find ~ (as attached) ~를 첨부합니다.
Please be advised that ~ ~임을 알려드립니다.
We would strongly advise you to ~ ~하도록(하기를) 권합니다.
In view of ~ ~을 감안하면
We will ~ (당사는) ~하겠습니다.
Awaiting ~ ~를 기다립니다.

단어

guarantee 보증하다, 보장하다
tight 꽉 찬, 가득 메운, 거의 여유가 없는
production line (일관 작업 등의)생산 라인
allow(give, make) a discount 할인을 하다

10. 카탈로그와 가격표 송부, 조기발주 요청

Dear Sirs,

Thank you very much for your inquiry of April 10th regarding LCD monitors.

As requested, we are sending a copy of catalogue showing the products of Silver Star Corporation, one of major manufacturers of electronic goods and home appliances in Korea, together with a price list indicating our CFR, New York.

The delivery varies according to the order quantity. While we need a lead time of 4(four) weeks for orders over 2,000 units, we can arrange immediate shipment from our stock upon receipt of your L/C for orders up to 2,000 units.

Owing to the rush of orders from overseas customers, we were advised that Silver Star's production lines are fully occupied by the end of May. Therefore, we would ask you to let us know your requirements, if any, as soon as possible.

Best regards,

김상무님의 비즈니스 영작문 응용샘플 101 — Part 03

해설

LCD 모니터에 관한 귀사의 4월 10일자 구매의향(Inquiry) 서한 잘 받았습니다.

요청하신 대로, 한국의 주요 전자제품 및 가전제품 제조업체 중의 하나인 Silver Star사의 제품을 보여 주는 카탈로그와, 당사의 뉴욕 도착도 가격을 명시한 가격표를 함께 보내 드립니다.

선적은 주문 물량에 따라 다릅니다.
2천 개 이상 주문의 경우 4주간의 리드 타임이 필요하지만, 2천 개 이하의 경우 신용장을 접수하면 즉시 재고로부터 선적을 조치할 수가 있습니다.

해외의 고객들로부터 주문이 밀려오고 있기 때문에, Silver Star사의 생산 라인이 5월 말까지는 꽉 차있다고 통보받았습니다.
그러므로 필요 물량이 있으시면 가능한 한 빨리 통보해 주실 것을 요청드립니다.

문형

Thank you very much for ~
~(에 대하여) 감사합니다.

Regarding ~ ~와 관련하여

As ~ ~한 대로

We are sending ~ ~를 보내 드립니다.

According to ~
~에 의하여, ~에 따라, ~대로

While ~ ~하나, ~하지만

Owing to ~
~때문에, ~로 인하여

We would ask you to ~
~해 주시기 바랍니다, ~해 주시기를 요청드립니다.

단어

home(household) appliances 가정용 기구(각종 전기 제품 등)
lead time 리드 타임(제품의 기획에서 완성까지(주문에서 배달까지)의 기간)
requirements 필요한 것, 필수품

11 카탈로그와 견본 송부, 인기 모델 권유

Dear Sirs,

Thank you very much for your inquiry of July 25th concerning your intention of purchasing 1,000 units of our MP3 players.

As requested, we are sending our newest catalogue and price list along with two(2) samples. Among those products in our catalogue, we would like you to look at our model HW-220 which was very popular at the recent exhibition in Los Angeles for its fashionable design and excellent quality.

If you are willing to accept our HW-220, we will be dispatching 500 units from our production line by airfreight. Please understand that this is the maximum quantity that we can supply at present.

Looking forward to your favorable reply,

Best regards,

김상무님의 비즈니스 영작문 응용샘플 101

해설

당사의 MP3 플레이어 1천 대 구매 의향과 관련한 귀사의 7월 25일자 구매의향(Inquiry) 서한 잘 받았습니다.

요청하신 대로, 당사의 최신판 카탈로그와 가격표를 견본 2대와 함께 보내드립니다.
카탈로그 상의 제품들 중에서, 최신 디자인과 탁월한 품질로 최근의 L/A 전시회에서 아주 인기가 많았던 HW-220 모델을 주목해 주시기 바랍니다.

모델번호 HW-220을 수락하신다면, 생산 중인 제품 500대를 항공편으로 발송하겠습니다.
이 수량이 현재로서는 공급할 수 있는 최대량임을 양지하여 주시기 바랍니다.

답신을 기다립니다.

문형

Thank you very much for ~ ~(에 대하여) 감사합니다.
Concerning ~ ~와 관련하여
As ~ ~한 대로
We are sending ~ ~를 보내 드립니다.
If ~ ~한다면, ~라면
You are willing to ~ (기꺼이) ~ 하겠습니다.
We will ~ (당사는) ~하겠습니다.
Please understand ~ ~라고 해석(이해)해 주시기 바랍니다.
Looking forward to ~ ~를 기다립니다.

단어

intention 의도, 의향, 의지, 작정
popular 일반에게 평판이 좋은, 인망이 있는, 인기 있는
exhibition 전람회, 전시회
fashionable 유행의, 최신식인, 현대적인
maximum quantity 최대량

12 가격회신, 상승예상 통지 및 조기발주 희망

Dear Sirs,

Thank you very much for your letter of March 20th inquiring about our model number HW-118.

We have quoted our best prices and terms as attached price list. We trust that you can figure out our eagerness to do business with you as we quoted special prices for you.

As a matter of fact, we may have to raise our prices since the prices of raw materials have been increasing from early this year. Therefore, we would ask you to place an initial order without delay.

Looking forward to hearing from you,

Best regards,

김상무님의 비즈니스 영작문 응용샘플 101

해설

당사의 모델번호 HW-118에 대하여 문의하는 귀 3월 20일자 서한 잘 받았습니다.

첨부한 가격표와 같이 당사 최고의 가격과 거래 조건을 견적합니다.
귀사를 위하여 특별 가격을 견적하였으니, 귀사와 거래하고자 하는 열망을 아실 수 있으리라 믿습니다.

사실은, 원료비가 연초부터 상승하고 있기 때문에 당사의 가격을 인상해야 할 것 같습니다. 그러므로 지체하지 않고 최초 주문을 발주할 것을 요청합니다.

답신을 기다립니다.

문형

Thank you very much for ~ ~(에 대하여) 감사합니다.

We have quoted ~ 견적합니다.

We trust that ~
~라고 믿습니다, ~라고 생각합니다.

As ~ ~때문에, ~이므로

We may have to ~
~하지 않을 수 없습니다, ~해야만 합니다.

Since ~ ~때문에, ~이므로

We would ask you to ~
~해 주시기 바랍니다, ~해 주시기를 요청드립니다.

Looking forward to ~ ~를 기다립니다.

단어

figure out 알다, 이해하다, ~을 해석(이해, 평가)하다
eagerness 열망, 갈망, 열의, 열성
do business with ~와 거래하다
raise (임금, 요금, 가격 등을) 올리다, 높이다, 증액하다
raw material 원료
initial 처음의, 최초의, 초기의

13. 가격 인하 요청 거절, 대량 주문 할인 가능 통보

Dear Sirs,

We thank you very much for your inquiry of July 5th and are glad to hear that you are interested in our products having seen our advertisement in "Modern Interior."

In your letter, you requested a special price discount of 5% off the list prices. While appreciating your interest in our products, we have to point out that we have already cut our prices to the minimum possible and that these goods are not obtainable elsewhere at these prices.

However, in case you are ready to increase your order for over 100,000 pieces at a time, please be advised that we can allow you quantity discount of 5% as you requested.

Awaiting your reply,

Best regards,

김상무님의 비즈니스 영작문 응용샘플 101

해설

7월 5일자 구매의향(Inquiry) 서한 감사드리며, "Modern Interior"지의 광고를 보고 당사의 제품에 관심을 가지게 되었다니 반갑습니다.

서한을 통해 가격표로부터 5%를 제한 특별 가격을 요청하셨습니다.
당사 제품에 대한 관심에는 감사드립니다만, 당사는 가능한한 최저의 가격으로 이미 인하하였으며 다른 어디에서도 이 가격에는 구매하실 수가 없다는 점을 지적하고자 합니다.

그러나 귀사가 한꺼번에 10만 개 이상을 주문한다면, 귀사가 요청하신 대로 5%의 대량 주문 할인을 해 드릴 수 있음을 알려드립니다.

답신을 기다립니다.

문형

We thank you very much for ~
~(에 대하여) 감사합니다.

We are glad to hear that ~
~라고 알게 되어 반갑습니다.

While ~ ~하나, ~하지만

We have to point out that ~
~임을 지적하지 않을 수 없습니다.

In case ~ ~한다면, ~라면

Please be advised that ~
~임을 알려드립니다.

As ~ ~한 대로

Awaiting ~ ~를 기다립니다.

단어

list price (상품의) 표시(카탈로그에 기재된) 가격
obtainable 손에 넣을 수 있는, 획득(입수)할 수 있는
elsewhere 어딘지 다른 곳에서, 다른 경우에

14 견본, 견적 송부, 유효기일 및 대량 할인율 통지

Dear Sirs,

Thank you very much for your inquiry of January 25th for our leather handbags. We are enclosing our detailed quotation as attached. We are also sending by DHL some typical samples which will show you full range of our handbags.

As you will see from our samples, our handbags are really good value for the prices in terms of excellent workmanship and attractive designs. We assure you that they will prove a fine sale in Europe since we know the market very well through years of experience.

Owing to the heavy demand for fashionable handbags, we can maintain our prices only for three(3) weeks from today. For your reference, we would grant a quantity discount of 5% for an order of 1,000 pieces or more subject to settlement by T/T within 10 days from the date of shipment.

Awaiting your reply,

Best regards,

해설

당사의 핸드백에 대한 1월 25일자 구매의향(Inquiry) 서한 잘 받았습니다.
첨부와 같이 상세 견적서를 보내 드립니다.
DHL편으로 당사의 핸드백 전 종류를 보여 줄 대표적인 견본들 또한 송부합니다.

당사의 견본을 보면 아시겠지만, 당사의 핸드백은 탁월한 솜씨와 매력적인 디자인 면에서 가격 대비 가치가 아주 좋습니다. 다년간의 경험을 통하여 유럽시장을 잘 아는 바, 거기에서도 당사의 핸드백은 잘 팔릴 것임을 보장합니다.

최신 핸드백에 대한 수요가 강세이므로, 금일로부터 단 3주만 견적 가격을 유지할 수 있습니다. 참고로, 선적일로부터 10일 이내에 대금을 전신환 송금 결제하는 조건으로 1천 개 이상의 주문에 대하여 5%의 대량 주문 할인을 제공합니다.

귀사의 답신을 기다립니다.

문형

Thank you very much for ~ ~(에 대하여) 감사합니다.
We are enclosing ~ ~를 동봉합니다.
We are sending ~ ~를 보내 드립니다.
As ~ ~한 대로
We assure you that ~ ~임을 보증합니다.
Since ~ ~때문에, ~이므로
Owing to ~ ~때문에, ~로 인하여
Subject to ~ ~의 조건으로
Awaiting ~ ~를 기다립니다.

단어

typical 전형적인, 대표적인
in terms of ~에 관하여, ~의 관점(각도)에서
workmanship 솜씨, 기량, 기술, 숙련도, 만듦새, 완성된 품
settlement 청산, 결산
T/T (Telegraphic Transfer) 전신환(電信換)

Section 03 Offer와 협상

1. 판지 Offer 송부 및 조기회신 요청

Dear Sirs,

Thank you very much for your inquiry of August 10th and we are pleased to offer as follows,

Commodity: Duplex Board (grey back) in reels, 250gsm, 54"width, 100 lbs/ roll
Quality: As per our samples in our sample book
Quantity: 100 metric tons
Price: U$520.00 per metric ton, FOB, Busan, Korea
Shipment: By the end of September
Payment: By an irrevocable L/C at sight

Please note that the supply is very tight due to shortage of waste papers and rush of orders from Europe. So we strongly advise you to confirm your acceptance without delay.

Awaiting your reply,

Best regards,

해설

귀사의 8월 10일자 구매의향(Inquiry) 감사드리며, 다음과 같이 Offer합니다.

제품 : 판지(뒷면 회색), 롤 형태, 평량 250g, 폭 54인치, 롤 무게 100 파운드
품질 : 당사 견본집의 견본에 의함
수량 : 100톤
가격 : 부산 본선인도 조건, 톤당 520달러
선적 : 9월 말 이전
결제 : 일람불(一覽拂) 취소불능 신용장

고지(古紙)의 부족과 유럽으로부터 밀려오는 주문으로 인하여 공급이 부족하오니 양지하시기 바랍니다. 그러므로 조속히 수락 확인하실 것을 권합니다.

답신을 기다립니다.

문형

Thank you very much for ~ ~(에 대하여) 감사합니다.
We are pleased to offer ~ Offer(견적 제시) 합니다.
Please note that ~ ~라고 양지하시기 바랍니다.
Due to ~ ~때문에, ~로 인하여
We strongly advise you to ~ ~하도록(하기를) 권합니다.
Awaiting ~ ~를 기다립니다.

단어

offer (어떠한 가격에) 팔려고 내놓다
as follows 다음과 같이
gsm (gram per square meter) 평량(坪量, 1제곱 미터당 무게)
lbs/ roll 롤당 무게(파운드)
as per ~대로, ~에 따라서
irrevocable L/C (letter of credit) 취소불능 신용장
at sight 일람불
waste paper 고지(古紙), 파지, 헌 종이

2. 요청에 의거하여 확정 Offer 제시

Dear Sirs,

Thank you very much for your letter dated August 15th requesting us to quote for our PVC rigid film.

We firm offer you subject to your written confirmation reaching us by August 20th as follows,

Commodity: PVC rigid film for blister packing, 100 lbs / roll, 12-24 gauge (T), 24 inches (W)
Quantity: 38,000 lbs (1 x 20 foot container)
Price: U$0.85 / lbs CFR, Los Angeles
Shipment: within 45 days from receipt of your L/C

As the prices of raw materials have been increasing steadily, we have to say that above price is the best offer we can obtain for the present.

We look forward to your confirmation in time.

Best regards,

김상무님의 비즈니스 영작문 응용샘플 101

해설

PVC 경질 필름에 대하여 견적을 요청하는 귀사의 8월 10일자 서한 감사합니다.

8월 20일까지 서면 확인이 당사에 도착하는 조건으로 아래와 같이 Offer합니다.

품명 : PVC 경질 필름 (블리스터 포장용), 롤 무게 100파운드, 두께 12-24게이지, 폭 24인치
수량 : 38,000파운드 (20피트 컨테이너 1대분)
가격 : L/A 도착도 파운드 당 85센트
선적 : 신용장 접수로부터 45일 이내

원료 가격이 지속적으로 상승하고 있으므로, 지금으로서는 상기 가격이 당사가 획득 가능한 최선의 Offer입니다.

기일 내에 확인하여 주시기를 기대합니다.

문형

Thank you very much for ~ ~(에 대하여) 감사합니다.
We firm offer ~ (유효 기일이 있는) 확정 Offer합니다.
Subject to ~ ~의 조건으로
As ~ ~때문에, ~이므로
We have to ~ ~하지 않을 수 없습니다, ~해야만 합니다.
We look forward to ~ ~를 기다립니다.

단어

PVC rigid film 경질의 비닐 필름(진공성형(眞空成形), 블리스터 포장 등에 사용됨)
written confirmation 서면(書面) 확인
reach 닿다, 도착하다, 달하다, 도달하다, 이르다
blister packing 딱딱한 투명 플라스틱으로 밀착 포장하는 것
(상품을 포장지 위에 놓고 완성된 블리스터로 싸서 압착하는 방법, 상품이 비쳐 보이기 때문에 그대로 점포에 진열 가능함)
guage 1천 분의 1인치가 1guage임 (약어 : ga)
T (thickness) 두께 W (width) 폭
for the present 당분간, 현재로서는, 당장은

3. 견본 접수 및 품질 확인, 가격 인하 요청

Dear Sirs,

Thank you very much for your samples and price list of silk fabrics we received today.

Upon inspecting them, we appreciate the excellence of your products in both material and finish, but we have to tell you that your prices are substantially high compared with those of Italian origin.

We are afraid that there is little chance of doing business with you unless five(5) percent discount off your list prices is granted.

Awaiting your reply,

Best regards,

김상무님의 비즈니스 영작문 응용샘플 101

해설

실크 원단 견본과 가격표를 금일 감사히 잘 받았습니다.

검토해 본 바, 재질과 마무리에서 귀사 제품의 우수성을 인식하게 되었습니다만 귀사의 가격이 이탈리아산과 비교해 보면 상당히 비싸다고 하지 않을 수가 없습니다.

귀사 가격표 상의 가격으로부터 5% 인하해 주지 않으면, 귀사와 거래를 할 기회가 없어질까 염려됩니다.

답신을 기다립니다.

문형

Thank you very much for ~
~(에 대하여) 감사합니다.

Upon ~
~하면, ~하자마자

We have to ~
~하지 않을 수 없습니다, ~해야만 합니다.

We are afraid that ~
~할까(~하지 않을까) 염려됩니다.

Unless ~
만약 ~하지 않으면

Awaiting ~
~를 기다립니다.

단어

substantially 상당히, 충분히
compared with ~와 비교하면

Offer 접수, 조기선적 가능 확인 요청

Dear Sirs,

We have received your offer of August 20th with many thanks.

Please be advised that your offer meets our requirements both in prices and specifications.

The shipment, however, must be made by the end of October as this order is especially for Christmas season.

If you can accept our requested delivery schedule, please inform us so we can open an L/C tomorrow.

Best regards,

김상무님의 비즈니스 영작문 응용샘플 101

해설

귀사의 8월 20일자 Offer 감사히 받았습니다.

귀사의 Offer는 가격과 규격 면에서 공히 당사의 요구 사항을 충족하고 있음을 알려드립니다.

그러나 선적이 10월 말까지는 이뤄져야 하는데, 이는 본 주문이 특별히 크리스마스 시즌을 위한 것이기 때문입니다.

당사의 요청 선적 일정을 수락할 수 있다면, 내일 신용장을 개설할 수 있도록 당사로 통보하여 주시기 바랍니다.

문형

We have received ~
~를 받았습니다.

Please be advised that ~
~임을 알려드립니다.

As ~
~때문에, ~이므로

If ~
~한다면, ~라면

Please inform us ~
~를 통보하여 주시기 바랍니다.

단어

season (휴가, 축제 등의) 철, 시기
delivery schedule 선적 일정
open(establish, issue) an L/C 신용장을 개설하다

5 가격 인하 요청

Dear Sirs,

Thank you very much for your offer of November 15th and the samples of genuine leather briefcase.

While appreciating the excellent workmanship and the design of your products, we found that your prices were rather high for the market we were aiming at. We would also like to point out that high quality leather bags that are much lower in price than yours are continuously being imported from China

As we are sure that we can handle around 5,000 pieces a month if the price is right, we would ask you to consider making us a concession of 5% from your previous offer.

Awaiting your reply,

Best regards,

김상무님의 비즈니스 영작문 응용샘플 101 — Part 03

해설

11월 15일자 귀사 Offer와 가죽 서류가방 견본 감사히 잘 받았습니다.

귀사 제품의 탁월한 솜씨와 디자인에 대해서는 높이 평가하였으나, 귀사의 가격이 당사가 겨냥하고 있는 시장에 비해서는 다소 높은 편임을 알았습니다.
귀사 제품보다 가격이 훨씬 저렴한 고급의 가죽 가방들이 중국으로부터 끊임없이 수입되고 있음도 지적해 두고자 합니다.

가격만 적정하다면 당사는 월간 5천 개 가량을 취급할 수 있을 것으로 확신하므로, 귀사의 이전 Offer로부터 5% 가격 인하를 고려해 주시도록 요청드립니다.

귀사의 답신을 기다립니다.

문형

Thank you very much for ~
~(에 대하여) 감사합니다.)

While ~ ~하나, ~하지만

We found that ~
~라고 알게 되었습니다, ~임을 발견하였습니다.

We would like to point out that ~
~임을 (~라고) 지적하고자 합니다.

As ~ ~때문에, ~이므로

We would ask you to ~
~해 주시기 바랍니다, ~해 주시기를 요청드립니다.

Awaiting ~ ~를 기다립니다.

단어

briefcase (가죽으로 만든) 서류 가방
rather 다소, 얼마간, 조금, 꽤, 아주, 상당히
aim at 겨냥을 하다, 겨누다, 노리다
continuously 계속하여, 끊임없이, 간단없이
concession 양보, 양여(讓與), 승인, 용인

6. 산악자전거 가격 인하 요청

Dear Sirs,

We thank you very much for your catalogue and price list of the latest models of your mountain bikes and we are pleased to inform you that we are considering buying 200 units of your HW-132.

We would appreciate it very much if you quote best discount off your list price for this quantity. Comparing with the prices of similar models of other high-end bike makers, we found that your price is about 5(five) percent higher than those of your competitors.

Since the price is most important factor when we decide whether we pass the order to you or another maker, please do your best in this matter.

Looking forward to hearing from you soon,

Best regards,

김상무님의 비즈니스 영작문 응용샘플 101

해설

귀사 산악자전거 최신 모델들의 카탈로그와 가격표 감사히 잘 받았으며, 귀사(모델번호) HW-132를 200대 구매할 것을 검토하고 있음을 알려드립니다.

이 물량에 대하여 가격표로부터 최선의 할인율을 견적해 주시면 감사하겠습니다.
다른 고가(高價) 자전거 생산업체들의 비슷한 모델들과 가격을 비교한 바, 귀사의 가격이 경쟁사들보다 약 5퍼센트 비싸다는 것을 발견했습니다.

귀사로 발주할 것인지 아니면 다른 업체로 발주할 것인지 결정함에 있어 가격이 가장 중요한 요소이므로, 최선을 다해 주시기 바랍니다.

조속한 답신을 기다리겠습니다.

문형

We thank you very much for ~
~(에 대하여) 감사합니다.

We are pleased to inform you that ~
~임을 알려드립니다(알려드리게 되어 기쁩니다).

We are considering buying ~
당사는 ~를 구입할 것을 고려(검토) 중입니다.

We would appreciate it very much if you quote ~
~을 견적해 주시면 감사하겠습니다.

We found that ~
~라고 알게 되었습니다, ~임을 발견하였습니다.

Since ~
~때문에, ~이므로

Looking forward to ~
~를 기다립니다.

단어

latest 최신의, 최근의
factor 요소, 요인

즉시 신용장 개설 조건으로 가격 인하 요구 수락

Dear Sirs,

Regarding your e-mail message of August 10th, we are pleased to accept and confirm your counter offer subject to your L/C opening by August 20th.

Please note that your limit price just covers our production costs and that, in the future, we will be unable to maintain such a low price level without sacrificing the quality of the products.

Upon receiving your L/C, we will execute this order immediately.

Awaiting your confirmation of orders along with details of your L/C,

Best regards,

김상무님의 비즈니스 영작문 응용샘플 101

> **해설**
>
> 귀 8월 10일자 이메일과 관련, 8월 20일까지 신용장을 개설하는 조건으로 귀사의 Counter Offer(역(逆) 제안)를 수락하고 확인합니다.
>
> 귀사의 매수 희망 가격은 생산원가를 겨우 맞추고 있음을 양지하여 주시고, 앞으로는 제품의 품질을 희생하지 않는 한 그와 같이 낮은 가격을 유지할 수 없음도 양지하여 주시기 바랍니다.
>
> 귀사의 신용장을 받는 대로 본 주문을 즉시 실행하도록 하겠습니다.
>
> 주문 확인과 신용장 상세 내역을 기다리겠습니다.

문형

Regarding ~
~와 관련하여

We are pleased to accept and confirm ~
~을 수락하고 확인합니다.

Subject to ~   ~의 조건으로

Please note that ~
~라고 양지하시기 바랍니다.

We will be unable to ~
당사는 ~할 수 없습니다.

Upon ~
~하면, ~하자마자

We will ~
(당사는) ~하겠습니다.

Awaiting ~
~를 기다립니다.

단어

counter offer 수정(修正) 오퍼, 카운터 오퍼, 역제안
limit price 미리 정한 (매수 또는 매도하고자 하는) 희망 가격

8 가격 인하 요청 거절, 주문량 증대시 고려 가능

Dear Sirs,

Thank you very much for your letter of May 7th asking us for an additional discount of 2% for an order of 10,000 pieces of our leather belts.

Please understand that our prices have already been reduced to the rock bottom that barely covers our production costs. As you may know, it is impossible to purchase the high quality fashion belts such as ours from anywhere else even at higher prices.

However, we can consider accepting your request if you are in the position to raise your order quantity up to 20,000 pieces. As the price of raw material is getting stronger here due to tight supply, we would like to encourage you to place the order without delay.

Looking forward to your confirmation,

Best regards,

김상무님의 비즈니스 영작문 응용샘플 101

해설

당사의 가죽 벨트 1만 개 주문에 대하여 2%의 추가 할인을 요청하는, 귀사의 5월 7일자 서한 받았습니다.

당사의 가격은 이미 생산비를 겨우 충당하는 맨 밑바닥까지 인하되었음을 양지하여 주시기 바랍니다. 아시다시피, 당사의 제품과 같은 고급의 최신식 벨트는 더 비싼 가격이라도 다른 곳에서 구입하실 수가 없습니다.

그러나 귀사가 주문량을 2만 개로 올릴 수가 있다면 귀사의 요청을 수락할 것을 고려할 수 있습니다. 원료의 공급 부족으로 가격이 오르고 있으니, 바로 발주하시기를 권하고자 합니다.

귀사의 확인을 기다리겠습니다.

문형

Thank you very much for ~
~(에 대하여) 감사합니다.

Please understand ~
~라고 해석(이해)해 주시기(양지하시기) 바랍니다.

As ~ ~한 대로

It is impossible to ~
~할 수 없습니다.

You are in the position to ~
귀사는 ~할 수 있습니다.

As ~ ~때문에, ~이므로

Due to ~ ~때문에, ~로 인하여

Looking forward to ~ ~를 기다립니다.

단어

additional discount 추가 할인
barely 간신히, 겨우, 가까스로

9. 가격 인하 통보, 특정 품목 추천 및 구매 권유

Dear Sirs,

You will be interested to hear that we can offer you our clocks at prices considerably below those of last year thanks to improved productivity through new technology and new machines. Our latest catalogue has been sent to you by airmail.

As shown on the attached price list, we could achieve reductions up to 15%. Aside from successful models of last year, we added five(5) new models early this year.

Especially, we would like you to take notice of the model decorated with cubic zirconia and pearls. For your reference, this model has drawn attention of many visitors at the recent exhibition in Seoul.

We are confident that you will want to take advantage of this opportunity to build up your inventories for the coming Christmas sale.

Best regards,

해설

새로운 기술과 기계설비에 의한 생산성 증대에 힘입어, 작년도 가격 대비 상당히 저렴한 가격에 당사의 시계들을 판매할 수 있게 되었다는 것을 들으시면 관심이 있으리라 생각합니다.
항공우편으로 당사의 최신 카탈로그를 송부하였습니다.

첨부한 가격표에서 보시다시피, 15% 가격 할인을 할 수 있었습니다.
작년에 성공적이었던 모델들 이외에 금년 초에 5개의 새로운 모델을 추가 하였습니다.

특히, 큐빅과 진주로 장식된 모델에 주목하여 주셨으면 합니다.
참고로 말씀 드리면, 이 모델은 서울에서 열렸던 최근 전시회에서 많은 방문객들의 주목을 끌었습니다.

다가오는 크리스마스 대매출 기간을 위한 재고 확보를 위하여 귀사가 이 기회를 활용하고자 할 것으로 믿습니다.

문형

You will be interested to hear that~
~에 대하여 들어봐 주십시오(알려드립니다)

~ has been sent to ~
~는 발송되었습니다.

As ~
~한 대로

We are confident that ~
~을 자신합니다.

단어

thanks to ~덕택에, ~때문에
improved productivity 향상된 생산성, 생산성 증대
take notice of 주목하다, 주의하다, 알아차리다, 주의를 기울이다, 관심을 가지다
zirconia 산화지르코늄(zirconium oxide)
take advantage of an opportunity 기회를 이용하다
build up 늘리다, 증강하다, 강화하다

10 가격 인하, 신규 Offer 제시

Dear Sirs,

We have received your letter of July 30th requesting us a price discount regarding our cotton white shirts.

As we are eager to start business with you, we are sending our revised offer as attached showing you that we have cut 10 percents from our previous offer.

Please understand that these new prices are the best we can do at present and that any further decrease may require sacrifice of quality.

Looking forward to your acceptance in time,

Best regards,

김상무님의 비즈니스 영작문 응용샘플 101 — Part 03

해설

당사의 백색 면 와이셔츠에 대하여 가격 인하를 요청하는 7월 30일자 귀사의 서한을 받았습니다.

귀사와 거래를 시작하기를 열망하고 있으므로, 기존의 Offer로부터 10%를 인하하였음을 보여주는 변경 Offer를 첨부와 같이 송부합니다.

이 신규 가격들은 현재 당사가 할 수 있는 최선의 가격이며, 추가 인하는 품질의 희생을 필요로 할 것임을 양지하시기 바랍니다.

기일 내에 수락하시기를 기대합니다.

문형

We have received ~
~를 받았습니다.

As ~
~때문에, ~이므로

We are sending ~
~를 보내 드립니다.

Please understand ~
~라고 해석(이해)해 주시기 바랍니다.

Looking forward to ~
~를 기다립니다.

단어

revise 고치다, 바꾸다, 변경하다

11 가격 및 품질 수락, 조기선적 Counter, 확인 요청

Dear Sirs,

We have received your offer of June 15th for 50,000 yards of crepe de Chine to be shipped in August.

Your offer meets all our requirements including price and quality except delivery. As we need to receive the goods by the end of August, they should be shipped in July.

We trust that you will be able to accommodate us and let us have your acceptance by return.

Thank you in advance for your cooperation.

Best regards,

김상무님의 비즈니스 영작문 응용샘플 101 — Part 03

해설

8월 선적 물량으로 크레이프드신 5만 야드에 대한 6월 15일자 귀사의 Offer를 잘 받았습니다.

귀사의 Offer는, 선적조건을 제외하고는 가격과 품질을 포함하여 당사의 모든 요구사항을 충족합니다. 당사가 8월말까지는 물품을 입수하여야 하기 때문에 7월에는 선적이 되어야 합니다.

당사의 요구를 수용하시어 즉시 수락하여 주실 것으로 믿습니다.

귀사의 협력에 미리 감사드립니다.

문형

We have received ~
~를 받았습니다.

As ~
~때문에, ~이므로

We trust that ~
~라고 믿습니다, ~라고 생각합니다.

단어

except ~을 제외하고, ~이외는
accommodate 수용하다(할 수 있다)
in advance 미리, 사전에

12. 확정 Offer, 기일 내에 발주 확인 요청

Dear Sirs,

Thank you very much for your letter dated June 10th asking for an offer on PVC compound for manufacturing water pressure pipes.

We are pleased to quote, subject to your confirmation in writing on or before June 20th, as follows,

Commodity: PVC compound, pipe grade, powder type
Quantity: 100 M/T (+/- 5% at seller's option)
Packing: 25kgs in a kraft paper bag with PP woven cloth liner
Price: U$1,200/MT, CFR, Karachi, Pakistan
Shipment: within 30 days from receipt of your L/C.

Please note that there will not be any shipment for export in July as our factory is planning to have an annual overhaul for three weeks from July 1st.

Looking forward to your reply in time,

Best regards,

김상무님의 비즈니스 영작문 응용샘플 101

해설

상수도 파이프 제조용 PVC 컴파운드에 대하여 Offer해 줄 것을 당사에 요청하는, 6월 10일자 귀서한 감사합니다.

6월 20일 이전에 서면으로 확인하는 조건으로, 아래와 같이 견적합니다.

품명 : PVC 컴파운드, 파이프 제조용, 가루 형태
수량 : 100톤 (판매자 선택에 따라 +/− 5%)
포장 : 25킬로그램을 PP로 짠 직물을 붙인 크라프트지로 만든 포대에 넣음
가격 : 파키스탄 카라치 도착도, 톤당 1천 2백 달러
선적 : 신용장 접수일로부터 30일 이내

7월 1일부터 3주일간 당사의 공장이 연례 정기보수를 실시할 계획이기 때문에, 7월에는 수출 선적이 없을 것임을 주지하시기 바랍니다.

기일 내 답신을 기다립니다.

문형

Thank you very much for ~ ~(에 대하여) 감사합니다.
We are pleased to quote ~ 견적합니다.
Subject to ~ ~의 조건으로
Please note that ~ ~라고 양지하시기 바랍니다.
As ~ ~때문에, ~이므로
Looking forward to ~ ~를 기다립니다.

단어

compound 혼합물, 복합물, 합성물
water pressure pipe 상수도용 파이프
powder type 가루 상태 (↔granule type (알갱이 상태))
at seller's option 판매자의 선택에 따라, 판매자 마음대로
PP woven cloth liner 폴리프로필렌사(絲)로 짠 직물 안감
annual 1년에 한 번의, 해마다의, 1년간에 행해지는, 1년을 주기로 하는
overhaul 분해 수리, 점검 정비

13. 가격 인하 요구 Counter Offer, 조기수락 요청

Dear Sirs,

We have received your firm offer dated August 5th for cotton T-shirts, your style number HW-133 at U$25.50 per dozen, CFR, Busan.

We are countering your offer at U$24.00 per dozen as your price is somewhat high considering the current prices of same types in this market. Please note that competition in this line is very strong among imported goods and thus, your competitors are offering fairly low prices.

We would like to increase our business volume with you and, therefore, please let us have your acceptance on our counter offer by return.

Looking forward to your reply,

Best regards,

김상무님의 비즈니스 영작문 응용샘플 101

해설

귀사 스타일 번호 HW-133 면 티셔츠에 대하여, 다스당 부산 도착도 25달러 50센트를 제시하는 8월 5일자 귀 확정 Offer를 잘 받았습니다.

이곳 시장에서의 같은 유형 제품의 현재 가격을 고려하면, 귀사의 가격이 다소 높은 편이므로 귀사의 Offer에 다스당 24달러로 Counter Offer를 제시합니다.

이 제품군에서 수입품 간의 경쟁이 아주 심하며, 따라서 귀사의 경쟁사들은 상당히 낮은 가격을 제시하고 있음을 주지하시기 바랍니다.

귀사와의 거래량을 증대하기 원하며, 그러므로 즉시 당사의 Counter Offer를 수락하여 주시기 바랍니다.

답신을 기다립니다.

문형

We have received ~ ~를 받았습니다.
As ~ ~때문에, ~이므로
Considering ~ ~를 고려하여
Please note that ~ ~라고 양지하시기 바랍니다.
Please let us have ~ ~를 보내 주시기 바랍니다.
Looking forward to ~ ~를 기다립니다.

단어

firm offer (유효 기일이 명시된) 확정 오퍼, 회답 기한부(附) 매매 신청
current price 시가(時價)
fairly 상당히, 꽤, 그만그만하게

14. Counter Offer 수락 확인, 신용장 개설 요청

Dear Sirs,

We are pleased to confirm our acceptance of your counter offer dated August 5th in order to start business with you.

In the course of our negotiation with you, we had to cut our price to a point barely covers the production costs. Therefore, please understand that, for your future orders, we need to increase our price to maintain our quality.

Upon receiving your L/C, we will make arrangements for immediate shipment of the goods.

Awaiting your L/C number by return,

Best regards,

김상무님의 비즈니스 영작문 응용샘플 101

해설

귀사와의 거래를 시작하기 위하여 귀사의 8월 5일자 Counter Offer를 수락함을 확인합니다.

귀사와의 협상 과정에서, 당사는 가격을 생산비를 겨우 맞추는 수준까지 인하하여야 했습니다. 그러므로 귀사의 장래 주문에 대해서는, 품질을 유지하려면 가격을 인상하여야 함을 양지하시기 바랍니다.

귀사의 신용장을 접수하자마자 물품의 즉시 선적을 위한 조치를 취하도록 하겠습니다.

즉시 신용장 번호를 알려주시기를 기다립니다.

문형

We are pleased to confirm ~
~을 확인합니다.

We had to ~
~하지 않을 수 없었습니다, ~해야만 했습니다.

Please understand ~
~라고 해석(이해)해 주시기 바랍니다.

Upon ~
~하면, ~하자마자

We will ~
(당사는) ~하겠습니다.

Awaiting ~
~를 기다립니다.

단어

in the course of ~하는 동안, ~중에
negotiation 교섭, 절충, 협상, 협의

15 가격 인하 불가, Counter Offer 사절, 대체품 제안

Dear Sirs,

Thank you very much for your letter of November 3rd on which you submitted your counter offer against our offer for woolen sweaters.

We are anxious to meet your wishes by supplying you with the goods that will enable you to beat the competitors in your market. However, we regret that we are unable to make any further concession at present.

We trust that the quality of our products is the best you can get for the price and is far superior to any of foreign brands in your market.

In this regard, we would strongly advise you to handle our style number HW-015 instead whose price is reasonable for the quality.

Best regards,

해설

당사의 모직 스웨터 Offer에 대하여 Counter Offer를 제시하는 귀사의 11월 3일자 서한을 잘 받았습니다.

귀 시장에서 귀사가 경쟁사들을 이기도록 해 줄 수 있는 제품을 공급함으로써, 귀사의 소망을 맞춰 드리고 싶습니다. 그러나 안타깝게도 지금은 더 이상 가격을 인하할 수가 없습니다.

당사 제품의 품질은 이 가격에 살 수 있는 최선이며, 귀 시장에 있는 어떤 외국 브랜드 보다 우수하다고 믿습니다.

이러한 관점에서, 품질 대비 가격이 비싸지 않은 스타일 번호 HW-015를 대신 취급하시기를 권합니다.

문형

Thank you very much for ~
~(에 대하여) 감사합니다.

We regret
~ 유감입니다.

We are unable to ~
당사는 ~할 수 없습니다.

We trust that ~
~라고 믿습니다, ~라고 생각합니다.

We would strongly advise you to ~
~하도록(하기를) 권합니다.

단어

submit 제출하다, 제기하다
beat ~에 이기다, ~을 능가하다

16 발주서 송부, 일부 가격 인하 요청, 적기 선적 요구

Dear Sirs,

We have received your letter dated July 23rd and your firm offer enclosed.

We are pleased to send our purchase order number HW-07112 for 500 boxes of CD-R's and DVD-R's respectively as attached.

We have accepted your price of U$20/box for DVDR's. However, we would ask you to reduce your quotation for CD-R's by U$3/box as this item is most likely to meet very tough competition.

Please note that the delivery date is to be strictly observed since the goods are for back-to-school season.

Best regards,

김상무님의 비즈니스 영작문 응용샘플 101

해설

7월 23일자 귀사 서한과 동봉한 Offer를 잘 받았습니다.

CD-R과 DVD-R 각각 500 상자에 대한 당사의 주문서 번호 HW-07112를 첨부와 같이 송부합니다.

DVD-R에 대해서는 귀사의 박스당 20달러 가격을 수리하였습니다.
그러나 CD-R은 아주 심한 경쟁을 겪게 될 가능성이 크므로, 박스당 3달러의 가격 인하를 요청하고자 합니다.

제품은 신학기 시즌(판매)용이므로, 선적 기일이 아주 엄격히 지켜져야 합니다.

문형

We have received ~
~를 받았습니다.

We are pleased to send ~
~를 보내 드립니다.

We would ask you to ~
~해 주시기 바랍니다, ~해 주시기를 요청드립니다.

As ~ ~때문에, ~이므로

Please note that ~
~라고 양지하시기 바랍니다.

Since ~ ~때문에, ~이므로

단어

purchase order 발주서, 주문서
respectively 각각, 각기, 저마다
likely 있을 법한, ~할 것 같은, ~할 듯한
strictly 엄중히, 엄밀히, 정확하게
observe 지키다, 유지하다, 지속하다
back-to-school season 신학기

17 가격 불리하여 주문 불가 통보, 가격 인하 요청

Dear Sirs,

Thank you very much for your letter of July 20th. We have received your samples that are quite impressive in terms of the finishes and the designs.

However, we regret to inform you that we are unable to place an order at this time because your prices are not competitive comparing with those of your competitors. As mentioned in our last letter, while our requirements for this line are large, the competition is very tough in our market.

In this regard, we would ask you to get back to us with your most competitive prices, especially on your item number HW-133 which is very popular here.

We trust that you will do your best to meet our requirements.

Best regards,

해설

7월 20일자 귀 서한 매우 감사합니다.
마무리와 디자인 면에서 아주 인상적인 귀사의 견본을 잘 받았습니다.

그러나 경쟁사들에 비하여 귀사의 가격이 경쟁적이지 못하기 때문에 이번에는 주문을 할 수가 없음을 알려드립니다.

최근의 당사 서한에서 언급하였듯이 이 제품군에 대한 당사의 수요량이 크기는 하지만, 우리 시장에서는 경쟁이 아주 심합니다.

이러한 관점에서 가장 경쟁적인 가격을, 특히 이곳에서 아주 인기가 있는 귀사 제품번호 HW-133에 대하여 회신하여 주시기를 요청합니다.

당사의 요구를 충족시키기 위하여 최선을 다하실 것으로 믿습니다.

문형

Thank you very much for ~
~(에 대하여) 감사합니다.

We have received ~
~를 받았습니다.

We regret to inform you that
~임을 알려드립니다(알려드리게 되어 유감입니다).

We are unable to ~ 당사는 ~할 수 없습니다.

As ~ ~한 대로

While ~ ~하나, ~하지만

We would ask you to ~
~해 주시기 바랍니다, ~해 주시기를 요청드립니다.

We trust that ~ ~라고 믿습니다, ~라고 생각합니다.

단어

impressive 인상적인, 깊은 감명을 주는
get back to (~에게) 나중에 연락하다

18. 일부 품목 주문서 발송, 일부 품목 가격 인하 요청

Dear Sirs,

Thank you very much for your firm offer and samples you sent us on April 22nd. We have examined the samples and have found that the designs and quality of the goods are acceptable in our market.

We trust that the prices are also workable except children's shoes whose price is a bit higher than other brands sold here. We would therefore ask you to reduce the price of children's shoes by U$3.00 per pair to be competitive in the market.

If you are in the position to accept our request, we will place an order for 10,000 pairs for prompt shipment.

Meanwhile, we are enclosing our purchase order sheet for men's and women's jogging shoes as attached.

Best regards,

김상무님의 비즈니스 영작문 응용샘플 101

해설

4월 22일에 보내주신 귀사의 Offer와 견본들은 잘 받았습니다.

견본을 조사해 본 바, 제품의 디자인과 품질이 이곳 시장에 적정한 것을 알았습니다.

이곳에서 판매되고 있는 여타 브랜드의 제품보다 가격이 조금 높은 어린이용 신발을 제외하고는 가격 또한 적당하다고 생각합니다.

그러므로 이 시장에서 경쟁력을 가지기 위해서는 어린이용 신발 가격을 켤레당 3달러씩 인하하여 주실 것을 요청드립니다.

당사의 요청을 수락하실 수 있다면 즉시 선적 조건으로 1만 켤레를 발주하겠습니다.

한편, 남성용 및 여성용 조깅 신발에 대한 발주서를 첨부하여 같이 송부합니다.

문형

Thank you very much for ~ ~(에 대하여) 감사합니다.
We have found that ~
~라고 알게 되었습니다, ~임을 발견하였습니다.

We trust that ~ ~라고 믿습니다, ~라고 생각합니다.
We would ask you to ~
~해 주시기 바랍니다, ~해 주시기를 요청드립니다.

If ~ ~한다면, ~라면
You are in the position to ~ 귀사는 ~할 수 있습니다.
We will ~ (당사는) ~하겠습니다.
We are enclosing ~ ~를 동봉합니다.

단어

examine ~을 검사(조사, 심사, 검열)하다, 살펴보다, ~을 검토하다
workable 실행(운용) 가능한, 실현할 수 있는
meanwhile 한편으로는, 동시에, 그 동안에, 이럭저럭 하는 사이에
jogging 조깅, 가벼운 구보가 섞인 건강법으로서의 도보 운동

19 Offer 수락, 주문 확인, 조기선적 요청

Dear Sirs,

We are pleased to accept your letter of July 15th offering 500 sets of cosmetic brush sets, your item number: HW-123 at U$20.00/set, CFR, Busan for immediate shipment.

To confirm this order, we are sending our purchase order sheet number HW-07321 together with our shipping instructions.

We have requested our bank to open an L/C which will be advised to you through Bank of Montreal, New York Agency.

Even though the quantity is not so big, the goods are for one of our major customers. Therefore, please do your best to complete this order as soon as possible.

Best regards,

김상무님의 비즈니스 영작문 응용샘플 101

해설

500세트의 화장솔 세트, 귀사 제품번호 HW-123에 대하여, 즉시 선적 조건으로 부산 도착도 세트당 단가 20달러에 견적한 귀사의 7월 15일자 서한을 수락합니다.

본 주문을 확인하기 위히여 당사 발주시 번호 HW-07321을 선적지시서와 함께 보내 드립니다.

당사의 거래은행에 신용장을 개설하도록 요청하였으며, 몬트리올 은행 뉴욕 지점을 통하여 통지될 것입니다.

수량은 그리 많지 않지만 당사의 주요 고객 중의 한 업체를 위한 물품입니다. 그러므로 본 주문을 가능한 한 빨리 완료하도록 최선을 다해 주시기 바랍니다.

문형

We are sending ~
~를 보내 드립니다.

Even though ~
비록 ~하나(하지만)

Please ~
~해 주시기 바랍니다.

단어

cosmetic brush 화장솔
purchase order sheet 발주서, 주문서
shipping instructions 선적 지시서(포장 방법 및 선적 방법, 도착지 등등을 명시함)
advise 통지하다
complete ~ 완결(완료)하다, 마치다, 끝내다, 마무리 짓다

20 지불조건 완화 요청에 대해, 외상거래 확인 답신

Dear Sirs,

We have received your letter dated September 23rd in which you asked for our concession in regard to the terms of payment.

We are pleased to inform you that we have got an approval from our credit department for extending open account terms to you.

For the shipments from October 1st, we will do business on the basis of your payment by T/T for 100% of invoice value after 30 days from B/L date.

We trust that these terms will suit your requirements and hope that this arrangement will bring a considerable increase of your business volume in the future.

Best regards,

김상무님의 비즈니스 영작문 응용샘플 101

해설

결제조건과 관련하여 당사의 양보를 요청하는 귀사의 9월 23일자 서한을 잘 받았습니다.

당사의 신용(여신)관리부서로부터 귀사에 대하여 외상거래 조건을 공여할 것을 승인 받았음을 알려드립니다.

10월 1일 이후의 선적 물량에 대하여, 선적일자로부터 30일 이후에 송장 금액 전액을 귀사가 전신환 송금하는 조건으로 거래하게 됩니다.

이 조건이 귀사의 요구사항을 충족할 것으로 생각하며, 이번 조치로 장차 귀사의 거래량이 상당히 증대되기를 희망합니다.

문형

We have received ~
~를 받았습니다.

We are pleased to inform you that ~
~임을 알려드립니다(알려드리게 되어 기쁩니다).

We trust that ~
~라고 믿습니다. ~라고 생각합니다.

We hope ~
~을 희망합니다. ~을 바랍니다.

단어

in regard to ~에 관해서는
terms of payment (대금) 결제 조건
invoice value 송장 금액

 # Section 04 주문과 계약

1. 주문확정 통보, 판매처에 수락을 요청함

Dear Sirs,

We are pleased to confirm our order as followings,

Commodity: Georgette Crepe
Quality: As per your sample number HW-323 (natural color)
Quantity: 1,000 pieces (36"x 50 yards / piece)
Price: U$2.50 / yard, CFR, Busan, Korea
Amount: U$125,000.00
Shipment: During June

Please note that this order is based on your samples and prices you sent to us on March 15th.

Upon receipt of your acceptance by fax or e-mail, an L/C will be established in favor of you immediately.

Awaiting your reply,

Best regards,

김상무님의 비즈니스 영작문 응용샘플 101

해설

아래와 같이 당사의 주문을 확인합니다.

상품명 : 조젯 크레이프
품 질 : 귀사 견본 번호 HW-323에 의함(자연 색상)
수 량 : 1천 장(1장은 36인치×50야드)
가 격 : 야드 당 2달러 50센트 (부산 도착도)
금 액 : 12만 5천 달러
선 적 : 6월 중

본 주문은 3월 15일에 보내 주신 귀사의 견본과 가격에 기한 것임을 양지하시기 바랍니다.

팩스 혹은 이메일로 귀사의 수락을 받으면 귀사를 수혜자로 하는 신용장을 즉시 개설하겠습니다.

답장을 기다립니다.

문형

We are pleased to confirm ~
~을 확인합니다.

Please note that ~
~라고 양지하시기 바랍니다.

Upon ~
~하면, ~하자마자

Awaiting ~
~를 기다립니다.

단어

georgette crepe 얇은 견직 또는 레이온의 크레이프
in favor of you (in your favor) 귀사를 수혜자로

2. 주문 수락 및 즉시 선적 통보, 신용장 개설 요청

Dear Sirs,

With reference to your e-mail message of this morning confirming your order for 1,000 sets of men's shaving and toiletry kits, we are pleased to accept the order as is.

Fortunately, the goods are available for prompt shipment from our stock. The first available vessel sails on or around June 5th, and thus, we would like to ask you to open an L/C right away.

Please find our sales confirmation number HW-07156 as attached and kindly return a copy after signing.

Awaiting your reply,

Best regards,

김상무님의 비즈니스 영작문 응용샘플 101

해설

남성용 면도 및 세면 도구함 1천 세트에 대한 귀사의 주문을 확인하는 오늘 오전의 귀사 이메일과 관련, 주문을 있는 그대로 기꺼이 수락합니다.

다행스럽게도, 물품은 재고가 있어 즉시 선적이 가능합니다.
선적 가능한 첫 번째 선박은 6월 5일경에 출항 예정이며, 따라서 즉시 신용장을 개설해 주실 것을 요청드립니다.

판매 계약서 번호 HW-07156을 첨부하였으니 서명 후에 한 장을 반송해 주시기 바랍니다.

귀사의 답신을 기다립니다.

문형

With reference to ~
~와 관련하여

Confirming ~
~을 확인하여, ~을 확인하면서

We would like to ask you to ~
~해 주시기 바랍니다, ~해 주시기를 요청드립니다.

Please ~
~해 주시기 바랍니다.

Awaiting ~
~를 기다립니다.

단어

shaving 수염을 깎기, 면도, 깎기
toiletry 화장품, 세면용품
kit 일습, 한 세트
as is 있는 그대로
fortunately 다행히도, 운 좋게도
available 이용할 수 있는, 소용이 되는, 쓸모 있는

3 시험주문 확정 및 신용장 개설 통보

Dear Sirs,

Thank you very much for your letter dated July 20th along with two(2) samples of nail clipper sets.

We are very much pleased to confirm our purchase of 2,000 sets of your item number HW-155 as a trial order.

As specified on your offer sheet, we have instructed our bank, Shinhan Bank, to open an L/C for U$15,000.00 in your favor.

If this trial lot proves a fine sale, we will be placing regular orders, so please pay the most attention to execute this order properly.

Best regards,

김상무님의 비즈니스 영작문 응용샘플 101 — Part 03

해설

7월 20일자 귀 서한과 손톱깎이 세트 견본 2세트를 감사히 잘 받았습니다.

시험 주문으로 귀사 제품 번호 HW-155 2천 세트를 구매할 것을 확인합니다.

귀사 Offer 상에 명시한 대로, 귀사를 수혜자로 1만 5천 달러에 대한 신용장을 개설하도록 신한은행에 요청하였습니다.

본건 시험 물량이 잘 팔리면 정기적으로 발주할 것인 바, 본 주문을 틀림없이 수행하기 위하여 최고의 주의를 기울여 주시기 바랍니다.

문형

Thank you very much for ~
~(에 대하여) 감사합니다.

We are very much pleased to confirm ~
~을 확인합니다.

As ~
~한 대로

If ~
~한다면, ~라면

We will ~
(당사는) ~하겠습니다.

단어

specify 일일이 열거하다, 명기하다, 상술하다
properly 정확히, 완전하게, 올바르게

4. 재고 발주에 감사 및 신용장 개설 요청

Dear Sirs,

Thank you very much for your acceptance of our stock offer for 5,000 yards of PVC casting leather in rolls.

Please be advised that the goods are scheduled to be shipped per "Pegasus" V-353E sailing Busan on or about August 20th. Accordingly, **please** open an L/C as soon as possible.

As stated on our offer sheet, **please note that** this is final sale and the goods are sold on an as-is basis.

Awaiting your L/C number and shipping instructions,

Best regards,

김상무님의 비즈니스 영작문 응용샘플 101 — Part 03

해설

PVC Casting Leather(인조가죽) 5천 야드에 대한 당사의 재고 Offer를 수락해 주시어 감사합니다.

물품은 8월 20일경에 부산을 출항하는 "페가수스" 353 항차 편에 선적될 계획입니다.
이에 따라 신용장을 조속히 개설해 주시기 바랍니다.

당사의 Offer 상에 명시된 바 대로, 본건은 최종 판매(재고 처리)이며, 물품은 현재 상태 대로 판매되는 것임을 양지하시기 바랍니다.

신용장 번호와 선적지시서를 기다립니다.

문형

Thank you very much for ~
~(에 대하여) 감사합니다.

Please be advised that ~
~임을 알려드립니다.

Please ~
~해 주시기 바랍니다.

As ~
~한 대로

Please note that ~
~라고 양지하시기 바랍니다.

Awaiting ~
~를 기다립니다.

단어

accordingly 따라서, 그러므로, 그에 따라서
final sale 최종 세일(재고 정리 판매로서, 일반적으로 반품이나 환불이 안 됨)

5. 주문 확인, 주문서 첨부, 신용장 개설 통보

Dear Sirs,

We are pleased to confirm our order for 500 dozens of style number HW-125, cotton shirts as specified on our purchase order number HW-07110 enclosed.

We are glad that we could conclude the first deal so promptly. We would ask you to ship the cargo without delay and to pay close attention to the packaging of the products.

We have instructed our banker, Korea Exchange Bank, Seoul to open an L/C and hope that it will be advised to you immediately through Bank of New York, New York.

As soon as you complete the shipment, please let us have your shipping advice as stipulated on our L/C.

Best regards,

김상무님의 비즈니스 영작문 응용샘플 101

해설

동봉한 당사 주문번호 HW-07110에 명시된 대로, 스타일 번호 HW-125 면 셔츠 500다스에 대한 주문을 확인합니다.

최초의 거래를 아주 신속하게 마무리할 수 있어 기쁩니다.
바로 물품을 선적해 주시고 포장에 세심한 주의를 기울여 주실 것을 요청합니다.

당사의 거래은행인 서울소재 한국외환은행에 신용장을 개설하도록 요청하였으며, 뉴욕 소재 뉴욕은행을 통하여 즉시 귀사로 통지되기 바랍니다.

선적을 완료하는 즉시, 당사의 신용장에 명시된 바대로 선적 통지를 해 주시기 바랍니다.

문형

We are pleased to confirm ~
~을 확인합니다.

As ~
~한 대로

We would ask you to ~
~해 주시기 바랍니다, ~해 주시기를 요청드립니다.

We hope ~
~을 희망합니다, ~을 바랍니다.

As soon as ~
~하자마자

Please let us have ~
~를 보내 주시기 바랍니다.

As ~
~한 대로

단어

conclude 끝내다, 결말짓다, 끝맺다, 완결하다
deal 거래, 관계

6 견본과 가격표 접수, 시험주문 의향 통보

Dear Sirs,

Thank you very much for your sample and price list of September 10th. Please be advised that your products appear to be fine and acceptable in quality.

As a trial, we would like to give you a small order for 100 dozens of white cotton shirts, style number HW-235. Please note that this order is subject to the quality same as or equivalent to your sample.

For the particulars of the products, please refer to our purchase order sheet number HW-07335 enclosed. As we want to receive the goods as early as possible, please let us have your acceptance by e-mail for our L/C opening at once.

If this initial order turns out to be satisfactory, we will be able to give you quantity orders in the future.

Best regards,

김상무님의 비즈니스 영작문 응용샘플 101 — Part 03

해설

귀사 견본과 9월 10일자 가격표 감사합니다.
귀사 제품의 품질이 좋고 만족스러워 보입니다.

시험 삼아서, 스타일 번호 HW-235 백색 면 셔츠 100 다스의 소량 주문을 발주하고자 합니다. 본 주문은 품질이 귀사의 견본과 같거나 동일한 수준임을 전제로 한 것임을 양지하여 주시기 바랍니다.

제품의 상세한 사항에 대해서는, 동봉한 당사의 주문서 번호 HW-07335 를 참조하시기 바랍니다. 가능한 한 조기에 물품을 받아보고 싶으므로, 당사가 즉시 신용장을 개설할 수 있도록 이메일로 귀사의 수락 통지를 해 주시기 바랍니다.

본 최초 주문이 만족스러운 것으로 판명되면, 장차 다량 주문을 할 수 있을 것입니다.

문형

Thank you very much for ~ ~(에 대하여) 감사합니다.
Please be advised that ~ ~임을 알려드립니다.
Please note that ~ ~라고 양지하시기 바랍니다.
Subject to ~ ~의 조건으로
Please ~ ~해 주시기 바랍니다.
As ~ ~때문에, ~이므로
Please let us have ~ ~를 보내 주시기 바랍니다.
If ~ ~한다면, ~라면
We will ~ (당사는) ~하겠습니다.

단어

equivalent to 동등한, 상당하는, 대응하는, 맞먹는
turns out to (be) ~임이 판명되다, 결과 ~이 되다

주문 수락, 즉시 선적 가능 확인 및 신용장 요청

Dear Sirs,

Thank you very much for your order of June 20th for 30,000 yards of PVC sponge leathers. We are pleased to confirm our acceptance as shown in our sales confirmation enclosed.

We are arranging the cargo for immediate shipment as you requested. The first available vessel is sailing from Busan on or about July 10th.

If we receive your L/C by the end of June, we assure you that we can handle your order properly and to your satisfaction.

Awaiting your reply,

Best regards,

김상무님의 비즈니스 영작문 응용샘플 101

> **해설**
>
> 3만 야드의 PVC제 인조가죽에 대한 귀사 6월 20일자 주문 감사합니다. 동봉한 성약서에 명시된 바와 같이 당사의 주문 수락을 확인합니다.
>
> 귀사가 요청하신 대로, 즉시 선적을 위하여 조치를 취하고 있습니다. 사용 가능한 첫 번째 선박은 7월 10일경에 부산항을 출항합니다.
>
> 귀사의 신용장을 6월 말일까지 받으면, 귀사의 주문을 틀림없이 그리고 귀사에 만족스럽도록 취급할 것을 보증합니다.
>
> 귀사의 답신을 기다립니다.

문형

Thank you very much for ~
~(에 대하여) 감사합니다.

We are pleased to confirm ~
~을 확인합니다.

If ~
~한다면, ~라면

We assure you that ~
~임을 보증합니다.

Awaiting ~
~를 기다립니다.

단어

sales confirmation 성약서(成約書)
to your satisfaction 귀사가 만족(납득)하도록

8. 시험주문 발주, 즉시 선적 요청

Dear Sirs,

We have received your letter dated May 15th along with your catalogue and price list. We are pleased to place a trial order as followings,

Tooth Brush No. 2080 --- 10 gross
Tooth Brush No. 2090 --- 10 gross

For the details of our order, please refer to our purchase order sheet number HW-07255 as attached.

Please book this order immediately as this is an important one that will affect our future policy.

Best regards,

김상무님의 비즈니스 영작문 응용샘플 101   Part 03

해설

5월 15일자 귀사 서한과 카탈로그 그리고 가격표를 잘 받았습니다.
아래와 같이 시험 주문을 발주합니다.

칫솔 품목 번호 2080 --- 10 그로스(120 다스)
칫솔 품목 번호 2090 --- 10 그로스(120 다스)

주문의 상세사항은 당사의 주문서 번호 HW-07255를 참조하시기 바랍니다.

본건은 당사의 장래 정책에 영향을 주는 중요한 주문이므로, 본 주문을 즉시 등록(예약)해 주시기 바랍니다.

문형

We have received ~
~를 받았습니다.

Please ~
~해 주시기 바랍니다.

As ~
~때문에, ~이므로

단어

gross 12 dozens (144개, 약어 gr.)
book 예약하다
affect 영향을 미치다(주다)
policy 정책, 방침

9. 주문품 재고 소진, 유사한 모델로 대체품 추천

Dear Sirs,

Thank you very much for you order of April 27th. Unfortunately, the model number HW-618 that you ordered is out of stock at present and will be available again in July at the earliest.

Instead, we would like to recommend you a very similar model, our number HW-628, that is available from our stock. Our HW-628 is slightly superior in quality and, therefore, we trust, suits your requirements.

Please inform whether you can accept this model by return as we have put the products aside for you.

Upon receiving your confirmation by e-mail or fax, we will dispatch the goods immediately.

Best regards,

김상무님의 비즈니스 영작문 응용샘플 101 Part 03

해설

4월 27일자 주문 감사합니다.
안타깝게도, 모델번호 HW-618은 현재 재고가 소진되었으며, 빨라야 7월에 다시 입고될 예정입니다.

대신에 유사한 모델이고 재고를 보유 중인 당사 모델번호 HW-628을 추천합니다.
HW-628은 품질 면에서 약간 고급이고, 따라서 귀사의 필요에 적합할 것으로 믿습니다.

귀사를 위하여 제품들을 따로 보관하고 있으니 이 모델을 수락할 수 있는지 즉시 알려주시기 바랍니다.

귀사의 이메일 혹은 팩스 확인을 접수하는 대로, 즉시 물품을 발송하겠습니다.

문형

Thank you very much for ~
~(에 대하여) 감사합니다.

We would like to recommend you ~
~하도록(하기를) 권합니다.

Please inform
~ 통보하여 주시기 바랍니다.

As ~
~때문에, ~이므로

Upon ~
~하면, ~하자마자

We will ~
(당사는) ~하겠습니다.

단어

out of stock 품절되어(재고가 소진되어)
at the earliest 빨라야, 일러야
put aside 제쳐 두다, 챙겨 놓다

10 주문 감사, 선적 지연 가능 통지, 사전 양해 요청

Dear Sirs,

Thank you very much for your purchase order of April 5th.

In regard to packing method and places of delivery, we will meet your wishes as directed in your shipping instructions.

Regarding the delivery terms, we will do our best to complete the shipment of the total quantity within May. However, we are afraid that part of the goods may be delayed to early of June as it is busiest season of the year for the mill.

In that case, we would ask you to understand the delay that is unavoidable.

Best regards,

김상무님의 비즈니스 영작문 응용샘플 101

해설

귀사의 4월 5일자 주문서 감사합니다.

포장 방식과 물품의 도착지들에 대해서는, 귀사의 선적지시서 상에서 지시한 바에 따라 귀사의 의향을 맞추도록 하겠습니다.

선적과 관련, 5월 중에 전량을 선적 완료하기 위하여 최선을 다하겠습니다.
그러나 공장이 1년 중 가장 바쁜 기간이기 때문에 일부 물량은 6월 초로 지연될 수도 있을 것 같습니다.

이러한 일이 발생할 경우, 피치 못할 지연에 대하여 양해해 주실 것을 요청 합니다.

문형

Thank you very much for ~
~(에 대하여) 감사합니다.

In regard to ~
~와 관련하여

Regarding ~
~와 관련하여

We will do our best to ~
~하도록(~하기 위하여) 최선을 다하겠습니다.

We are afraid ~
~할까(~하지 않을까) 염려됩니다.

As ~
~때문에, ~이므로

We would ask you to ~
~해 주시기 바랍니다, ~해 주시기를 요청드립니다.

단어

place of delivery 도착지, 배달지
as directed 지시대로

11 주문 접수, 생산 불가하여 주문 사절, 양해 요청

Dear Sirs,

Thank you very much for your order of October 5th. After careful consideration, we have reached a conclusion that it would be better for us to turn down your order in this instance.

In order to improve the precision up to the level required by your specifications sheet, we have to modify our production line by installing special equipment. It would not be possible before January next year without disturbing our normal operation.

We regret that we are not in the position to accept your order. We, however, hope that you will understand our standpoint.

Please let us have further opportunities with other inquiries, and, if it is within our capacity, we will be happy to serve you.

Best regards,

Part 03 김상무님의 비즈니스 영작문 응용샘플 101

해설

10월 5일자 귀 주문 감사합니다.
신중히 고려한 후, 이번 경우에는 귀 주문을 사절(謝絕)하는 것이 좋겠다는 결론에 도달하였습니다.

귀사 규격표에 요구되고 있는 수준으로 정밀도를 개선하기 위해서는 특수 장치를 설치하여 생산 설비를 개조하여야 합니다.
이는 당사의 정상 가동을 방해하지 않고서는 내년 1월 이전에는 불가능합니다.

귀사의 주문을 수락하지 못하여 유감입니다.
그러나 당사의 입장을 이해하시리라 믿습니다.

다른 구매의향(Inquiry)으로 당사에 더 기회를 주시기 바랍니다. 그러면 당사가 할 수 있는 한도 내에서 성심껏 서비스하겠습니다.

문형

Thank you very much for ~ ~(에 대하여) 감사합니다.
We have to ~ ~하지 않을 수 없습니다, ~해야만 합니다.
We regret ~ 유감입니다.
We are not in the position to ~ 당사는 ~할 수 없습니다.
We hope ~ ~을 희망합니다, ~을 바랍니다.
Please ~, and (we will) ~ ~해 주시면, ~하겠습니다.

단어

after consideration 고려한 끝에
turn down 거절하다, 각하하다
precision 정밀도
modify 수정하다, 변경하다
standpoint 입장, 관점
within our capacity 당사의 능력(할 수 있는) 한도 내에서

Section 05 선적과 지불

1 선적 준비 중, 신용장 조기 개설 요청

Dear Sirs,

Thank you very much for your purchase order No. HW-07153 along with shipping instructions.

Please be advised that the goods are now being manufactured and will be ready for shipment soon. So, please rush to open an L/C and inform us the name of the advising bank.

Upon receiving the L/C, we will arrange the shipping of the goods as per your instructions.

Awaiting your L/C number by return,

Best regards,

김상무님의 비즈니스 영작문 응용샘플 101 — Part 03

해설

귀사 발주서 번호 HW-07153과 선적지시서 감사히 잘 받았습니다.

물품이 현재 생산 중에 있으며, 곧 선적 준비 완료될 것임을 알려드립니다. 그러니, 신용장을 조기에 개설해 주시고 통지 은행명을 통보해 주시기 바랍니다.

신용장을 접수하는 대로, 귀사의 지시대로 물품 선적을 조치하겠습니다.

조속히 신용장 번호를 통지해 주시기 바랍니다.

문형

Thank you very much for ~
~(에 대하여) 감사합니다.

Please be advised that ~
~임을 알려드립니다.

Please ~
~해 주시기 바랍니다.

Upon ~
~하면, ~하자마자

We will ~
(당사는) ~하겠습니다.

Awaiting ~
~를 기다립니다.

단어

advising bank (신용장의) 통지 은행

2 신용장 접수 확인 및 기일 내 선적 가능 통보

Dear Sirs,

With reference to your order No. HW-133, we have received your L/C and shipping instructions with many thanks.

We trust that the goods are to be shipped in time as they are being prepared for shipment at present.

As soon as the vessel departs from Busan port, we will send one full set of copies of transportation documents to you by fax.

Please be advised that we will be doing our best to execute your order properly.

Best regards,

해설

귀사 주문번호 HW-133과 관련, 신용장과 선적지시서 감사히 잘 받았습니다.

물품이 지금 선적 준비 중에 있으므로 기일 내에 선적될 것으로 믿습니다.

선박이 부산항을 출항하자마자 선적 서류 사본 전부를 팩스로 송부하겠습니다.

귀사 주문을 정확히 수행하기 위하여 최선을 다할 것임을 알려드립니다.

문형

With reference to ~
~과 관련하여

We have received ~
~를 받았습니다.

We trust that ~
~라고 믿습니다, ~라고 생각합니다.

As soon as ~
~하자마자

We will ~
(당사는) ~하겠습니다.

Please be advised that ~
~임을 알려드립니다.

~ doing our best to ~
~하도록(~하기 위하여) 최선을 다하겠습니다.

단어

in time 기일 안에

transportation documents 선적 서류, 운송 서류

3. 신용장 접수 확인, 결제 조건 정정 요청

Dear Sirs,

We thank you very much for your L/C covering your order No. HW-134.

According to your L/C, the payment is to be made at 60 days usance. Please note that both parties agreed upon the terms of payment by L/C at sight and this was expressly stated on your purchase order sheet. Therefore, please amend the L/C accordingly.

The goods will be shipped before the end of this month as the production has already been completed.

Your prompt attention to this matter would be appreciated.

Best regards,

김상무님의 비즈니스 영작문 응용샘플 101 Part 03

해설

귀사 주문번호 HW-134에 해당하는 신용장 감사히 잘 받았습니다.

귀 신용장에 의하면, 60일 유전스(기한부 어음)로 지불되게 되어 있습니다.
일람불 신용장 지불 조건으로 쌍방이 합의하였고, 귀사의 발주서 상에 명시되어 있음을 양지하시기 바랍니다.
그러므로 신용장을 그에 맞추어 정정하여 주시기 바랍니다.

생산이 이미 완료되었기 때문에, 물품은 이달 말 이전에 선적될 것입니다.

본건 즉시 조치해 주시면 감사하겠습니다.

문형

We thank you very much for ~
~(에 대하여) 감사합니다.

According to ~
~에 의하여, ~에 따라, ~대로

Please note that ~
~라고 양지하시기 바랍니다.

Please ~
~해 주시기 바랍니다.

As ~
~때문에, ~이므로

~ would be appreciated.
감사하겠습니다.

단어

expressly 명백히, 분명히
amend 정정하다, 수정하다

4. 신용장 개설 요청 및 조기 선적 요청

Dear Sirs,

We have received your e-mail message dated October 20th requesting us to open an L/C covering our order No. HW-07332 for 10(ten) units of knitting machines.

As requested, we have established an L/C No. LA-07125 for U$125,000 at Industrial Bank of Korea.

Please check from your end with the Bank of Montreal, New York Agency.

We would appreciate it very much if you would make arrangements for immediate shipment of these machines.

Best regards,

김상무님의 비즈니스 영작문 응용샘플 101

해설

10대의 편직기를 주문한 당사 발주번호 HW-07332에 해당하는 신용장을 개설해 줄 것을 요청하신, 귀사 10월 20일자 이메일 받았습니다.

요청하신 대로, 기업은행에서 12만 5천 달러 상당의 신용장 번호 LA-07125를 개설하였습니다.

귀사 측에서도 몬트리올은행 뉴욕지점에 확인해 보시기 바랍니다.

이 기계들을 조기에 선적하도록 조치해 주시면 감사하겠습니다.

문형

We have received ~
~를 받았습니다.

As ~
~한 대로

Please ~
~해 주시기 바랍니다.

We would appreciate
~ 감사하겠습니다.

단어

knitting machine 편직기(編織機)

from your end 귀사 쪽에서, 그 쪽에서, 귀측으로부터

5. 주문 접수 확인, 선적 예정 통지, 신용장 독촉

Dear Sirs,

Thank you very much for your letter of February 25th as well as your purchase order number HW-07234.

According to your P.O. sheet, it is required to complete the shipment during the first half of April, and, we trust, the vessel "Pearl Dreamer" sailing from Busan in early April would be the best choice.

To ship the cargo on the above vessel, we are in need of your L/C established within this week.

Your prompt attention to this matter would be very much appreciated.

Best regards,

김상무님의 비즈니스 영작문 응용샘플 101

해설

2월 25일자 서한과 귀사 발주서 번호 HW-07234 감사히 잘 받았습니다.

귀사 발주서에 의하면 4월 상반기에 선적을 완료하도록 요구하는데, 4월 초에 부산항을 출항히는 "Pearl Dreamer"호가 가상 좋은 선택인 것으로 믿습니다.

상기 선박에 물품을 선적하기 위해서는, 귀사의 신용장이 금주 내로 개설되어야 합니다.

본건 즉시 처리해 주시면 아주 감사하겠습니다.

문형

Thank you very much for ~
~(에 대하여) 감사합니다.

According to ~
~에 의하여, ~에 따라, ~대로

~ would be very much appreciated.
대단히 감사하겠습니다.

단어

choice 선택

be in need of 필요로 하다, 필요하다

6. 신용장 독촉, 추가 지연시 주문 취소 통보

Dear Sirs,

We would like to remind you that you owe us an L/C covering your order number HW-07131 even though we have been making requests repeatedly.

To expedite the shipment, we have urged our producer to reserve the production line for your order. If we do not receive your L/C by the end of August, we may be forced to cancel your order as we are under pressure from our producer to do so.

Therefore, please open an L/C in time so that we can execute the order without doing any harm to our long-standing business relations.

Awaiting your reply,

Best regards,

김상무님의 비즈니스 영작문 응용샘플 101 — Part 03

해설

귀사 주문 번호 HW-07131에 상응하는 신용장을 반복하여 (개설)요청을 해 왔음에도 불구하고, 아직도 개설되지 않았음(빚지고 있음)을 상기하여 주시기 바랍니다.

선적을 조기 이행하기 위하여, 당사는 생산업체에 생산라인을 예약해 두도록 요구해 왔습니다. 8월 말까지 신용장을 받지 못하면, 생산업체가 당사에 그렇게 하라고 압력을 가하고 있기 때문에, 부득이 주문을 취소해야 할 수도 있습니다.

그러므로 기일 내에 신용장을 개설하시어 당사가 귀사와의 오랜 거래 관계를 해치지 않고 주문을 이행할 수 있도록 해 주시기 바랍니다.

답신을 기다립니다.

문형

We would like to remind you that ~
~임을 상기해 주시기 바랍니다.

even though ~ 비록 ~하나
If ~ ~한다면, ~라면
As ~ ~때문에, ~이므로
Please ~ ~해 주시기 바랍니다.
Awaiting ~ ~를 기다립니다.

단어

owe 빚지고 있다, 지불할 의무를 지고 있다
repeatedly 되풀이 하여, 몇 번이고
expedite 재촉하다, 촉진하다, 신속히 처리하다
reserve 떼어 두다, 비축하다, 준비해 두다, 마련해 두다
force to 강제하다, 우격으로 시키다
cancel 무효로 하다, 취소하다
long-standing 오래 계속되는, 오랜, 여러 해의
business relation 거래 관계

신용장 지연 중, 조기 개설 독촉

Dear Sirs,

We regret to inform you that we have not received your L/C yet even though your order has been confirmed one month ago.

Please note that it is clearly stated on the sales contract that the L/C is to be established within 15 days from the date of order confirmation.

We would appreciate it very much if you would expedite your L/C opening within this week. Otherwise, as the prices have been increased early this month due to price-hike of raw material, we may have to revise our contract to apply our new prices.

Please understand our difficulties and open an L/C immediately.

Best regards,

김상무님의 비즈니스 영작문 응용샘플 101

해설

한 달 전에 주문이 확정되었음에도 아직 신용장을 받지 못하여 유감입니다.

계약서상에 신용장은 주문확정일로부터 15일 이내에 개설되어야 한다고 명시되어 있음을 주지하여 주시기 바랍니다.

금주 이내로 신용장 개설을 서둘러 주시면 감사하겠습니다.
그렇지 않으면 원료가격의 앙등(昻騰)으로 인하여 금월 초에 가격이 인상된 바, 새로운 가격을 적용하기 위하여 계약을 변경해야 할 것입니다.

당사의 어려운 사정을 이해하시어 즉시 신용장을 개설해 주시기 바랍니다.

문형

We regret to inform you that
~ 임을 알려드립니다(알려드리게 되어 유감입니다).

Even though ~ 비록 ~하나(하지만)

Please note that ~ ~라고 양지하시기 바랍니다.

We would appreciate ~ 감사하겠습니다.

As ~ ~때문에, ~이므로

Due to ~ ~때문에, ~로 인하여

We may have to ~ ~하지 않을 수 없습니다, ~해야만 합니다.

Please understand ~ ~를 이해해 주시기 바랍니다.

단어

sales contract 판매 계약
hike 인상, 상승

8 분할선적 요구, 이에 따른 선적일정 통지 요청

Dear Sirs,

With reference to our order number HW-07165 for 2,000 metric tons of newsprint for second quarter, we understand that you are planning to produce the total quantity in this month.

As we mentioned on our P.O. sheet, please note that the goods are to be shipped in three(3) lots.

Considering current monthly consumption and available warehouse space, we would like to ask you to ship 800M/T, 700M/T and 500M/T from mid-April at intervals of 20-25 days.

Upon receipt of your partial delivery schedule for each and every lot, we will open an L/C immediately.

Best regards,

김상무님의 비즈니스 영작문 응용샘플 101

해설

신문용지 2/4분기 물량 2천 톤에 대한 당사의 주문 번호 HW-07165와 관련, 귀사가 금월 중에 전체 물량을 생산할 계획으로 알고 있습니다.

당사 발주서 상에 언급한 대로, 물품이 3분(分割) 되어 선적되어야 함을 양지하시기 바랍니다.

현재의 월간 소비량과 창고 공간을 고려하여 4월 중순부터 800톤, 700톤, 그리고 500톤을 20~25일 간격으로 선적하여 주실 것을 요청드립니다.

귀사의 각각의 분할 물량에 대한 선적 일정을 접수하는 대로 즉시 신용장을 개설하겠습니다.

문형

With reference to ~ ~와 관련하여

As ~ ~한 대로

Please note that ~ ~라고 양지하시기 바랍니다.

Considering ~ ~를 고려하여

We would like to ask you to ~
~해 주시기 바랍니다, ~해 주시기를 요청드립니다.

Upon ~ ~하면, ~하자마자

We will ~ (당사는) ~하겠습니다.

단어

newsprint 신문용지(新聞用紙)

P.O. (purchase order) 발주서, 주문서

monthly consumption 월간 소비량, 월간 사용량

at intervals of ~간격으로

each and every 어느 것이나 모두, 죄다

9. 선적 준비 완료, 포장 및 선적지시 통보 요청

Dear Sirs,

Regarding your order number HW-07133, we are pleased to inform you that the goods are ready for shipment.

On such a short notice, please note that we made special effort to meet your required delivery date.

We trust that the excellent quality and the fashionable design of our products will give your customers full satisfaction.

Please let us have your instructions for packing and shipping.

Best regards,

김상무님의 비즈니스 영작문 응용샘플 101

해설

귀 주문번호 HW-07133과 관련, 물품이 선적 준비 완료되었음을 알려드립니다.

촉박한 요청이라서, 귀사가 요구한 선적 일자를 맞추기 위해 각별한 노력을 기울였음을 양지하여 주시기 바랍니다.

당사 제품의 탁월한 품질과 최신식 디자인에 귀사의 고객들이 만족할 것으로 믿습니다.

포장 및 선적지시서를 보내 주시기 바랍니다.

문형

Regarding ~
~와 관련하여

We are pleased to inform you that ~
~임을 알려드립니다(알려드리게 되어 기쁩니다).

Please note that ~
~라고 양지하시기 바랍니다.

We trust that ~
~라고 믿습니다, ~라고 생각합니다.

Please let us have ~
~보내 주시기 바랍니다.

단어

on a short notice 충분한 예고 없이, 급히

10. 태풍으로 생산 지연, 신용장 기일 연장 요청

Dear Sirs,

It is very regretful to inform you that we are unable to complete the shipment of your order No. HW-07135 during August.

As you may know through mass media, a terrible typhoon hit the southern part of our country on August 3rd and thus, our factory suffered some minor damages on utility plant. We have been informed that all the production schedules are to be delayed by two(2) weeks or so.

While doing our best to expedite the shipment, we would like to ask you to extend the validity of the L/C till the end of September.

Hoping that you will comply with our request,

Best regards,

김상무님의 비즈니스 영작문 응용샘플 101

해설

안타깝게도 귀사의 주문번호 HW-07135를 8월 중에 선적 완료할 수가 없게 되었음을 알려드립니다.

대중매체를 통하여 아시겠지만, 가공(可恐)할 태풍이 8월 3일에 우리나라 남쪽 지역을 강타하여 당사 공장이 공동 설비에 몇몇 사소한 손상을 입었습니다.
모든 생산 계획이 약 2주일간 연기되어야 함을 통보 받았습니다.

조기 선적을 위해 최선을 다하는 동안, 9월 말까지 신용장의 유효 기일을 연장해 주실 것을 요청합니다.

당사의 부탁을 들어 주시기 바랍니다.

문형

It is very regretful to inform you that ~
~임을 알려드립니다(알려 드리어 유감입니다).

We are unable to ~
당사는 ~할 수 없습니다.

While ~
~하는 한편, ~하는 동안

We would like to ask you to ~
~해 주시기 바랍니다.

Hoping ~
~을 희망합니다, ~을 바랍니다.

단어

utility plant 유틸리티 설비(공동 설비)
comply with 동의하다, 승락하다, (요구에) 응하다

11 선박 출항 취소, 선적/유효 기일 정정 요청

Dear Sirs,

We regret to inform you that "Hyundai Pioneer" scheduled to sail for your port on or about October 23rd has been cancelled due to some mechanical problems.

There is no direct vessel available within this month accordingly.

Thus, please extend the shipping date and the expiry date on your L/C No. LA-07123 up to November 15th and November 30th, respectively.

Thank you in advance for your immediate amendment of the L/C.

Best regards,

 Part 03

김상무님의 비즈니스 영작문 응용샘플 101

해설

귀 지역을 향하여 10월 23일에 출항 계획이었던 "Hyundai Pioneer"호가 기계적인 문제들로 인하여 취소되었음을 알려드립니다.

이에 따라 이달 중에 선적이 가능한 직항 선박은 없습니다.

그러므로 귀 신용장 번호 LA-07123상의 선적 기일과 유효 기일을 각각 11월 15일과 11월 30일로 연장하여 주시기 바랍니다.

신용장을 즉시 정정해 주시면 감사하겠습니다.

문형

We regret to inform you that ~
~임을 알려드립니다(알려드리게 되어 유감입니다).

Due to ~
~때문에, ~로 인하여

Please ~
~해 주시기 바랍니다.

단어

mechanical 기계적인
amendment 수정, 정정

12. 선적 지연, 가격 인하 조건으로 기일 연장 요청

Dear Sirs,

With reference to your order number HW-07413 for 1,000 metric tons of wire ropes to be shipped in September, we are sorry to advise you that it is impossible to execute the shipment within the date stipulated on account of labor shortage in our manufacturer.

Please be advised that Korwin Steel Corporation with whom your order was placed has suffered from serious shortage of line workers recently. While we are doing our best to secure enough quantity as early as possible, shipment delay by one month appears unavoidable.

As we are willing to allow 3(three) percent price discount, we would like to ask you to understand our situation and to extend the L/C accordingly.

Even though this is beyond our control, we apologize for your inconveniences.

Best regards,

김상무님의 비즈니스 영작문 응용샘플 101

해설

귀사 주문번호 HW-07413 9월 선적분 Wire Rope 1천 톤과 관련, 공장의 인력 부족으로 인하여 유감스럽게도 정해진 기일 내에 선적을 이행할 수 없음을 알려드립니다.

귀사의 주문을 발주한 Korwin 철강은 최근 심각한 생산직 부족난을 겪어 왔습니다. 당사는 충분한 물량을 가능한 한 조기에 확보하려고 최선을 다하고 있으나, 1개월의 선적 지연은 불가피한 것 같습니다.

3%의 가격 인하 용의가 있으니 당사의 상황을 양해하시고, 따라서 신용장을 연장해 주시기 바랍니다.

본 사안은 당사의 역량 밖의 일이나, 귀사의 불편함에 대하여 사과드립니다.

문형

With reference to ~ ~와 관련하여
We are sorry to advise you that ~ ~임을 알려드립니다(알려드리게 되어 유감입니다).
On account of ~ ~때문에, ~로 인하여
While ~ ~하나, ~하지만
Please be advised that ~ ~임을 알려드립니다.
~ doing our best to ~
~하도록(~하기 위하여) 최선을 다하고 있습니다.
As ~ ~때문에, ~이므로
We are willing to ~ (기꺼이) ~ 하겠습니다, ~할 용의가 있습니다.
We would like to ask you to ~ ~해 주시기 바랍니다, ~해 주시기를 요청드립니다.
Even though ~ 비록 ~하나(하지만)
We apologize for ~ ~에 대하여 사과드립니다.

단어

stipulate 규정하다, 명기하다
line worker 공장의 노동자
secure 확보하다, 획득하다, 손에 넣다
be beyond one's control (~에게는) 제어하기 힘들다, (~의) 힘에 부치다
inconvenience 불편, 부자유, 폐, 성가심
initial 처음의, 최초의, 초기의

13 선박 사정으로 인한 선박 변경, 선적지연 통지

Dear Sirs,

With reference to your order number HW-324 for one container-load (38,000 lbs) of PVC super DPC film, we regret to inform you that the shipment is to be delayed by one week.

Due to changes in vessel rotation schedule of "Happy Dreamer" of Dreamline Shipping, we will be shipping your goods per "Sea Princess" of U-1 Line sailing from Busan port on October 30th.

The vessel is expected to arrive at Los Angeles on or about November 15th.

We hope that this arrangement will meet the requirements of you and your customers.

Best regards,

김상무님의 비즈니스 영작문 응용샘플 101

해설

귀사 주문 번호 HW-324 투명 PVC 필름 1 컨테이너(3만8천 파운드)와 관련, 선적이 1주일 연기되어야 함을 알려드립니다.

드림라인의 "Happy Dreamer"호의 선박 순환 계획이 변경되어, 10월 30일에 부산항을 출항하는 U-1라인의 "Sea Princess"호에 선적하게 될 것입니다.

선박은 11월 15일경에 Los Angeles항에 도착할 예정입니다.

이러한 조치가 귀사와 귀사 고객의 요구를 충족하기를 바랍니다.

문형

With reference to ~
~와 관련하여

We regret to inform you that ~
~임을 알려드립니다(알려드리게 되어 유감입니다).

Due to ~
~때문에, ~로 인하여

We hope ~
~을 희망합니다, ~을 바랍니다.

단어

PVC super DPC film (double polished clear)
양면을 압착 가공하여 광택이 나는 투명한 PVC제 필름

rotation 규칙적인 교대, 윤번, 순환

14. 선적지시 접수, 선적 지연 양해 요청

Dear Sirs,

With reference to your order number HW-07077, we have received your shipping instructions asking us to ship the goods per "President Taft" leaving Busan port on August 30th.

We regret to inform you that we are unable to meet this schedule due to lateness of this year's crop of tomatoes. At present, we expect that the cargo can be ready for shipment by September 15th at the earliest.

Therefore, we would like to ask you to rebook for shipment per "President Jefferson" sailing on or about September 25th.

We hope that you will understand our situation.

Best regards,

김상무님의 비즈니스 영작문 응용샘플 101 — Part 03

해설

귀 주문 번호 HW-07077 관련, 부산항을 8월 30일에 출항하는 "President Taft"호에 물품을 선적할 것을 요청하는 귀사의 선적지시서를 접수하였습니다.

금년 토마토 수확이 지연되어 이 일정을 맞출 수가 없음을 알려드립니다.
지금으로서는, 빨라야 9월 15일에 물품이 선적 준비 완료될 것으로 예상됩니다.

그러므로 9월 25일에 출항하는 "President Jefferson"호에 선적하도록 다시 예약하여 주실 것을 요청합니다.

당사의 상황을 양해하여 주시기를 희망합니다.

문형

With reference to ~
~와 관련하여

We have received ~
~를 받았습니다.

We regret to inform you that ~
~임을 알려드립니다(알려드리게 되어 유감입니다).

~ are unable to ~
~할 수 없습니다.

Due to ~
~때문에, ~로 인하여

We would like to ask you to ~
~해 주시기 바랍니다, ~해 주시기를 요청드립니다.

We hope ~
~을 희망합니다, ~을 바랍니다.

단어

crop 수확
rebook 재예약하다

15 선적 통지

Dear Sirs,

With reference to your order number HW-07155 for 10,000 units of wireless optical mice, please be advised that the goods are shipped on board the vessel "President Lincoln" V-303E today.

ETA, Long Beach is on or about October 15th.

As requested, the shipping documents including a non-negotiable B/L will be dispatched to you by DHL tomorrow.

We hope that the cargo reaches you in good condition and to your satisfaction so that you may place further orders with us.

Best regards,

김상무님의 비즈니스 영작문 응용샘플 101

해설

무선 광(光)마우스 1만 대에 대한 귀사의 주문번호 HW-07155와 관련, 물품이 오늘 "President Lincoln"호 303 항차(동쪽 항해) 편에 선적되었기에 알려드립니다.

Long Beach 도착 예정일은 10월 15일 입니다.

요청하신 대로, 선하증권 사본을 포함하여 선적 서류를 내일 DHL편으로 발송하겠습니다.

귀사가 당사에 더 많은 주문을 할 수 있도록, 물품이 양호한 상태로 만족스럽게 귀사에 도착하기를 희망합니다.

문형

With reference to ~
~와 관련하여

Please be advised that ~
~임을 알려드립니다.

As ~
~한 대로

We hope ~
~을 희망합니다, ~을 바랍니다.

단어

ETA (expected time of arrival) 도착 예정 시각
non-negotiable 유통 불능 선하증권(선하증권의 사본)
B/L (Bill of Lading) 선하증권

16. 선적 통지 및 L/C 조항에 따라 선적서류 송부

Dear Sirs,

With reference to your order number HW-07333, we are pleased to advise you that the goods were shipped on board the vessel "President Jefferson" V-335E that left Busan for your port on May 15th.

As required on your L/C, we are sending shipping documents as followings,

Commercial Invoice --- 2 copies
Bill of Lading --- 1/3 original and 2 non-negotiable copies
Packing List --- 2 copies
Insurance Policy --- 2 copies

We trust that the documents are in good order and hope that the goods will reach you in time in good condition.

Best regards,

김상무님의 비즈니스 영작문 응용샘플 101

해설

귀사 주문번호 HW-07333 관련, 5월 15일에 부산항으로부터 귀 도착항으로 출항한 "President Jefferson"호 335항차(동쪽 항해) 편에 물품이 선적되었음을 알려드립니다.

귀사의 신용장 상에서 요구한 대로, 다음과 같이 선적 서류를 보내 드립니다.

상업송장 사본 2매,
선하증권 원본 1매와 사본 2매,
포장명세서 사본 2매,
보험증권 사본 2매.

선적서류가 적정하게(제대로) 작성된 것으로 믿으며, 물품이 기일 내에 양호한 상태로 도착하기를 바랍니다.

문형

With reference to ~
~와 관련하여

We are pleased to advise you that ~
~임을 알려드립니다.

As ~   ~한 대로

We are sending ~
~를 보내 드립니다.

We trust that ~
~라고 믿습니다, ~라고 생각합니다.

We hope ~
~을 희망합니다, ~을 바랍니다.

단어

Commercial Invoice 상업송장
Bill of Lading 선하증권
Packing List 포장명세서
Insurance Policy 보험증권

17. 태풍 피해로 대금 결제 불가능, 기일 연장 요청

Dear Sirs,

We acknowledge the receipt of your statement of September 5th which shows the outstanding balance of U$50,000 as of August 31st.

We regret to inform you that it is not yet possible for us to pay you the amount on account of damage by a recent typhoon.

There was typhoon and heavy rain on August 15th, which caused very serious damages to our warehouse and inventories.

If you are kind enough to grant us 3(three) month extension of payment, we will do our best to pay off the whole amount by new date.

Your understanding would be appreciated.

Best regards,

김상무님의 비즈니스 영작문 응용샘플 101

> **해설**
>
> 8월 31일부로 5만 달러의 미결제 잔액을 나타내는 귀사의 9월 5일자 스테이트먼트(계산서)를 정히 영수하였습니다.
>
> 유감스럽게도 최근의 태풍으로 인한 손해 때문에 이 금액을 아직은 지불할 수가 없음을 알려드립니다.
>
> 8월 15일에 태풍과 폭우가 있었으며, 당사의 창고와 재고에 심각한 손해를 야기했습니다.
>
> 결제 기일을 3개월간 연기해 주신다면, 새로운 결제기일 안에 총액을 완불하도록 최선을 다하겠습니다.
>
> 양해해 주시면 감사하겠습니다.

문형

We acknowledge the receipt of ~
~를 받았습니다.

We regret to inform you that ~
~임을 알려드립니다(알려드리게 되어 유감입니다.)

On account of ~
~때문에, ~로 인하여

If ~
~한다면, ~라면

We will
~ (당사는) ~하겠습니다.

~ would be appreciated.
감사하겠습니다.

단어

outstanding balance 미결제 잔액
statement 계산서
pay off 지불하다

Section 06 클레임

1. 수량 부족 확인 요청 및 부족 물량 항공발송 요청

Dear Sirs,

With reference to our order number HW-07115, we received the cargo yesterday.

We have found that the goods were in good condition except the difference in quantity of the article number HW-135. While our purchase order indicates the quantity of 200 dozens, it is shown on your invoice and packing list that 150 dozens have been shipped.

Please check this matter from your end and send those missing 50 dozens immediately by airfreight as we need to deliver to our customer the total quantity in one lot.

Awaiting your reply,

Best regards,

해설

당사 주문번호 HW-07115와 관련, 어제 물품을 받았습니다.

제품번호 HW-135의 수량이 어긋난 것 이외에는 제품이 양호한 상태임을 확인하였습니다. 당사의 발주서에 수량이 200다스임을 명시하고 있으나, 귀사의 송장과 포장명세서에는 150다스가 선적되었다고 표시되어 있습니다.

귀사 측에서 확인해 보시고, 부족한 50다스는 당사의 고객에게 총수량을 한 몫에 공급해야 하므로 즉시 항공편으로 발송하시기 바랍니다.

답신을 기다립니다.

문형

With reference to ~
~와 관련하여

We have found that ~
~라고 알게 되었습니다. ~임을 발견하였습니다.

While ~
~하나, ~하지만

Please ~
~해 주시기 바랍니다.

As ~
~때문에, ~이므로

Awaiting ~
~를 기다립니다.

단어

article 품목, 물품, 물건
missing 없는, 부족한, 분실한
in one lot 한몫에, 일괄하여

2 품질 불량, 인수 불가 통보, 가격 인하 요구

Dear Sirs,

With reference to our order number HW-07078, we have received 20 bales of raw cotton shipped per "Shining Star".

Upon unpacking the bales, we were surprised to find that the goods were far inferior to the original sample you submitted to us at time of ordering.

We do not think that we can use or sell such poor quality goods. If 20 percent discount is granted, we may persuade our customers to accept the goods as is.

Please let us have your comments by return.

Best regards,

김상무님의 비즈니스 영작문 응용샘플 101

해설

당사 주문번호 HW-07078과 관련, "Shining Star"편에 선적된 원면 20꾸러미를 받았습니다.

물품을 풀어보고, 놀랍게도 당사가 주문할 당시에 귀사가 제공하신 원래 견본에 비해 물품이 열악함을 발견하였습니다.

이와 같은 품질이 나쁜 제품을 사용하거나 판매할 수는 없을 것으로 생각합니다. 20%의 가격 인하를 해 주신다면, 현 상태 대로 수락하도록 거래처를 설득해 볼 수는 있겠습니다.

귀사의 견해를 즉시 알려주시기 바랍니다.

문형

With reference to ~
~와 관련하여

We have received ~
~를 받았습니다.

Upon ~
~하면, ~하자마자

We were surprised to find that ~
(놀랍게도) ~임을 발견하였습니다.

If ~
~한다면, ~라면

Please let us have ~
~를 보내 주시기 바랍니다.

단어

bale 짐짝, 꾸러미
raw cotton 원면
unpack 풀다, 끄르다, 꺼내다
inferior 열등한, 떨어지는, 조악한
persuade 설득하다, 권유하다

품질 상이 및 수량 부족 클레임, 해결 방안 요구

Dear Sirs,

With reference to our purchase order number HW-07230, we would like to draw your attention to the defective goods shipped per "President Lincoln" on July 25th.

We found that the quality was much inferior to the production samples you dispatched to us before starting the main production as soon as we opened the cartons. Moreover, the length is short by approximately 5 yards for most of the rolls.

We are sending cutting samples collected from those rolls and a copy of a report from independent surveyor for your reference, which will show you the inferiority of the products.

We would ask you to get back to us with your suggestion of solution as early as possible. We hope you will give prompt attention to this matter.

Best regards,

김상무님의 비즈니스 영작문 응용샘플 101 — Part 03

> **해설**
>
> 당사 주문 번호 HW-07230과 관련, 7월 25일 "President Lincoln"호 편에 선적된 불량품에 대하여 주목해 주시기 바랍니다.
>
> 카턴 박스를 열자마자, 본 생산 들어가기 전에 당사로 송부한 선적 견본에 비하여 품질이 아주 열악함을 알게 되었습니다.
> 게다가, 대부분의 롤(Roll)들의 길이가 약 5야드 부족합니다.
>
> 참고용으로 불량 롤들로부터 수집한 조각 견본과 제3의 검사 기관으로부터 받은 검사성적서 사본을 송부하오며, 이들이 제품의 불량함을 보여드릴 것입니다.
>
> 가능한 한 조속히 해결 방안을 알려주시기 바랍니다.
> 본건에 즉시 주목해 주시기를 희망합니다.

문형

With reference to ~ ~와 관련하여

We found that ~
~라고 알게 되었습니다, ~임을 발견하였습니다.

As soon as ~ ~하자마자

We are sending ~ ~를 보내 드립니다.

We would ask you to ~
~해 주시기 바랍니다, ~해 주시기를 요청드립니다.

We hope ~ ~을 희망합니다, ~을 바랍니다.

단어

production sample 생산 견본(이에 대한 승인을 받은 후에 본격 생산 개시하게 됨)
approximately 대략, 대강, 얼추
independent surveyor 독립 검사관
suggestion 제안, 제의, 제언
solution 해결

4. 포장 불량 물품 손상, 수리비 혹은 대체선적 요청

Dear Sirs,

This is to inform you that we have received six(6) units of blow molding machines shipped per "Hong Kong Express" according to our purchase order number HW-07123.

Among those units, we have found that two(2) units were badly damaged. We are of the opinion that the crates were not suitable for ocean shipping and insufficient packaging materials were filled into the crates.

Therefore, we would ask you to send a check for U$12,000 covering our losses including repair charge and others or to ship the replacement units at your expenses. We will return those units immediately as soon as we receive new units from you.

Awaiting your reply,

Best regards,

김상무님의 비즈니스 영작문 응용샘플 101

해설

당사 주문 번호 HW-07123에 따라 "Hong Kong Express"호 편에 선적된 6대의 중공성형기(中空成型機)를 접수하였음을 알려드립니다.

그 중에서, 2대가 심하게 파손되어 있음을 발견했습니다.
나무 상자가 해상 운송에 적합하지 않았고, 상자 안에 충분한 포장 자재가 채워지지 않았다고 생각합니다.

그러므로 수리비와 다른 비용들을 포함하여 당사의 손실을 보전하도록 1만 2천 달러 상당의 수표를 송부해 주시거나, 아니면 귀사가 비용을 부담하고 대체용 기계를 선적해 주시기를 요청합니다. 귀사로부터 새 기계들을 접수하면, 이전에 받은 기계들을 즉시 반송하겠습니다.

귀사의 답신을 기다립니다.

문형

According to ~ ~에 의하여, ~에 따라, ~대로

We have found that ~
~라고 알게 되었습니다, ~임을 발견하였습니다.

We would ask you to ~
~해 주시기 바랍니다, ~해 주시기를 요청드립니다.

As soon as ~ ~하자마자

Awaiting ~ ~를 기다립니다.

단어

blow molding 중공성형(中空成型)(가소제로 제품을 만드는 가공 방식의 하나로서, 바깥 틀을 맞물린 다음 관 속에 압축 공기를 불어 넣으면 관이 압축 공기압으로 팽창되어 틀 벽에 붙으면서 틀 모양의 수지 제품이 이루어진다. 병과 같은 속이 빈 제품을이 성형법으로 만든다).

be of the opinion that ~라고 믿다, ~라고 생각하다, ~라는 생각이다

crate (짐 꾸리기의) 나무상자, 틀 상자

repair charge 수선비, 수리비

replacement 대체(품)

5. 침수 피해 발생, 검사 의뢰 후 재선적 요구

Dear Sirs,

One hundred units of synthesizers we ordered on April 25th per our purchase order number HW-028 arrived yesterday.

Upon opening the cases, we found that twelve(12) units were damaged by water and seemed to be total write-offs.

We have arranged an inspection by independent surveyor to figure out the extent of the damage. As soon as the report is in our hand, we will send you a copy along with our claim note.

In the meantime, we would like to ask you to airfreight twelve units of your model number HW-100 immediately.

Best regards,

김상무님의 비즈니스 영작문 응용샘플 101 Part 03

해설

4월 25일에 당사의 주문 번호 HW-028에 의거 주문한 100대의 신시사이저가 어제 도착하였습니다.

상자를 열어 보고 12대가 침수 피해를 입은 것을 알았고, 수리 불능(전부 손실)인 것으로 보입니다.

파손의 정도를 확인하기 위하여 제3의 검사기관에 검사를 하도록 조치하였습니다.
검사 보고서를 입수하는 대로 당사의 클레임 청구서와 함께 귀사로 보내 드리겠습니다.

한편으로는, 귀사의 모델 번호 HW-100 12대를 즉시 항공편으로 송부해 주실 것을 요청드립니다.

문형

Upon ~
~하면, ~하자마자

We found that ~
~라고 알게 되었습니다, ~임을 발견하였습니다.

As soon as ~
~하자마자

We will ~
(당사는) ~하겠습니다.

We would like to ask you to ~
~해 주시기 바랍니다, ~해 주시기를 요청드립니다.

단어

write-off 결손처분(缺損處分), 감가계정(減價計定), 수리불능(修理不能)
figure out 이해하다, 계산하다, 견적하다, 산정하다
extent 정도, 범위, 한계, 한도
claim note 클레임 청구서

6. 운송 중 파손, 자료 요청 및 보험사 접촉 권장

Dear Sirs,

With reference to your purchase order number HW-07079, we are sorry to hear that the goods were found damaged when you received them.

We have checked from this end and have found that the goods left our mill in good condition as shown on the cargo receipt attached. We trust that the damage must have occurred on the way.

Please send us the documents describing the exact situation of the cargo at time of arrival, and we will raise this issue with the shipping company for you to recover the losses.

Please also contact the local agent on the insurance policy to arrange a survey by third party.

Best regards,

김상무님의 비즈니스 영작문 응용샘플 101 — Part 03

해설

귀사의 발주번호 HW-07079와 관련, 귀사가 물품을 접수하였을 때 파손되어 있었다는 통보를 접수하게 되어 유감으로 생각합니다.

당사가 이쪽에서 확인해 본 바, 첨부한 물품 수령증에 나타난 대로 물품이 양호한 상태로 당사의 공장을 출발하였음을 확인하였습니다.
파손은 운항 중에 일어났음이 틀림없다고 생각합니다.

물품 도착 시의 정확한 상태를 기술(記述)한 서류를 보내 주시기 바라며, 그러면 손실을 보전할 수 있도록 귀사를 위하여 선박회사에 본건에 대해 문제를 제기하겠습니다.

제 3자(기관)의 검사를 준비하기 위하여, 보험증권상의 대리점도 접촉하시기 바랍니다.

문형

With reference to ~ ~와 관련하여

We were sorry to hear that ~
(유감스럽게도)~임을 알게 되었습니다.

We have found that ~
~라고 알게 되었습니다, ~임을 발견하였습니다.

We trust that ~
~라고 믿습니다, ~라고 생각합니다.

Please ~, and (we will) ~
~해 주시면, ~하겠습니다.

Please ~ ~해 주시기 바랍니다.

단어

cargo receipt 화물 수령증(貨物受領證)
on the way 도중에
raise (문제를)제기하다, 일으키다
recover (손실을)만회하다, 벌충하다
third party (당사자 이외의)제3자

7 운송 중 파손, 자료 요청 및 보험사 접촉 권장

Dear Sirs,

We regret to learn from your letter dated April 5th that one china cabinet among our shipments was found badly damaged at time of arrival.

As the goods were packed and handled strictly according to your packing and shipping instructions, we presume that the wooden cases have been handled roughly on the way.

We suggest, therefore, that you contact the local agent of insurance company for a claim. If there is anything you need from us concerning this claim, please do not hesitate to call or e-mail us.

In the meantime, we have dispatched a new china cabinet by airfreight, and we trust that this arrangement will meet your wishes.

Best regards,

해설

귀 4월 5일자 서한을 통하여, 당사의 선적물품 중 장식장 하나가 도착 시에 안타깝게도 심하게 파손되어 있었음을 알게 되었습니다.

제품이 엄격하게 귀사의 포장 및 선적지시서에 따라 포장되고 취급되었기 때문에, 수출용 나무상자들이 운송 도중에 거칠게 취급된 것으로 추측됩니다.

그러므로 보험 청구를 위하여 보험회사의 대리점을 접촉하시기를 권합니다.
보험 청구와 관련하여 당사로부터 필요하신 것이 있으시면, 전화 혹은 이메일로 즉시 알려주시기 바랍니다.

한편으로는 새로운 장식장을 항공편으로 발송하였으며, 이 조치가 귀사의 요구사항을 충족할 것으로 믿습니다.

문형

We regret to learn that ~
(유감스럽게도)~임을 알게 되었습니다, ~임을 알았습니다.

As ~ ~때문에, ~이므로

According to ~ ~에 의하여, ~에 따라, ~대로

We suggest that ~ ~하도록(하기를) 제안합니다.

If ~ ~한다면, ~라면

Concerning ~ ~와 관련하여

Please ~ ~해 주시기 바랍니다.

We have dispatched ~ ~를 보냈습니다.

We trust that ~ ~라고 믿습니다, ~라고 생각합니다.

단어

china cabinet 그릇장, 장식장
presume 추정하다, ~라고 생각하다, ~라고 여기다
roughly 거칠게, 난폭하게

8 파손 클레임 인정 불가 통보 및 보험 청구 제안

Dear Sirs,

We are sorry to learn from your letter of May 20th that the cargo we have shipped to you early this month per "President Washington" arrived in totally damaged condition.

The goods were packed properly with greatest care and thus, we can only conclude that the carton boxes were stored or handled recklessly in transit.

We must, therefore, disclaim liability in this case, and we would like to remind you that we have performed pre-loading inspection by independent surveyor as required by your L/C.

Under the circumstances, we would advise you to make a claim with the insurance company at your end.

Best regards,

김상무님의 비즈니스 영작문 응용샘플 101

해설

5월 20일자 귀 서한을 통하여 이달 초에 당사가 "President Washington"호 편에 선적한 물품이 안타깝게도 완전히 파손된 상태로 도착하였음을 알게 되었습니다.

물품은 최상의 주의를 기울여 적정하게 포장되었으며, 따라서 운송 중에 부주의하게 보관 혹은 취급되었을 것으로 결론지을 수밖에 없습니다.

그러므로 본건에 대하여 당사는 책임을 질 수가 없으며, 귀사 신용장의 요구조건에 따라 독립 검사 기관에 의해 선적 전 검사를 시행하였음을 상기하여 주시기 바랍니다.

상황이 그러하므로, 귀사 측에서 보험회사에 청구를 하실 것을 권합니다.

문형

We are sorry to learn that ~
(유감스럽게도)~임을 알게 되었습니다.

We would like to remind you that ~
~임을 상기해 주시기 바랍니다.

As ~ ~한 대로

We would advise you to ~
~하도록(하기를) 권합니다.

단어

recklessly 분별없이, 무모하게
in transit 수송 중, 이동 중
disclaim (관계, 책임 등을)부인하다, 거부하다
liability 책임, 부담, 의무
pre-loading 선적 전(前)

9. 선적 실수 인정, 대체 선적 혹은 가격 인하 제안

Dear Sirs,

It is very regretful to learn from your letter dated October 5th that our goods for your order number HW-07010 were proven inferior in quality.

We have checked our records and have found that our shipping department made a mistake by shipping HW-030 instead of HW-035. We feel sorry for this carelessness on our part.

To adjust the matter, we can either send you the right goods by airfreight or give you special discount of 20 percents off the invoice value if you can make use of the products.

Please accept our apologies for the inconveniences caused by our mistake and let us know by return which of the above two proposals you would prefer.

Best regards,

김상무님의 비즈니스 영작문 응용샘플 101 — Part 03

해설

귀 10월 5일자 서한을 통하여, 유감스럽게도, 귀사 주문 번호 HW-07010에 대한 당사의 선적 물품의 품질이 불량한 것으로 밝혀졌음을 알게 되었습니다.

당사의 기록을 확인하였으며, 당사의 출하부서가 HW-035 대신에 HW-030을 선적하는 실수를 범하였음을 알게 되었습니다.
당사 측의 부주의에 대하여 사과합니다.

본건을 조정하기 위하여, 당사는 올바른 제품을 항공편으로 발송하거나 아니면 기존 선적 물품을 사용하실 수 있으시다면 송장 금액의 20%를 특별 할인해드릴 수가 있습니다.

당사의 실수로 인한 불편함에 대하여 사과드리오며, 위의 두 가지 제안 중에서 어느 것을 선호하는지 알려주시기 바랍니다.

문형

It is very regretful to learn that ~
(유감스럽게도) ~임을 알았습니다.

We have found that ~
~라고 알게 되었습니다, ~임을 발견하였습니다.

We feel sorry for
~ 유감입니다, 사과합니다.

Please accept our apologies for ~
~에 대한 당사의 사과를 받아 주시기 바랍니다.

단어

on our part 당사 측에서
adjust 조절하다, 맞추다, 조정하다, 지불액을 결정하다
make use of (~을)사용하다, 이용하다
proposal 신청, 제안, 제의

10. 불량품 견본 접수, 대체품 선적 예정 통보

Dear Sirs,

We have received your letter of October 15th along with samples of inferior goods. We passed them on to our factory for examination and comments.

It seems obvious that some of wrong goods were included in your consignment through oversight. We protested to our factory to apply more strict criteria for quality control and they also expressed their very great regret.

We have arranged for immediate dispatch of replacements. We guarantee the quality of these goods as our factory promises to execute piece-bypiece inspection this time.

If you are willing to dispose of the inferior goods at the best price obtainable, we will send a credit note for the difference in amount. We apologize sincerely for the inconveniences caused to you and will take every care to ensure that such error is not made again.

Best regards,

김상무님의 비즈니스 영작문 응용샘플 101

해설

10월 15일자 귀사 서한과 불량품 견본 접수하였습니다.
검사 및 의견을 위하여 공장에 전달하였습니다.

잘못된 물품들이 실수로 귀사의 물품에 포함되었음이 확실해 보입니다.
품질관리에 좀 더 엄격한 기준을 적용하도록 공장 측에 항의하였으며, 공장 측도 유감을 표하였습니다.

대체품을 즉시 선적하도록 조치하였습니다.
공장에서 이번에는 전수 검사를 실시할 것을 약속하고 있기 때문에, 이번 물품들의 품질은 당사가 보증합니다.

받을 수 있는 최선의 가격에 불량품들을 처분하고자 하신다면, 금액의 차이에 대하여 대변전표 (Credit Note)를 보내 드리겠습니다.
귀사에 끼친 불편에 대하여 진심으로 사과드리며 이러한 실수가 재발되지 않도록 모든 주의를 기울이겠습니다.

문형

We have received ~
~를 받았습니다.

As ~
~때문에, ~이므로

We will ~
(당사는) ~하겠습니다.

We apologize sincerely for ~
~에 대하여 진심으로 사과드립니다.

단어

comment 논평, 설명, 견해
consignment 위탁화물, 적송품(積送品)
piece-by-piece 하나씩 하나씩, 개별적으로
credit note 대변전표(貸邊傳票), 입금 혹은 반품 때 판 사람이 보내는 전표
ensure 확실하게 하다, 보증하다

불량품 인정, 대체품 선적 및 가격 인하 통지

Dear Sirs,

We are very sorry to learn from your letter of August 25th that our shipment covering your order number HW-07120 was found defective.

We have discovered that sometimes defective goods are included in spite of severe pre-loading inspection at our factory. We protested to the factory to inspect more rigorously to prevent no defective good can filter in.

As a settlement, we will ship the replacement goods by the first available vessel and grant a special discount of 3% off the invoice amount. Please return the previous cargo with freight collect at your convenience.

Please accept our apology for your trouble and we assure you that your orders will be executed with maximum care in the future.

Best regards,

김상무님의 비즈니스 영작문 응용샘플 101

해설

8월 25일자 귀사 서한을 통하여, 귀사 주문 번호 HW-07120에 대한 당사의 선적물품이 불량으로 밝혀졌음을 알게 되어 유감스럽게 생각합니다.

당사 공장의 엄격한 선적 전 검사에도 불구하고, 가끔 불량품이 포함된다는 것을 알게 되었습니다. 불량품이 하나도 통과하지 못하도록 더 엄격하게 검사하도록 공장 측에 항의하였습니다.

해결책으로서, 첫 번째 선적 가능한 선박에 대체품을 선적하고 송장 금액의 3%를 특별 할인해 드리겠습니다. 귀사가 편리한 때에 운임을 착불하는 조건으로 이전의 선적 물품을 반송해 주시기 바랍니다.

귀사에 수고를 끼쳐드린 데 대하여 사죄하오며, 앞으로 귀사의 주문들은 최대한의 주의를 기울여 실행할 것임을 확약합니다.

문형

We are very sorry to learn that ~
(유감스럽게도)~임을 알게 되었습니다.

We have discovered ~
~라고 알게 되었습니다. ~임을 발견하였습니다.

In spite of ~
~에도 불구하고

We will ~
(당사는) ~하겠습니다.

Please accept our apology for ~
~에 대한 당사의 사과를 받아 주시기 바랍니다.

We assure you that ~
~임을 보증합니다.

단어

rigorous 엄한, 엄격한, 엄밀한

filter 거르다, 여과하다(filter in은 통과되어 포함될 경우, filter out은 여과하여 제거되었을 경우)

at one's convenience 형편이 닿는 대로, 편리한 때에

12 생산 실수 인정, 대체품 항공선적 통보

Dear Sirs,

We have read carefully your letter of complaint dated October 20th about the discrepancy between the shipped goods and the original samples.

Apparently this was caused by the oversight of our production department. Please accept our apologies for the inconvenience you have been put to. We are sending you a new lot from our production line by airfreight.

We would ask you to contact our forwarder to return the faulty goods at your convenience with ocean freight collect. If you would, you may keep them at a reduced price of 3% off the invoice value.

We hope this settles the matter to your wishes and will do our best to prevent a recurrence of such an error in the future.

Best regards,

해설

선적 물품과 원래 견본간의 불일치에 대한 귀사의 10월 20일자 항의 서한을 신중하게 읽었습니다.

이것은 당사 생산부서의 실수에 의한 것이 확실한 것 같습니다.
귀사가 겪은 불편함에 대하여 사과드립니다.
당사 생산 라인으로부터 새로운 생산품을 항공편으로 발송합니다.

당사의 운송업체를 접촉하시어 잘못된 제품들을 해상 운임 착불(着拂) 조건으로 귀사가 편리하신 때에 반송해 주시기 바랍니다.
귀사가 원하신다면, 송장 금액으로부터 3% 인하한 금액에 인수하셔도 좋습니다.

위와 같은 조치가 귀사의 희망대로 본건을 해결하는 것이기를 바라며, 장래에는 그러한 과오가 재발하지 않도록 최선을 다하겠습니다.

문형

Please accept our apologies for ~
~에 대한 당사의 사과를 받아 주시기 바랍니다.

We would ask you to ~
~해 주시기 바랍니다, ~해 주시기를 요청드립니다.

We hope ~
~을 희망합니다, ~을 바랍니다.

We will do our best to ~
~하도록(~하기 위하여) 최선을 다하겠습니다.

단어

iscrepancy 불일치, 상위, 어긋남, 모순

apparently 명백히, 일견하여, 보기에, 외관상으로는

forwarder 운송취급인(운송주선인(運送周旋人)이라고도 하며, 화물을 인수하여 수하인에게 인도할 때까지의 일체의 업무를 주선하는 사람(업체)을 말함)

faulty 결점이 있는, 불완전한, 그릇된

recurrence 다시 일어남, 재현, 재발

13. 운송 중 파손 책임 부인, 보험청구 제안

Dear Sirs,

Thank you very much for your letter of August 25th concerning 500 units of all-in-one multi-function printers per your order number HW-07120.

After thorough investigation, we could not find any error on our side because all the records were showing that we had executed your order properly according to your instructions as stated in your P.O.

Since we are sure that the goods were damaged in transit, we suggest that you lodge this claim with the insurance company. We will assist you whatever possible until you are compensated for your losses.

Even though it was beyond our control, we are sorry for the inconvenience you have suffered.

Best regards,

김상무님의 비즈니스 영작문 응용샘플 101 — Part 03

해설

귀사의 주문 번호 HW-07120에 의한 복합 인쇄기 500대와 관련, 귀사의 8월 25일자 서한 잘 받았습니다.

면밀한 조사 끝에 모든 기록이 당사가 귀사 주문서에 명시되어 있는 대로 정확하게 수행하였음을 보여 주고 있기 때문에, 당사 측에서는 어떠한 과오도 찾아낼 수가 없었습니다.

물품이 운송 중에 파손되었음이 확실하므로 보험회사에 클레임을 청구하시기를 제안합니다. 귀사의 손실을 보상받을 때까지 가능한 모든 협조를 해 드리겠습니다.

본건은 당사의 역량 밖의 일이기는 하지만, 귀사가 겪은 불편함에 대하여 유감으로 생각합니다.

문형

Thank you very much for ~ ~에 대하여 감사합니다.
Concerning ~ ~와 관련하여
Because ~ ~때문에, ~이므로
According to ~ ~에 의하여, ~에 따라, ~대로
As ~ ~한 대로
Since ~ ~때문에, ~이므로
We suggest that ~ ~하도록(하기를) 제안합니다.
We will ~ (당사는) ~하겠습니다.
Even though ~ 비록 ~하나(하지만)
We are sorry for ~ 유감입니다, 사과합니다.

단어

all-in-one 일체형
multi-function printer 복합 인쇄기(스캐너, 복사기, 프린터 기능 갖춤)
on our side 당사 측에서
lodge (반대, 불평 따위를)제기하다, 제출하다
compensate 보상하다, 보전하다, 배상하다

14. 불량품 인정, 재선적 예정 통보

Dear Sirs,

From your letter of June 25th, we regret to hear that among our latest shipment, two(2) units were found unsatisfactory.

As we understand your standpoint, we are willing to take back these two units even though slight differences in color are unavoidable.

We will ship two correct units next week. We assure you that we will inspect the color consistency very carefully before shipment.

We are sorry for the inconveniences that you have been put to and hope this will meet your wishes.

Best regards,

김상무님의 비즈니스 영작문 응용샘플 101

해설

귀사의 6월 25일자 서한을 통하여, 당사의 최근 선적물품 중에서 유감스럽게도 2대가 불만족스러운 것으로 판명되었음을 알았습니다.

약간의 색상 차이는 불가피하기는 하지만, 귀사의 입장을 이해하기 때문에 본 건 2대에 대해서는 반품을 수리하도록 하겠습니다.

다음 주에 2대의 올바른 제품을 선적하도록 하겠습니다.
선적 전에 색상의 일관성에 대하여 아주 면밀하게 검사할 것임을 보증합니다.

귀사가 겪은 불편함에 대하여 유감스럽게 생각하며, 위의 조치가 귀사의 희망을 충족하기를 바랍니다.

문형

We regret to hear that ~
(유감스럽게도)~라고 들었습니다.

As ~
~때문에, ~이므로

We are willing to ~
(기꺼이) ~ 하겠습니다.

Even though ~
비록 ~하나(하지만)

We will ~
(당사는) ~하겠습니다.

We assure you that ~
~임을 보증합니다.

We are sorry for ~
유감입니다, 사과합니다.

We hope ~
~을 희망합니다, ~을 바랍니다.

단어

consistency 일치성, 일관성

15 선적수량 차이 확인, 부족 물량 추가 선적 예정

Dear Sirs,

We have received your letter dated May 28th asking us to check the quantity of the goods regarding your order number HW-07110.

Upon checking our records here, we have noticed a discrepancy between the figures on our invoice and the quantities you specified on your purchase order sheet.

Please inform the actual quantities you have received at your end, and we will ship the shortage using first available vessel.

We sincerely apologize for the trouble caused and assure you that we will make every attempt to prevent such a mistake in the future.

Best regards,

김상무님의 비즈니스 영작문 응용샘플 101

해설

귀사 주문 번호 HW-07110과 관련, 물품의 수량 확인을 요청하는 5월 28일자 귀사의 서한을 접수하였습니다.

이곳의 기록들을 확인해 본 바, 송장상의 수량과 귀사의 주문서에 명시한 수량과의 차이를 인지하였습니다.

귀사 측에서 접수한 실제 수량을 통보해주시기 바라오며, 그러면 이용할 수 있는 첫 번째 선박에 부족분을 선적하겠습니다.

이로 인해 수고를 끼쳐드려 진심으로 사과하오며, 앞으로 이런 실수를 방지하기 위하여 모든 노력을 다 할 것임을 보장합니다.

문형

We have received ~
~를 받았습니다.

Regarding ~
~와 관련하여

Upon ~
~하면, ~하자마자

Please ~, and ~
~해 주시면, ~하겠습니다.

We sincerely apologize for ~
~에 대하여 깊이 사과드립니다.

We assure you that ~
~임을 보증합니다.

단어

notice 알아채다, 인지하다

16. 품질 불일치 사과, 대체 물품 항공발송 통지

Dear Sirs,

With reference to your letter dated August 20th regarding the discrepancy of the goods shipped per "Morning Glory", we offer our sincere apologies for the most unfortunate error that has occurred in the execution of your order.

We are completely at a loss to understand how this kind of mistake could happen as, in our factory, all the goods are inspected thoroughly at time of loading. You may recall that this is the first case having caused you a complaint in all these years.

In order not to give you any further trouble, we are sending 30 units of correct goods today by airfreight. Regarding the wrong goods, we appreciate your willingness to retain them on sale-or-return basis. Even though we do not normally supply our products on this basis, we will take this as an exceptional case to compensate you for your inconveniences.

We hope this is thus settled to your satisfaction and assure you that we will take all possible steps to avoid such an error in the future.

Best regards,

김상무님의 비즈니스 영작문 응용샘플 101 — Part 03

해설

"Morning Glory"호 편에 선적된 물품의 불일치에 대한 귀사의 8월 20일자 서한과 관련, 귀사의 주문을 수행하는 과정에서 발생한 가장 불행한 실수에 대하여 진심으로 사과드립니다.

당사의 공장에서는 물품을 선적할 때에 철저히 검사하기 때문에, 어떻게 이러한 실수가 일어날 수가 있었는지 이해할 수가 없어 당혹스럽습니다.
귀사에 이러한 불만을 야기한 것은 오랜 기간동안 거래하면서 이번이 처음이라는 것을 기억하실 것입니다.

귀사에 더 이상의 수고를 끼쳐드리지 않기 위하여 항공편으로 오늘 올바른 제품 30개를 발송합니다. 잘못된 제품에 대해서는, 귀사가 "반품 허용 조건부"로 보관하시겠다고 하시니 감사합니다.
당사는 일반적으로 이러한 방식으로는 물품을 공급하지 않지만, 귀사의 불편함을 보상하기 위해 이번에는 예외로 하겠습니다.

이렇듯 귀사가 만족하도록 해결되기를 희망하오며, 장래에는 이러한 실수를 피할 수 있도록 가능한 모든 조치를 하도록 하겠습니다.

문형

With reference to ~ ~와 관련하여
We offer our sincere apologies for ~ ~에 대하여 귀사에 사과드립니다.
As ~ ~때문에, ~이므로
Regarding ~ ~와 관련하여
Even though ~ 비록 ~하나(하지만)
We hope ~ ~을 희망합니다, ~을 바랍니다.
We assure you that ~ ~임을 보증합니다.

단어

at a loss 난처하여, 쩔쩔매어, 어쩔 줄 몰라서
thorough 철저한, 완벽한, 완전한, 충분한
retain 보유하다, 유지하다
exceptional 예외적인, 이례적인
sale-or-return 반품 허용 조건부(판매되지 않은 재고를 전량 반품 받는 조건)

17 불량품 사과, 대체품 발송 통보, 불량 견본 요청

Dear Sirs,

We have received your letter of August 30th. We sincerely apologize for sending you the goods of inferior quality.

We have always been proud of strict quality control system of our factory but, this time, we have to admit that some defective goods were included due to reasons unknown yet.

To correct the matter, we have shipped replacement goods for all the products found unsatisfactory. We would ask you to send us two(2) pieces of each item as we would like to submit them to our factory manager to examine.

Regarding the defective goods, please inform the best price you can obtain in case we request you to sell them in your market.

Best regards,

해설

귀사 8월 30일 자 서한 잘 받았습니다.
질 낮은 물품을 송부한 점에 대하여 진심으로 사과합니다.

당사 공장의 엄격한 품질 관리 체제에 대하여 항상 자부하여 왔습니다만, 이번에는 아직은 알 수 없는 원인으로 인하여 몇몇 불량품들이 포함되었음을 인정하지 않을 수 없습니다.

문제를 바로잡기 위하여 불만족스러운 것으로 판명된 모든 제품들에 대하여 대체품을 선적하였습니다. 검사를 위하여 공장 관리자에게 제출하고자 하는 바, 품목별로 2개씩을 송부해 주시기를 요청드립니다.

불량품에 대해서는, 당사가 귀 시장에서 처분하도록 요청한다면, 귀사가 받을 수 있는 최선의 가격을 알려주시기 바랍니다.

문형

We have received ~ ~를 받았습니다.

We sincerely apologize for ~
~에 대하여 진심으로 사과드립니다.

We have to ~ ~하지 않을 수 없습니다, ~해야만 합니다.

Due to ~ ~때문에, ~로 인하여

We would ask you to ~
~해 주시기 바랍니다, ~해 주시기를 요청드립니다.

Regarding ~ ~와 관련하여

Please inform ~ ~를 통보하여 주시기 바랍니다.

In case ~ ~한다면, ~라면

단어

quality control system 품질 관리 체제(체계)

E-mail 훔쳐보기

부록
참고사항

Section 01 주요 용어 정리

Section 02 주요 양식

Section 01 주요 용어 정리

1. 직급

- 회장　　　　Chairman
- 부회장　　　Vice Chairman
- 고문　　　　Advisor
- 사장　　　　President
- 부사장, 전무　Executive Vice President
- 상무　　　　Senior Vice President
- 상무보, 이사　Vice President
- 부장　　　　General Manager
- 차장　　　　Deputy General Manager
- 과장　　　　Manager
- 대리　　　　Assistant Manager
- 사원　　　　Associate

(참고 사항)

① 등기 임원 즉, 이사회 구성원일 경우에는 MOB(Member of Board)를 부기하여 Chairman/MOB이라고 표기할 수 있으며, 대표이사의 경우에는 CEO라고 부기하여 President & CEO라고 쓸 수 있다. 등기임원이자 대표이사라면 Chairman & CEO/MOB, President & CEO/MOB라고 표기하면 될 것이다.

② 직급이나 직책의 명칭과 명칭이 가지는 실제의 업무 범위나 책임이 국가별로 상이하므로 현지의 관례를 우선적으로 따르도록 하여야 할 것이다.

2. 조직 단위, 장

- 본부　　　　Center　　　Director, Head

- 부문, 사업부   Division   Division Head, Chief of Division
- 실(室)   Office   General Manager
- 부(部)   Department   General Manager, Department Manager
- 팀   Team   Team Manager, Team Leader
- 과(課)   Section   Section Chief, Manager

3. 부서명

- 감사   Internal Auditing
- 고객관리   Customer Relations Management
- 고객만족   Customer Satisfaction
- 교육연수   Education and Training
- 구매   Purchasing
- 기술지원   Technical Support
- 기획관리   Planning and Management
- 기획조정   Planning and Coordination
- 법무   Legal
- 부속(실)   Secretary('s Office)
- 비서(실)   (Office of) Executive Staff
- 사업개발   Business Development
- 상품기획   Product Planning
- 생산   Production
- 생산관리   Production Management
- 수출   Export
- 수입   Import

Section 01 주요 용어 정리

- 시설관리   Facilities Management
- 신용   Credit
- 애프터서비스   After Service
- 연구개발   Research and Development(R&D)
- 영선(營繕)   Building and Repairs
- 영업   Sales
- 영업관리   Risk Management
- 영업기획   Sales Planning
- 영업지원   Sales Support
- e-비즈니스   e-Business
- 인적자원, 인사   Human Resources, Human Resources Management
- 재무   Financing
- 전략기획   Strategic Planning
- 전산   MIS(Management Information Service)
- 총무   General Administration
- 품질관리   Quality Control
- 해외사업   Overseas Project
- 홍보   Public Relations
- 회계   Accounting

4. 직책

- 감독, 상사   Supervisor
- 감사   Auditing Director, Auditor
- 감사(監事)   Auditor General
- 계장(係長)   Chief, Senior Staff

고문, 자문	Advisor
고문변호사	Legal Adviser, Corporate Lawyer
공장장(工場長)	Plant Manager
과장대리(課長代理)	Deputy manager, Acting Manager
기사(技士)	Engineer, Technician
명예회장	Honorary Chairman
본부장	Division Director/ Director
부기계원	Bookkeeper
부장대리(部長代理)	Deputy General Manager, Acting General Manager
분석역	Analyst
사외이사	Non-Standing Director
상근이사	Standing Director
상임고문(常任顧問)	Executive Advisor
선임연구원(先任研究員)	Research Engineer
수석연구원(首席研究員)	Principal Research Engineer
수습직원	Probationary Employee
연구원	Analyst, Economist
전문위원(專門委員)	Research Fellow
전임연구원(專任研究員)	Associate Research Engineer
전화통신 판매원	Telemarketer
접수계원	Receptionist
조사역	Economist
주임	Assistant Manager
주임기사	Staff Engineer
주임연구원(主任研究員)	Assistant Research Engineer

Section 01 주요 용어 정리

- 준법감시인 — Compliance Officer
- (총)지배인 — (General) Manager
- 지점장 — Branch Manager
- 책임연구원(責任研究員) — Senior Research Engineer
- 촉탁사원 — Non-Regular Staff
- 판매사원 — Sales Clerk
- C@O(최고 e-Business 책임자) — Chief e-Business Officer
- CDO(최고개발책임자) — Chief Development Officer
- CEO(최고경영자) — Chief Executive Officer
- CFO(최고재무책임자) — Chief Financial Officer
- CIO(최고정보책임자) — Chief Information Officer
- CKO(최고지식경영자) — Chief Knowledge Officer
- COO(최고운영책임자) — Chief Operation Officer
- CPO(최고개인정보보호책임자) — Chief Privacy Officer
- CSO(최고보안책임자) — Chief Security Officer
- CSO(최고전략책임자) — Chief Strategy Officer
- CTO(최고기술중역) — Chief Technology Officer
- CVO(최고비전책임자) — Chief Vision Officer

5. 사무실 및 사무용품 관련

- 가위 — scissors
- 각도기 — protractor
- 계산기 — calculator
- 고무밴드 — rubber band

- 공책　　　　　　notebook
- 노트북 컴퓨터　　laptop (computer)
- 데스크톱컴퓨터　desktop computer
- 돋보기　　　　　magnifier
- 마분지　　　　　cardboard
- 마우스　　　　　mouse
- 마커　　　　　　marker(whiteboard에 사용하는 필기구)
- 만년필　　　　　fountain pen
- 매직펜　　　　　magic marker
- 모니터　　　　　monitor
- 보관함　　　　　cabinet
- 복사기　　　　　copier, photocopier, copy machine
- 복사용지　　　　copy paper, print paper(그냥 paper라고도 부름)
- 볼펜　　　　　　ball-point pen(pen이라고 부르는 것이 보통이나, 다른 종류의 pen과 구별할 필요가 있을 경우 ball-point pen이라고 함)
- 봉투　　　　　　envelope
- 비품보관실　　　supply room
- 사무용 의자　　　office chair
- 색연필　　　　　colored pencil
- 색종이　　　　　colored paper
- 샤프 연필　　　　mechanical pencil
- 수정액　　　　　correction fluid
- 수첩　　　　　　planner
- 스캐너　　　　　scanner
- 스테이플러　　　stapler (호치키스(Hotchkiss)는 상표 이름임. 제본을 위해

Section 01 주요 용어 정리

사용하는 심은 staple이라고 부름)

- 압침, 압정   thumbtack
- 연필   pencil
- 연필깎이   pencil sharpener
- 잉크펜   ink pen
- 자   ruler(줄자는 tape measure, 삼각자는 triangle, T-자는 T-square)
- 접대용 소파   reception seating
- 지우개   eraser(고무 지우개는 rubber, 분필 지우개는 chalk eraser)
- 책장   bookcase
- 책커버   book jacket
- (바퀴 달린)컴퓨터 책상   (mobile) computer cart
- 콤파스   compass(원을 그릴 때 사용하는 도구)
- 크레용   crayon
- 클립   paper clip
- 키보드   keyboard
- 태블릿 컴퓨터   tablet PC
- (투명)테이프   tape, scotch tape
- 토너   toner(laser printer에 잉크 대신 사용하는 탄소 가루)
- TV책상   TV cart
- 풀   glue
- 프로젝터   projector(컴퓨터의 영상을 빔으로 다른 스크린에 확대해 주는 기기)
- 프린터   printer (inkjet printer, laser printer)

- 형광펜　　　　　　　　highlighter
- 화상 카메라　　　　　　webcam
- 화이트보드(흰색칠판)　　whiteboard
- 회의실　　　　　　　　conference room

Section 02 주요 양식

(1) 오퍼(Offer Sheet)

All About Trade Inc.　　　　①
123, Chungmu-ro, Chung-ku,
Seoul, 100-001 Korea.

Offer Sheet

To:　　②　　　　　　　　　　　　　　　　　　　　　Offer No. & Date:
　　　　　　　　　　　　　　　　　　　　　　　　　　　　　　③

Gentlemen:

We have pleasure to submit you our offer as follows on the terms and conditions set forth hereunder:

Description	Quantity	Unit Price	Amount
			④
⑤	⑥	⑦	⑧

Origin:　　⑨
Shipment:　⑩
Payment:　⑪
Packing:　⑫
Insurance:　⑬
Inspection:　⑭
Validity:　⑮
Remarks:　⑯

　　　　　　　　　　　　　　　　　　　　Very truly yours,

　　　　　　　　　　　　　　　　　　　　All About Trade Inc.
　　　　　　　　　　　　　　　　　　　　⑰

(작성 요령)

① **작성업체** – 견적서를 작성하는 업체의 로고, 업체명, 주소 등을 기재한다.
② **수신처** – 견적서를 제출하고자 하는 업체(무역의 경우 수입업체)의 회사명을 기재한다.
③ **발행일자와 참조 번호** – 견적 작성업체의 참조 번호와 일자를 기재한다.
④ **가격 조건** – FOB, CFR, 혹은 CIF 등 Incoterms에 따른 가격 조건과 항구명을 병기하도록 한다.
⑤ **Description of goods** – 품명은 명확하고 완전한 명칭으로 기재하도록 한다. 필수 규격은 반드시 표기하여 후일의 분쟁 가능성을 미연에 방지하도록 한다.
⑥ **Quantity** – 기한 내에 동일한 조건으로 공급 가능한 수량을 기재한다.
⑦ **Unit price** – 기한 내에 공급 가능한 단가를 적는다. 통화 표기를 확실히 하도록 한다.
⑧ **Amount** – 수량과 단가를 곱하여 Offer 금액을 계산한다.
⑨ **Origin** – 상품의 원산지를 표시한다. 원산지에 따라 품질과 가격이 달라지기도 하고, 제품을 원산지에 따라 구분하기도 하므로 반드시 표기하도록 한다.
⑩ **Shipment** – Delivery라고도 하며, 제시한 상품을 선적해 줄 수 있는 기간을 말한다. 특정 일자를 적을 수도 있고, 발주서(혹은 신용장) 접수 일자로부터 일정 기간 이내에 선적 가능하다고 표기할 수도 있다.
⑪ **Payment** – 대금 결제 방법을 기재한다. 일람불 신용장 방식으로 거래하고자 할 경우에는 "By an irrevocable Letter of Credit at sight"이라고 기재한다.
⑫ **Packing** – 포장 방법을 기재한다. "Export standard packing"이라고 표시하는 것이 보통이지만, 필요한 경우에는 상세하게 설명하도록 한다.
⑬ **Insurance** – 위의 ④ 가격 조건이 FOB 혹은 CFR 조건이라면 "To be covered by buyer"라고 쓰면 되지만, CIF 조건이라면 부보할 내용을 간략히 언급해 두도록 한다.
⑭ **Inspection** – 제조업체의 자체 검사를 선적 전 최종 검사로 삼을 경우에는 "Maker's inspection to be final"이라고 기재하면 된다. 구매자 측에서 독립 검정 기관을 요구하거나 자체 검사를 원한다면 이를 계약 전에 협의하여야 할 것이다.
⑮ **Validity** – Offer sheet의 유효 기일을 말하는 것으로, 동 기일 이내에 상대방이 수락을 하면 바로 계약이 성립된다는 구속력을 가지는 것을 의미한다. 가격의 등락이 심한 품목의 경우 유효 기간을 짧게 표기하는 것이 타당하다.
⑯ **Remarks** – Offer와 관련된 기타 사항을 적을 수 있다.
⑰ **Signed by** – 직접 서명을 하도록 한다.

(2) 주문서(P.O.=Purchase Order)

All About Trade Inc.　　　①
123, Chungmu-ro, Chung-ku,
Seoul, 100-001 Korea.

Purchase Order

To:　　②　　　　　　　　　　　　　　　　　　　P.O. No. & Date:
　　　　　　　　　　　　　　　　　　　　　　　　　③

Gentlemen:

Please kindly supply the following goods under the terms and conditions as below:

Description	Quantity	Unit Price	Amount
			④
⑤	⑥	⑦	⑧

Origin:　　　⑨
Shipment:　　⑩
Payment:　　⑪
Packing:　　⑫
Insurance:　　⑬
Inspection:　　⑭
Remarks:　　⑮

　　　　　　　　　　　　　　　　　　　　　　　All About Trade Inc.
　　　　　　　　　　　　　　　　　　　　　　　⑯

Accepted by: ⑰

(작성 요령)

① 작성업체 - 주문서를 작성하는 업체 즉, 발주업체의 로고, 업체명, 주소 등을 기재한다.
② 수신처 - 주문을 이행할 공급업체(무역의 경우 수출업체)의 회사명을 기재한다.
③ P.O. No. & Date - 주문 번호와 발행일자를 기재한다.
④ 가격 조건 - FOB, CFR, 혹은 CIF 등 Incoterms에 따른 가격 조건과 항구명을 병기하도록 한다.
⑤ Description of goods - 품명은 명확하고 완전한 명칭으로 기재하도록 하고, 필수 규격은 반드시 표기하여야 한다.
⑥ Quantity - 공급자와 상호 합의된 바에 따라 발주 물량 즉, 공급을 희망하는 수량을 기재한다.
⑦ Unit price - 공급자와 상호 합의된 단가를 기재한다.
⑧ Amount - 수량과 단가를 곱하여 발주 금액을 계산한다.
⑨ Origin - 상품의 원산지를 표시한다.
⑩ Shipment - 공급자의 Offer 조건이나 상호 합의에 따라 상품을 선적할 기일을 명시한다. P.O. 의 경우에는 특정 일자를 기재하는 것이 보통이다.
⑪ Payment - 대금 결제 방법을 기재한다.
⑫ Packing - 포장 방법을 기재한다. 필요한 경우에는 상세하게 설명하도록 한다.
⑬ Insurance - 위의 ④ 가격 조건이 CIF 조건이라면 부보할 내용을 명시해 두도록 한다.
⑭ Inspection - 발주자 측에서 독립 검정 기관을 요구하거나 자체 검사를 원한다면 이를 계약 전에 협의하여야 할 것이며, 합의된 바에 따라 기재하도록 한다.
⑮ Remarks - Offer와 관련된 기타 사항을 적을 수 있다.
⑯ Signed by - 발주자가 직접 서명을 하도록 한다.
⑰ Accepted by - 공급자 측의 확인을 요구하는 경우에 서명란을 표시하도록 한다.

(3) 상업 송장(Commercial Invoice)

All About Trade Inc.　　　　　①
123, Chungmu-ro, Chung-ku,
Seoul, 100-001 Korea.

Commercial Invoice

To:　　②　　　　　　　　　　　　　　　No. & Date:
　　　　　　　　　　　　　　　　　　　　　③

　　　　　　　　　　　　　　　　　　　Shipping Marks:
　　　　　　　　　　　　　　　　　　　　　④

Shipment from:　　　　　　⑤
Shipment to:　　　　　　　⑥
Shipment on:　　　　　　　⑦
Shipped on board date:　　⑧
Delivery Terms:　　　　　　⑨
Invoicing Amount:　　　　　⑩
Documentary Credit Number:　⑪

Description of Goods & Quantity	Unit Price/Unit
⑫	⑬

Remarks:　　⑭

　　　　　　　　　　　　　　　　　All About Trade Inc.
　　　　　　　　　　　　　　　　　　　⑮

(작성 요령)

① Shipper - 수출업체의 상호와 주소를 기입한다. 기업의 로고를 사용하기도 한다.
② Buyer - 수입업체의 상호와 주소를 기입한다. 과거 양식의 For account & risk of Messers.에 해당한다..
③ 발행일자와 참조 번호 - 수출업체가 부여하는 번호와 발행일을 기입한다.
④ 화인(shipping mark) - 포장 단위나 포장 상품 상에 표시된 화인을 기재한다.
⑤ Shipment from - 선적항(port of loading)을 기입한다. 예를 들어 Busan, Korea.
⑥ Shipment to - 도착항(final destination)을 기입한다. 예를 들어 New York, U.S.A.
⑦ Shipment ion - 선박(carrier)명과 항차를 기입한다. 예를 들어 "President Taft V-012E"
⑧ Shipped on board date - 선적일자(혹은 출항 예정일자)를 기재한다.
⑨ Delivery Terms - 가격 조건(terms of price)을 기재한다. 예를 들어 CIF, Los Angeles, U.S.A.
⑩ Invoicing amount - 상업 송장의 금액으로서 수량과 금액을 곱한 값을 기재하는 것이 보통이다. 신용장 거래의 경우 신용장 금액을 초과할 경우 수입자 측에서 수리를 거절할 수 있다.
⑪ Documentary Credit Number - 신용장 번호를 기입한다.
⑫ Description of Goods & Quantity - 물품의 명세와 송장 금액 산정의 기초가 되는 수량을 기재하는 란이다. 물품의 명세는 정확하여야 하며, 신용장의 표시 내용과 일치하여야 한다.
⑬ Unit Price/Unit - 단위와 그 단위 수량 당 가격을 기재한다.
⑭ Remarks - 특기 사항이 있을 경우 혹은 신용장 상에서 요구한 내용이 있을 경우 기재한다.
⑮ Signed by(서명란) - 회사의 명판(속칭 싸인방)을 찍는 것이 보통이나, 신용장에서 요구할 경우 직접 서명(manually signed)하기도 한다.

(4) 포장 명세서(Packing List)

All About Trade Inc.　①
123, Chungmu-ro, Chung-ku,
Seoul, 100-001 Korea.

Packing List

To:　②

No. & Date:
　③
Shipping Marks:
　④

Shipment from:　⑤
Shipment to:　⑥
Shipment on:　⑦
Shipped on board date:　⑧
Net Weight:　⑨　　Gross Weight:　⑩
Measurement:　⑪　　No. of Packages:　⑫
Documentary Credit Number:　⑬

Description of Goods & Quantity
　⑭

Remarks:　⑮

All About Trade Inc.
　⑯

(작성 요령)

① Shipper - 수출업체의 상호와 주소를 기입한다. 기업의 로고를 사용하기도 한다.

② Buyer - 수입업체의 상호와 주소를 기입한다. 과거 양식의 For account & risk of Messers.에 해당한다..

③ 발행일자와 참조 번호 - 수출업체가 부여하는 번호와 발행일을 기입한다.

④ 화인(shipping mark) - 포장 단위나 포장 상품 상에 표시된 화인을 기재한다.

⑤ Shipment from - 선적항(port of loading)을 기입한다. 예를 들어 Busan, Korea.

⑥ Shipment to - 도착항(final destination)을 기입한다. 예를 들어 New York, U.S.A.

⑦ Shipment ion - 선박(carrier)명과 항차를 기입한다. 예를 들어 "President Taft V-012E"

⑧ Shipped on board date - 선적일자(혹은 출항 예정일자)를 기재한다.
  (이상 ① ~ ⑧은 상업 송장 기재 요령과 동일)

⑨ Net weight - 화물의 순중량(純重量)을 적는다.

⑩ Gross weight - 화물의 총중량(總重量)을 적는다.

⑪ Measurement - 화물의 용적을 기재한다.

⑫ No. of packages - 포장 단위의 수를 기재한다.

⑬ L/C Number - 신용장 번호를 기입한다.

⑭ Description of goods & quantity - 신용장 및 산업 송장의 표기 내용과 일치하도록 물품의 명세를 적고, 그 수량을 기재한다.

⑮ Remarks - 특기 사항이 있을 경우 혹은 신용장 상에서 요구한 내용이 있을 경우 기재한다.

⑯ Signed by(서명란) - 회사의 명판(속칭 싸인방)을 찍는 것이 보통이나, 신용장에서 요구할 경우 직접 서명(manually signed)하기도 한다.

(5) 환어음(Bill of Exchange=Draft)

```
No.        ①
FOR        ②           BILL OF EXCHANGE           ③
AT         ④                        OF THIS FIRST BILL OF EXCHANGE
(SECOND OF THE SAME TENOR AND DATE BEING UNPAID) PAY TO    ⑤
OR ORDER THE SUM OF        ⑥

VALUE RECEIVED AND CHANGE THE SAME TO ACCOUNT OF    ⑦


DRAWN UNDER          ⑧
L/C No.        ⑨            DATED        ⑩
TO        ⑪              All About Trade Inc.


                                              ⑫
```

```
No.        ①
FOR        ②           BILL OF EXCHANGE           ③
AT         ④                        OF THIS SECOND BILL OF EXCHANGE
(FIRST OF THE SAME TENOR AND DATE BEING UNPAID) PAY TO    ⑤
OR ORDER THE SUM OF        ⑥

VALUE RECEIVED AND CHANGE THE SAME TO ACCOUNT OF    ⑦


DRAWN UNDER          ⑧
L/C No.        ⑨            DATED        ⑩
TO        ⑪              All About Trade Inc.


                                              ⑫
```

(작성 요령)

① 환어음의 번호 – 발행자의 참조를 위해 기입하는 번호로서 생략할 수도 있다.
② 금액 – 송장 금액과 일치하여야 하며, 신용장 금액을 초과할 수 없다.
③ 발행지와 발행일자 – 도시명을 적고, 은행의 매입 일자를 기입하면 된다.
④ 지급 기일 – 신용장 상의 조건을 적으면 된다. 무신용장 거래의 경우 D/P 혹은 D/A 30DAYS FROM B/L DATE 등과 같이 결제 조건을 명확히 기재한다.
⑤ 수취인(Payee) – 대금을 수취할 즉, 지급받은 은행명을 기입하는 것이 보통이다.
⑥ 문자 금액 – 환어음 금액을 문자로 풀어서 표기하는 란이다. 마지막에 ONLY를 붙여 준다. 미국 달러화의 경우 US DOLLARS TEN THOUSAND AND CENTS TWENTY ONLY와 같은 방식으로 기입한다.
⑦ 금액 청구처 – 환어음의 대금을 지급한 후에 그 대금을 청구할 곳을 지칭하는 것으로, 대금의 최종 지불처로서 신용장의 개설인(accountee)의 명칭과 주소를 기입한다.
⑧ 개설 은행 – 신용장의 발행 은행명(issuing bank)을 기입한다. 무신용장 거래의 경우에는 계약 당사자(수입업체)를 개설 은행 대신 기입한다.
⑨ 신용장 번호 – L/C Number를 기입한다. 무신용장 거래의 경우에는 계약서 번호를 기입한다.
⑩ 신용장 개설 일자 – 개설 은행측의 개설 일자를 기입한다.
⑪ 지급인(Drawee)과 지급지 – 신용장 상의 drawn on ~ 다음에 표시되는 것이 지급인인데, 통상적으로 은행이 지급인이 된다. 지급지는 도시명만 적어도 무방하나 신용장에 표기된 주소 전부를 기입하도록 한다.
⑫ 발행인 기명 날인 – 신용장 상의 수익자(Beneficiary)가 발행하여야 하며, 은행에 신고된 회사의 명판과 인감을 사용하도록 한다.

이론부터 실무까지 완벽한
비즈니스 영작문 커닝 바이블
e메일 훔쳐보기

2판 1쇄 인쇄 2014년 4월 10일
2판 1쇄 발행 2014년 4월 15일

지 은 이 김종회
발 행 인 이미옥
발 행 처 아이생각
정   가 20,000원
등 록 일 2003년 3월 10일
등록번호 220-90-18139
주   소 (143-849)서울 광진구 능동로 32길 159
          (구 주소 : 서울 광진구 능동 253-21)
전화번호 (02)447-3157~8
팩스번호 (02)447-3159

ISBN 978-89-97466-14-6 13740
I-14-01
Copyright ⓒ 2014 ithinkbook Publishing Co,. Ltd